Suicidio:
Decisión definitiva
al problema temporal

JOSELUIS CANALES (Dado)
nació en la ciudad de México en 1972.
Psicólogo clínico y Psicoterapeuta
de profesión se ha especializado
en Tanatología, Intervención en
Crisis, Trastornos Depresivos y de
Ansiedad, Adicciones y Trastornos
de Alimentación, asi como en
Psicotrauma e Hipnosis. A su
vez es apasionado dramaturgo y
actor de teatro. Por motivos que
se explican en el libro Dado se ha
ido especializando en el tema de
Suicidio durante los últimos dieciséis
años de su vida profesional.

Twitter: @dadocanales

Suicidio:
Decisión definitiva al problema temporal

"Para dejar de sufrir, no es necesario que mueras…".

Joseluis Canales

Número de Control de la Biblioteca del Congreso de EE. UU.:   2013900187
ISBN: Tapa Dura   978-1-4633-4681-2
               Tapa Blanda   978-1-4633-4685-0
               Libro Electrónico   978-1-4633-4684-3

Este libro fue impreso en los Estados Unidos de América.

Fecha de revisión: 13/05/2013

Para realizar pedidos de este libro, contacte con:
Palibrio
1663 Liberty Drive
Suite 200
Bloomington, IN 47403
Gratis desde EE. UU. al 877.407.5847
Gratis desde México al 01.800.288.2243
Gratis desde España al 900.866.949
Desde otro país al +1.812.671.9757
Fax: 01.812.355.1576
ventas@palibrio.com
406162

Para Araceli, la mujer de todas mis vidas.

Corrección de estilo literario:
Rebeca Herrera Márquez

"Se mata quien vive en la desesperanza, que no es ni maldad ni pecado, sino quizás el más grande de los sufrimientos."

Stengel

"El suicida está muerto desde antes de intentar quitarse la vida."

Fromm

"El suicidio siempre se avisa, de alguna u otra manera."

Grauman

"Un suicida no quiere realmente morirse, lo que busca es dejar de vivir con sufrimiento y sin un sentido existencial."

Dado

ÍNDICE

INTRODUCCIÓN

Querido lector:

Siempre he creído que nosotros no escogemos a los libros..., sino que los libros nos escogen a nosotros; y por alguna razón, éste llegó a tus manos. No te conozco y no me imagino la razón por la cual este título llamó tu atención; sólo sé que si llegó a tu vida y lo estás empezando a leer, es porque hay algo que, dentro de ti, se relaciona con el tema del suicidio. Tal vez estás pensando llevarlo a cabo, tal vez tuviste un intento suicida y te estás recuperando en la cama de algún hospital, tal vez eres víctima de alguien que se suicidó; o al igual que yo, tal vez eres un profesionista que se dedica a la psicoterapia, acompañando a los otros en su dolor. Lo que deseo de corazón es que, si estás considerando quitarte la vida, no lo hagas hasta terminar de leerlo. Creo que tienes derecho a conocer la información que aquí te ofrezco; y mientras continúes leyéndolo, estoy convencido de que podrás vislumbrar las opciones que ahora no puedes ver.

El suicido no es la única solución al dolor. Para dejar de sufrir no es necesario que mueras, aunque ahora no puedas ver la diferencia. Evidentemente, como psicólogo y terapeuta, pero sobre todo como autor, me ayudaría mucho conocer algo de tu vida, de tu historia, de tus sentimientos, del momento de vida por el que estás atravesando; sin embargo, la realidad es que no te conozco y probablemente nunca tenga la oportunidad de conocerte personalmente. Así que estamos aquí, juntos sin estarlo, en el comienzo de toda una reflexión acerca de un tema que cala hasta el tuétano; y que por el dolor que genera para la gran mayoría de las personas, es un tema tabú. Por esto, es muy importante que tengas la certeza de que el hecho de que no nos conozcamos no entorpecerá nuestro proceso; o por lo menos, no me detendrá a mí en el propósito de hablarte con honestidad y con el corazón en la mano; no sólo como especialista en Psicología Clínica, Psicoterapia y Psicotrauma, sino como una persona que por varias razones ha estado vinculada a situaciones donde el suicidio ha sido el protagonista de la película.

Me llamo Joseluis, pero me dicen Dado. Soy psicólogo, psicoterapeuta y me dedico a dar terapia. Mis principales especialidades son: Psicotrauma, Tanatología e Intervención en Crisis.

Así que decidí escribirte este libro a ti, imaginando que estás sentado cómodamente en el sillón de mi consultorio. Te cuento que es un lugar cálido, acogedor, lleno de plantas... y de luz. Tiene una fuente que llena de tranquilidad el espacio, es un lugar armónico, y sobre todo, muy privado. En él se escucha música clásica, y siempre hay flores blancas en un florero azul. Hice todo lo posible por convertirlo en un espacio lleno de armonía, y de energía dispuesta para la sanación. Nadie interrumpe cuando estoy con un paciente, y nunca contesto llamadas; por lo que imagina que, cuando estemos tú y yo en sesión, el teléfono no sonará, mi celular estará apagado y nadie nos interrumpirá. Es un consultorio donde hago lo que la gran mayoría de los psicólogos hacen: escuchar a los demás, tratar de encontrar soluciones a sus problemas; y sobre todo, acompañarlos en un proceso de sanación. Y esto es justamente lo que me propongo a hacer contigo: ¡escucharte con el corazón en la mano!

Qué razón tiene Miguel Ruiz al decir que no hay que suponer o dar algo por sentado, ya que cuando lo hacemos tenemos el 80% de probabilidades de equivocarnos; pero en este caso, y tomando en cuenta la naturaleza de nuestra relación, tendré que asumir algo: si estás leyendo este libro es porque alguna vez ha pasado por tu mente el quitarte la vida. Tal vez ya lo intentaste y estás pensando volverlo a intentar, o simplemente la idea te ronda por la mente como un mosquito que no te deja dormir por las noches. Lo que asumiré es que actualmente te sientes presionado, atrapado y en crisis, y has considerado terminar con tu vida.

Dando esto por hecho, y tratando de ser profundamente empático contigo, te hablaré de situaciones que posiblemente hayas padecido: te hablaré del dolor de vivir con depresión y ansiedad, del peso de la desesperanza, de los errores que no te has perdonado, del enojo que has ido acumulando y de la rabia que estás regresando a ti mismo. También te hablaré de tus relaciones interpersonales que se han ido deteriorando; y sobre todo, de las consecuencias que tu muerte causaría. Ya que parto de la idea de que tu vida está en juego, no voy a dar vueltas ni maquillaré la importancia de lo que está pasando. Tampoco te voy a engañar, ni voy a minimizar lo que está sucediendo. Al contrario, prometo ser profundamente honesto y directo, como he aprendido a ser aquí en mi consultorio.

Debido a que me dedico a escuchar a personas con altos niveles de dolor emocional; y ya que me ha tocado trabajar con algunas que han intentado quitarse la vida, y desgraciadamente, con una que lo consiguió, creo entender cuál es tu estado de ánimo y cómo es la perspectiva de tu propia vida. Es por esta razón, que intentaré hacer este libro breve y claro, pues es muy probable que no estés de humor para leer nada, y mucho menos un libro completo.

Una de las principales razones por las cuales decidí escribir este libro para ti, es porque el suicidio es un asunto del cual casi nadie habla. Este acontecimiento tan trágico y fatal en la vida de un ser humano ha sido y sigue siendo un tema tabú, lleno de mitos y de verdades a medias, de estigmas sociales; y además, condenado por varias religiones. A la gente no le gusta hablar de él, a menos que haya un chisme de por medio. Es un tema que se evade; y que a pesar de ser la quinta causa de muerte en nuestro país, no se aborda de manera directa, ni se trata en forma multidisciplinaria. De hecho, hay muy poca literatura sobre el tema, particularmente de autores hispanoparlantes. Pero el silencio no ayuda en nada; el ignorarlo no evita el sufrimiento de quien lo lleva a cabo, ni contribuye a reducir las estadísticas de muerte por esta causa.

Cuando lo empecé a escribir, un amigo me preguntó si era factible que al leerlo alguien se sintiera impulsado hacia una ideación suicida. Esto es un mito: el hablar del suicidio no genera la idea de quitarse la vida, sino que únicamente pone en palabras el sufrimiento y el dolor tan intenso por el que atraviesa un ser humano. Es al contrario, porque la verbalización permite el entendimiento profundo de lo que el paciente con riesgo suicida está experimentando, para darle perspectiva al problema y entender que en el fondo lo que desea no es la muerte, sino dejar de sentir ese intenso sufrimiento que le ha robado la capacidad de sonreír. El hablar de la desesperación y la soledad que alguien vive no atrae o aumenta estos sentimientos, sólo los hace evidentes, los desahoga, y permite encontrar una solución a ellos. Hablar de un tema tabú lo desmitifica y fomenta la búsqueda de caminos diferentes al que hemos convertido en un callejón sin salida.

Tal vez el suicidio parezca la única solución a tus problemas; y uno de los objetivos de este libro es que juntos identifiquemos, entendamos, sintamos y observemos, desde una perspectiva diferente, aquello que no parece tener solución, y de lo que quieres huir desesperadamente. Dos mentes piensan mejor que una, y juntos seguramente, veremos alguna perspectiva que tú solo no logras a vislumbrar.

Estoy convencido de que, entre más conocemos acerca de la muerte y sus procesos emocionales, más aprendemos acerca de la vida y sus matices. También me doy cuenta de que, entre más conocemos sobre la relación de ambas, más aprendemos a entender que la vida irremediablemente tiene momentos mágicos y momentos trágicos, etapas de luz y de oscuridad, períodos de paz y períodos de crisis, calma y tempestad, lluvia y sequía, amor y desamor... Y más aún: tengo muy claro que, entre más comprendamos la unión que existe entre la vida y la muerte, más aprenderemos a aceptar que ambas son complementarias y que el balance general de una existencia humana, a pesar de los malos momentos, es siempre positiva.

Otra de las razones principales por las que decidí escribir este libro es porque, la gran mayoría de las personas que se suicidan, lo hacen sin saber que pudieron haber sido ayudadas; y que la ayuda, tal vez, estaba tan cerca como una llamada simple telefónica. La gran mayoría de quienes intentan quitarse la vida no entienden las razones verdaderas por las que surge, en ellos, esta fuerza autodestructiva; pero estoy convencido de que si las conocieran podrían atacarlas, en lugar de buscar solucionar, por medio de la muerte, el insoportable dolor emocional que las consume.

La realidad es que, la gran mayoría de quien se quita la vida, lo hace sin antes pedir ayuda. Esto es difícil de creer, sobre todo con toda la tecnología a la que tenemos alcance hoy en día; pero esa es la realidad: las personas no piden este apoyo porque creen que nadie podrá otorgárselos; y ésta es una parte de la limitada visión que tiene una persona en depresión y con altos niveles de desesperanza, visión que sólo les permite creer en la muerte como única cura para aliviar desesperadamente el sufrimiento en el que se ha convertido su existencia.

Mi sueño, la ilusión que tengo atrás de todo este trabajo, es que este libro caiga en manos de alguien que sufre y que está considerando el suicidio como única salida al infierno que experimenta. Tal vez esa persona seas tú; y tal vez al leerlo, logres sobreponerte a la crisis existencial que vives y tu vida pueda seguir adelante. Mi fantasía es que alguien con riesgo suicida, que no ha podido imaginar que este sufrimiento puede quedar atrás, decida pedir ayuda y transforme su existencia. Tal vez, sólo tal vez, este libro pueda salvar una vida; y esa vida tal vez sea la tuya, y sólo por eso... sólo por eso y por nada más... habrá valido la pena el haberme sentado a escribirlo.

Quizás este libro te brinde el coraje y la humildad necesarias para pedir ayuda, o quizás logre que pospongas una semana o dos la fecha de tu suicidio; y esto logre, como siempre pasa, que tu vida empiece a mejorar y que las ideas de suicidio empiecen a desvanecerse.

Este libro no pretende ser un libro de texto, ni un libro de consulta. No es tampoco un proyecto de investigación: es un camino de reflexión sobre todos los temas que, yo creo, debes entender y analizar antes de tomar una decisión definitiva y por lo tanto irreparable, en tu existencia.

Recuerda que el único dueño de tu vida eres tú mismo; y es por eso que mereces tomar la decisión más importante de tu vida, no sin antes hacer conciencia de lo que estás sintiendo y de lo que estás pensando y experimentando.

Quisiera tener respuestas mágicas y soluciones fáciles a problemas difíciles. No las tengo, ni creo que nadie las tenga; así que no pretendo ofrecerte ningún "hilo negro" a tu dolor. Solamente busco ir desglosando tu problema y, en la medida de lo posible, ir sanando tu dolor para que puedas ver todas las opciones de vida que ahora no puedes vislumbrar.

Me queda claro algo: voy a hablarte con la verdad. Te ofrezco honestidad, ya que tu vida está de por medio; y también te ofrezco hacer lo mejor que pueda, lo que esté en mis manos, para que éste no sea el último libro que leas en tu vida.

Dado

"SÓLO SE SUICIDAN LOS LOCOS..."

Hace relativamente poco, escuché decir a un amigo, en una reunión, que había que estar loco para quitarse la vida. Hablaban de una mujer que se había suicidado en su camioneta, y que dejaba a tres hijos huérfanos: -*Tenía que estar loca-*, decían. Sin hacer ningún comentario, reflexioné que cuando no se ha experimentado de cerca un suicidio, los mitos acerca de éste siguen siendo una constante. Esa aparente plática, que en realidad se había convertido en una sobremesa de "chismes", por alguna razón tuvo un impacto especial en mí. Me vinieron a la mente, en ese momento, por lo menos ocho o nueve pacientes con los que compartí un proceso terapéutico, y que presentaban algún tipo de ideación suicida... y después de revisar y repasar no pude encontrar, en ninguno de ellos, alguna señal de locura. Padecían mucho dolor y mucha tristeza, sin duda, pero nada de locura.

Y ese día me di cuenta de que quienes piensan que necesariamente tiene que existir locura para considerar un suicidio, tienen la fortuna de nunca haber estado en un momento de vida donde todas las puertas de salida parecen estar selladas, y la existencia es un reflejo de soledad, sufrimiento, miedo, angustia, culpa y obscuridad. Y en ese darme cuenta fue que decidí escribir este libro y compartir lo que he aprendido, a lo largo de mis años como terapeuta, con respecto al tema del suicidio. Y como quiero compartir esos conocimientos y experiencia, especialmente, con alguien que esté sufriendo y que lo esté considerando como una medida para terminar con su dolor, elegí compartirlo contigo.

Pienso que, si revisamos los puntos que engloban la decisión de quitarte la vida, tal vez podamos aclarar dónde estás parado, y cuáles son las razones por las que te sientes desesperanzado; y sobre todo, tal vez podamos, en ese análisis, evaluar la certeza de tu decisión. Seguramente, en este momento de desesperanza te sientas confundido, solo, con miedo; y tal vez este libro te ayude a entender lo que estás experimentando y pueda representar una guía para acomodar esas emociones que se han ido desbordando. Pero de inicio, es muy importante que te invite a que partamos de una realidad: no tienes que estar loco para desear dejar de vivir.

Existen muchos mitos alrededor del suicidio y éste es uno de ellos, pero de lo que estoy completamente seguro es que quien dijo por primera vez la frase de que: *"Sólo se suicidan los locos, los valientes y los cobardes"*, nunca antes había sufrido una depresión. ¡Qué bendición…!, porque quienes la hemos vivido o hemos estado cerca de quienes la padecen, sabemos que no se trata de un asunto de falta de contacto con la realidad; sino de un tema que tiene que ver con dolor, con un dolor profundo que cala hasta el tuétano. Estás sufriendo y no se necesita tener un desorden mental para tener esa capacidad de sufrir.

Si estás considerando quitarte la vida, es porque tienes problemas que aparentan ser imposibles de solucionar y que, desde hace tiempo, parecen haberte sobrepasado. Si estás pensando en el suicidio, se debe a que buscas desesperadamente una salida; y la muerte parece ser la única a tu alcance. Lo que es atractivo de la muerte es que es una solución; no importa lo que piensen los demás, no importa lo que diga la religión o el "deber ser", la realidad es que en efecto: la muerte es una solución al sufrimiento. Tal vez no es la única y seguramente tampoco es la mejor; pero el simple hecho de considerar que puedes terminar con tu vida, hace que te sientas un poco mejor; y sólo por eso, ya representa una solución.

Es interesante: el simple hecho de validar esta opción del suicidio normalmente hace que, quien se siente profundamente deprimido, experimente cierto bienestar. Y esto tiene que ver con el hecho de que quien desea quitarse la vida percibe, en ese momento crítico, que no tiene ningún control sobre ella; y el hecho de imaginar que la puede terminar cuando lo desee, le brinda cierta tranquilidad. Por lo tanto, para quienes "vivir" es un problema, la muerte es una solución.

No quiero convencerte de que la acción de quitarse voluntariamente la vida es un error, pues a final de cuentas, es la solución que tú puedes visualizar; y seguramente para estas alturas del partido, estás ávido de soluciones. Puede ser que al leer estas líneas y al escuchar mis argumentos, consideres que estoy a favor del suicidio, y por supuesto que no es así; pero lo realmente significativo no es si yo estoy a favor o en contra de éste, sino lo que tú estás percibiendo en este momento de sufrimiento: estás tomando una decisión desesperada en un momento difícil de tu vida; y ésta, al final, representa una puerta que te aleja de la raíz del dolor que te aqueja; y es por eso que, a pesar de todo, sigue siendo una solución.

Lo que me interesa en estos momentos, es tratar de ponerme en tus zapatos para poder comprender tus sentimientos y, de esta forma, sentirme más cerca de ti para poder identificar a fondo la desesperación en la que vives, derivada del intenso sufrimiento que te aqueja; y como estoy seguro de que, ahora en tu vida, tienes el peso de suficientes juicios sobre ti -tanto tuyos, como de otros-, no vayas a pensar, ni por un instante, que yo contribuiré con uno más.

Tú y yo sabemos que las emociones que experimentamos están ahí, nos guste o no..., las sentimos y punto; y seguramente tú estás guardando dentro de ti: tristeza, miedo y desesperación. Así es..., así te sientes..., y es por eso que estás deseando quitarte la vida. No importa si los demás están de acuerdo contigo o no, tú lo vives así: necesitas una solución radical a un problema radical. Tu vida parece haberse convertido en una pesadilla y la muerte parece la mejor salida a esta situación.

Pero..., ¿es realmente el suicidio una solución? A simple vista lo es, a corto plazo lo es. ¡Claro!, una vez que estés muerto, nada ni nadie a tu alrededor te podrá hacer daño. Cuando cruces el umbral de la muerte, nada de lo que te persigue hasta ahora te podrá alcanzar; y seguramente, ni la angustia ni la desesperación podrán encontrarte en el otro lado. No lo puedo negar, es por eso que la fantasía de la muerte es tan atractiva, es por eso que la idea no suena descabellada, y hasta me atrevo a decir que suena lógica, pues cualquiera que sea el origen de tu dolor, acabará en el momento en que dejes de respirar. Y no sólo no lo puedo negar, sino que además no pretendo convencerte de lo contrario; tú tienes razón: la muerte puede ser una solución a la crisis existencial que estás viviendo, y no es una locura, sino que "ES UNA UNA DECISIÓN DESESPERADA EN UN MOMENTO DESESPERADO."

Es una realidad que, quien desea morir, vive en un nivel tan alto de vacío y desesperanza, que parece totalmente absurdo seguir adelante; y es un hecho que, quien toma la decisión, está viviendo con niveles tan altos de depresión y soledad, que no hay nada por lo que valga la pena continuar.

-¿Cómo es que llegas a decidir quitarte la vida?–, le pregunté hace poco a un paciente que sufre de migrañas constantes y que pasa temporadas en total oscuridad y metido en su cama, por el dolor tan intenso que sufre. *-Cuando la vida se convierte en un martirio, el suicidio es un deber–*, me contestó con un excelente sentido del humor, posponiendo hasta nuevo aviso su decisión. *–¿Qué sentido tiene seguir sufriendo de esta manera?-*, me preguntó enseguida, viéndome fijamente a los ojos, en una sesión en la que me refería que su dolor era insoportable. Y al recordar estas reflexiones tan crudas, las relaciono con tu dolor emocional y pienso que, seguramente, es proporcional a su dolor físico. ¿Para qué prolongar un martirio que no parece terminar? Me puedo imaginar que esta reflexión te ha acompañado, a ti también, en los últimos meses.

Parecería entonces, de acuerdo a estas experiencias, que el suicidio es una cuestión de sentido común y no un acto de locura. El hecho es que, la gran mayoría de las personas que intentan quitarse la vida, no están fuera del contacto con la realidad; y la mayoría de quienes lo han logrado, parecían tener una vida funcional, sensata y en algunos casos hasta envidiable. Nadie sabe lo que vivimos en la intimidad, nadie sabe lo que cada uno lleva a cuestas. "Todos los burritos creemos que la carga de los demás es más ligera que la propia", y nadie puede experimentar el dolor ajeno; sólo cada uno de nosotros sabe el peso de la propia vida. *-No parecía haberla estado pasando tan mal…, seguramente enloqueció-*, me comentó en terapia la prima de una adolescente de 18 años que se quitó la vida con pastillas para dormir. Y esto nos demuestra que, para la gente en general, el suicidio es algo totalmente incomprensible y repentino.

Y así es el mito: ante los ojos de quien disfruta la vida, el suicidio es una decisión absurda, cobarde y loca; y que se toma de manera impulsiva, en un momento de crisis. Pero lo piensan por desconocimiento, porque la realidad no es así, ya que la gran mayoría de quienes intentan quitarse la vida son personas comunes y corrientes, como tú y como yo; que se ven atrapadas en situaciones de mucho dolor emocional, en eventos ante los cuales no parece haber salida, y por los que su sentido de vida se ve trastornado.

En lo general, nuestros sentimientos son un reflejo de lo que pensamos, y nuestros pensamientos son el filtro con el que percibimos la realidad; pero es frecuente que si estamos viviendo en una situación de crisis y caos, nuestra percepción de la realidad no sea la más acertada, y por consecuencia nuestros pensamientos se puedan llegar a distorsionar.

Y así se entiende que, lo que sucede en la gran mayoría de los casos en que existe la idea de terminar con la vida, es que la persona involucrada cree conocer y entender el caos que está viviendo. Percibe que los hechos en los que basa su decisión son irremediables, y no es capaz de visualizar su situación desde ninguna otra perspectiva posible. Es así como el que sufre puede llegar a tomar la decisión de quitarse la vida: basándose en una percepción que no necesariamente representa la realidad, tal y como es, y permitiendo que el miedo y la desesperación sean sus consejeros.

Por lo tanto, me interesa mucho aclarar que mi objetivo al presentarte este libro no es ni juzgar lo que sientes, ni debatir contigo si está "bien" o "mal" el que alguien se quite la vida. Lo que busco es: acompañarte en el proceso de identificar, nombrar y aceptar, en la medida de lo posible, los principales componentes de este caos en el que aparentemente se ha convertido tu vida; para así poder darle "nombre y apellido" al monstruo de las mil cabezas que ahora te lleva a desear quitarte la vida.

Y ya que estamos hablando de una decisión de vida o muerte, creo que es esencial conocer uno a uno los sentimientos que normalmente llevan a una persona a ubicarse en este lugar de oscuridad y confusión. Pero para esto quiero, en primer lugar, platicarte lo que aprendí cuando era joven e infinitamente más libre: aunque mi sentido aventurero siempre ha sido bastante tranquilo, asistí a un campamento donde aprendí una de las reglas de oro de la supervivencia en el bosque. Esta regla era muy sencilla: *"Si llega la noche y no sabes a dónde ir, mejor espera a que amanezca y podrás ver con claridad el camino. Nunca gastes energía ni tiempo tratando de encontrar una salida en la oscuridad"*. Y no sabes cómo me ha servido esta regla que parece sencilla, porque aunque en aquella ocasión no me perdí en el bosque, y nunca volví a acampar, la he aplicado en varios momentos de mi vida. Te puedo asegurar que me he sentido sin rumbo, perdido, desesperado y con miedo, en muchos momentos de mi vida; y este aprendizaje que adquirí en ese campamento, me ha servido para darme cuenta de que debo esperar y no tomar decisiones en momentos de crisis.

"No trates de encontrar el camino cuando todo está obscuro, es mejor buscar un lugar seguro y esperar a que amanezca", y creo que esto es lo que necesitamos asumir en este momento de tu vida. Te sientes perdido en "tu bosque", que metafóricamente representa a tu vida, y has caminado hasta el agotamiento buscando la salida; pero es de noche, estás abrumado, y en lo único que puedes pensar es en querer dejar todo atrás. Creo que así te sientes, así que en este momento no te pido que cambies de opinión con respecto a la decisión de quitarte la vida, sólo te pido que analicemos a detalle lo que estás viviendo y esperemos juntos el amanecer; para que, con un rayo de luz, elijas con certeza y conocimiento de causa, lo que es mejor para ti. Entonces, te invito a que junto esperemos a que amanezca, y tal vez descubramos que estamos a unos cuantos metros del sendero conocido.

Pero mientras llegamos a ese punto, creo que te servirá empezar por entender qué es aquello de lo que realmente te libera la idea de morir. ¿Sabes lo que te sucede cuando visualizas tu muerte?, ¿sabes qué es lo verdaderamente atractivo de morir? Probablemente, lo llamativo de la idea de morir es que te produce tranquilidad, y seguramente hace mucho tiempo que no puedes recordar la última vez que la sentiste. Por eso crees que la única manera de volver a sentirte tranquilo es muriendo, y la idea de morir te permite imaginarte en un estado de paz y sin problemas. Así es, al imaginar que con la muerte el dolor cesará y la angustia se disipará, te sientes liberado; pero ten claro que es la fantasía de poder dejar atrás las ataduras y el sufrimiento lo que realmente te libera, y no tanto la muerte como tal. Quieres dejar de sufrir y la muerte, aparentemente, se ha convertido en la única manera de hacerlo. Imaginas que, estando muerto, todo se solucionará.

Los seres humanos tenemos la capacidad de imaginar cómo sería nuestra vida si algo cambiara, y hasta podemos crear una fantasía que llegue a transformar nuestros propios pensamientos, nuestros sentimientos y que busque cambiar nuestra situación actual. Como ejemplo, llegamos a imaginar cosas como: *"¿Qué haría si me sacara la lotería?"*, *"¿Dónde hubiera querido nacer si pudiera echar el tiempo hacia atrás y pudiera volver*

*a empezar?", "¿Qué haría si me dijeran que sólo tengo un año de vida?",
"¿Qué personaje histórico me hubiera gustado ser?", "¿Qué cambiaría de
mi propia historia?", "¿Qué se sentirá estar muerto y abandonar todo este
sufrimiento?",* etc. Pero tenemos que tener muy claro que con este tipo de
ilusiones de ninguna manera cambiamos la realidad, sino que únicamente
cambiamos nuestra percepción de ella. Y lo peligroso es que, al concebir
esta suposición en nuestra mente, estamos generando un riesgo que puede
desviar el rumbo de nuestra vida; pues al inventarnos escenarios donde
modificamos algunas variables de nuestra propia ecuación, para bien o para
mal, podemos llegar a modificar lo que pensamos, y consecuentemente el
resultado de lo que sentimos, de lo que vivimos, y por lo tanto, de la forma
en que nos comportamos.

Es esta capacidad que tenemos de imaginar que los problemas terminarán;
y sobre todo, que el sufrimiento desaparecerá, la que hace posible que un
suicidio se lleve a cabo. La fantasía de liberación, es decir, el poder dejar
atrás el infierno en el que alguien vive, es lo que le atrae de quitarse la vida.
La simple promesa de abandonar el dolor hace posible ir en contra del instinto
básico de cualquier ser vivo: la supervivencia.

Y llevados por estas cavilaciones de la supervivencia, ¿se te ha ocurrido
pensar cuándo es que un ser vivo deja de luchar por su vida? Los estudios
dicen que deja de luchar cuando su organismo experimenta fatiga y no
tiene más energía para poder seguir adelante. ¿Sabías que cuando un
animal está a punto de ser alcanzado por un depredador, después de
unos minutos de cacería, y cuando ya no encuentra salida justo antes
de ser destrozado, se abandona en un estado de "resignación" y deja de
luchar? Seguramente has visto esta escena en algún programa televisivo
de National Geographic, en la cual una leona va tras una cebra y esta
última busca desesperadamente salvar su vida. Y aunque la presa se vaya
sintiendo exhausta, sigue adelante hasta quedar totalmente sin aliento;
y es en ese momento, cuando percibe que la leona está prácticamente
encima de ella, y presiente que se acerca el final, que de estar en una
tensión absoluta, los músculos de su cuerpo se relajan: la cebra se "suelta"
para entrar en un estado de trance, para pasar a un cierto tipo de estado
hipnótico, el cual actúa como un mecanismo de defensa ante el dolor, ante
lo inevitable. Es la última reacción del cuerpo ante lo que está a punto
de suceder: el organismo entra en un estado de bloqueo, en una cierta
aceptación de la muerte.

Lo mismo sucede cuando los seres humanos que están a punto de morir, hacen consciente que no tienen otra salida: por mucha resistencia que ellos opongan ante la muerte, cuando ésta se acerca y claramente no hay escapatoria, el cuerpo se protege tanto física -ante el dolor-, como emocionalmente -ante el sufrimiento-; para aliviar la realidad de la angustia que experimentan ante la separación de la vida. Y lo que pasa es que se activa un mecanismo de disminución de ansiedad, y de aceptación hacia lo que está a punto de ocurrir.

El tiempo y la forma en que estemos en esta Tierra, representa un factor importante a examinar y a cuestionarnos; pero la realidad de la muerte no es un tema a debatir, pues no hay nada más seguro que el hecho de que tú y yo vamos a morir irremediablemente, seamos o no conscientes de ello. Y, ¿realmente nos conviene ser conscientes de nuestra finitud?, ¿qué sentimientos genera en el ser humano la realidad de la muerte? Todo depende de cómo sea la etapa de vida en la que estemos. La muerte es una realidad que en momentos nos conviene concientizar y en otros momentos nos conviene ignorar. Cuando la felicidad nos invade, cuándo nos sentimos plenos, la idea de morir nos angustia, pues nos aleja de la felicidad, en cambio, cuando nos sentimos vacíos y con miedo, el hecho de nuestra finitud nos ayuda a entender que en algún momento nuestro dolor terminará. Así, para algunos, morir puede ser una tragedia, pero para quienes sufren profundamente puede representar un regalo divino; todo depende del momento de vida y las emociones que estemos experimentando cerca de nuestra etapa final -cualquiera que sea la forma de morir. Por lo tanto, para quien elige suicidarse, la muerte es "lo mejor que le puede pasar en la vida", aunque suene irónico.

No podemos eludir el hecho de que somos finitos; por lo que desde esta perspectiva, el suicidio sólo adelanta lo inevitable. Morir es un acontecimiento por el que todos vamos a pasar, no importa quién seas o la cantidad de dinero que tengas; tampoco importa que hagas ejercicio o que nunca en tu vida hayas movido el esqueleto, o que tomes dos litros de agua al día y comas frutas y verduras: tarde o temprano, en algún momento, morirás. El hecho de la mortalidad en este mundo no cambia para nadie; y en realidad cada día que pasa, todos estamos más cerca del día de nuestra muerte. Sin embargo, lo natural no es acelerarla, sino esperar a que en algún momento de la vida, llegue sola. Pero en el caso del suicidio, esta espera no sucede, pues la muerte se convierte en una posibilidad que se explota y se acelera. Así es, el suicida no sólo se resigna ante la muerte, sino que la propicia como la única solución a la percepción que recibe de que su vida se ha convertido en una trampa sin salida. El suicidio representa el único "mecanismo de defensa" posible en contra del sufrimiento y la desesperanza que envuelven y oscurecen su propia existencia. El suicida siente que así tiene control sobre algo, por lo menos de su propia muerte, y siente que es un derecho con el que cuenta.

Es fundamental que nos demos cuenta de que el suicidio adelanta lo inevitable, pero lo adelanta de manera definitiva, sin vuelta atrás; y además lo lleva a cabo en un momento de vida donde nuestra percepción de la realidad sólo nos permite visualizar la parte oscura de nuestra existencia. Y si al final la muerte es algo inevitable, es algo que llegará, ¿cuál es el afán de adelantarnos?, ¿para qué quitarnos la vida si de todos modos vamos a morir? La única respuesta es porque el sufrimiento que experimenta la persona es insoportable. El suicidio, entonces, se percibe y se vive por parte de quien lo lleva a cabo, como una solución concreta a un problema concreto: "Para grandes problemas, grandes soluciones".

Si deseas morir, y tal vez estás considerando matarte, en realidad estás buscando desesperadamente una solución al problema en el que se ha convertido tu vida. En el fondo no deseas morir, deseas dejar de sufrir, estás buscando una solución a tu dolor porque estás experimentando una falta total de control en tu vida, y suicidarte es la única manera que encuentras para retomarlo. Pero es fundamental que te des cuenta de algo muy positivo en todo esto: aceptas que seguir como hasta ahora no tiene sentido, y estás dispuesto a hacer algo de raíz para solucionarlo. El reconocer un problema implica, en principio, gran parte de la solución.

Es probable que para este momento de tu vida hayas tomado algunas malas decisiones; y seguramente, el quitarte la vida sea una más. ¿Pero te das cuenta de que además de ser una mala decisión, sería sin duda la última, pues estás eligiendo un camino sin regreso? Estás tomando una decisión fatal teniendo una visión limitada de la realidad. Estás tomando una solución definitiva a un problema temporal…
Y le llamo problema temporal porque, como lo veremos a lo largo de los capítulos siguientes, cualquiera que sea tu problema acabará por quedar atrás; en verdad, para bien o para mal todo terminará por pasar… Así que te pido que tengas la certeza, aunque no la puedas ver ahora, de que por muy doloroso que sea el proceso que estás viviendo, quedará atrás.

Quien lo lleva a cabo, quien consigue morir, es porque creía que que su problemática sería eterna. Y en la historia de la Humanidad tenemos miles de ejemplos, muy claros, de que los problemas pasan, que las tragedias se reparan y que el mundo sigue adelante a pesar de todo lo que ha vivido: Europa y Japón se reconstruyeron después de dos guerras mundiales, la penicilina se descubrió después de millones de seres humanos muertos por enfermedades bacterianas, la ciudad de México se puso en pie después del sismo del '85. Todo acaba, todo termina.

Así es, por difícil que sea tu problema, terminará por pasar y solucionarse, créeme. No necesitas morir para retomar el control de tu vida; lo que sí necesitas es aprender a identificar y elegir lo que es sano y congruente para ti, y a dejar a un lado el origen de lo que te tortura y lo que no te hace feliz. Necesitas aprender a ser la persona más importante de tu vida y a dejar de tomar decisiones por lo que los demás esperamos de ti. Necesitas recuperar el derecho de ser el dueño de tu propia historia. Suena fácil, y no lo es, lo sé; y también sé que en algún momento terminaste por creer que, por tus errores, merecías perder el derecho básico de disfrutar, de vivir. Pues déjame decirte que definitivamente ésa es una creencia errónea: nadie merece perder la capacidad y la oportunidad de sanar las heridas del pasado.

Hay algo que quisiera compartir contigo: cada vez que un ser humano toma una decisión, lo hace con base en lo que en ese momento cree que es lo mejor; aunque con el tiempo tal vez se dé cuenta de que ésa no era la mejor opción. Aunque no creamos que es una decisión totalmente acertada, a veces, tomamos decisiones eligiendo la "menos mala" de toda una serie de opciones, a veces dolorosas; pero siempre creemos que la que tomamos sigue siendo la mejor. Nadie toma una decisión sabiendo que había una mejor, no importa si son elecciones que tienen un peso de por vida, o si son totalmente irrelevantes e intrascendentes. Algunas de ellas, por ejemplo, pueden llevarnos segundos y no tener ninguna implicación a largo plazo: *"¿De qué color me visto hoy?"*, *"¿Qué zapatos me pongo?"*, *"¿Qué se me antoja comer a media mañana en la cafetería?"*. Algunas otras, tienen implicaciones a mediano plazo y requieren de una mayor profundidad al decidir: *"¿Debo invertir mis ahorros en esta inversión a largo plazo?"*, *"¿Deseo seguir viviendo en mi ciudad de origen o me voy a otro lado?"*, *"¿Quiero seguir estudiando este idioma?"*. Hay otras que tienen un impacto importante en nuestra historia, ya que tienen consecuencias a largo plazo: *"¿Qué profesión deseo ejercer?"*, *"¿Realmente me quiero casar con esta pareja?", "¿Quiero tener hijos?", "¿Es momento de hacerme la vasectomía?".* Sin embargo, hay muy pocas decisiones en la vida que son totalmente definitivas y determinan el rumbo de nuestra existencia, y la decisión del suicidio es una de ellas.

A mí, en muchos momentos, me agobia el tener que tomar tantas decisiones que a diario se presentan y es probable que a ti te pase lo mismo. Pero la mayor intranquilidad que siento es que desearía no equivocarme nunca, porque esto me hace sentir perdido. Quisiera tener más claridad en mi vida y ser menos falible, quisiera que vivir fuera más sencillo y no implicara tanta responsabilidad, quisiera poder estar consciente, en todo momento, de las implicaciones que puede tener lo que decido. Pero me doy cuenta de que la vida no es así, y que en realidad eso es lo maravilloso de tener libre albedrío: que al ser libres de elegir, tenemos que saber que las decisiones que tomamos siempre traen consecuencias -aunque suene paradójico. Aunque a veces nos equivoquemos, hay que tener claro que estamos hechos para acertar la gran mayoría de las veces y fallar de vez en cuando. Fallar es normal, es parte de ser humano; y esto es lo que frecuentemente llegamos a olvidar... a dejar a un lado.

Pero el elegir el suicidio no tiene marcha atrás; y por eso creo que es importante que asumamos que realmente estás queriendo tomar una decisión que terminará con tu existencia, y que es ahora cuando es prioritario iniciar un análisis serio de tu muerte, y de lo que puede estarte pasando: ¿Qué pasa si estás eligiendo sin poder ver con claridad todas las opciones?, ¿qué sucede si estás tomando una decisión definitiva a una situación parcial?, ¿qué ocurre si estás decidiendo sin comprender lo que realmente hay detrás de todo este dolor?

Nos equivocamos porque estamos hechos para ello, porque esa es nuestra naturaleza, porque no tenemos la capacidad de adivinar el futuro, porque aprendemos por ensayo y error. Nos equivocamos porque necesitamos hacerlo. Nadie se equivoca por idiota, nos equivocamos por inexpertos, y la experiencia sólo se puede adquirir fallando y volviendo a fallar. Al igual que yo, seguramente más de una vez te has reprochado el haber tomado una mala decisión, cuando aparentemente lo obvio era lo contrario: "*¿Cómo pude haber sido tan idiota?", "¿Cómo no me di cuenta antes?"* Lo injusto de los humanos es que juzgamos con la experiencia del hoy los errores del pasado.

Te tengo una propuesta: ya que con la muerte tendrás toda la eternidad por delante, no habrá vuelta de hoja y será definitiva; tal vez valga la pena reservarte la decisión del suicidio hasta que finalicemos el libro. Quizás unas cuantas páginas puedan hacerte dudar que el suicidio es tu mejor opción, o tal vez puedan reafirmar tu decisión. Quizás pueden cambiar el rumbo de tu vida. Unos cuantos capítulos más pueden valer la pena, créemelo. No hay nada igual a elegir; conociendo con certeza lo que sentimos, y con la máxima gama de opciones posibles. Vivir es elegir. Escoger con conciencia puede representar la vida..., elegir en la oscuridad sólo te puede llevar a la muerte.

Así que aquí estamos, empezando a entender por lo que estás pasando, enfrentando tu dolor y sufrimiento, y empezando a comprender que con el suicidio buscas encontrar una solución real y definitiva al caos en el que se ha convertido tu vida. Por lo pronto, el problema está definido. Y, ¿cuál es mi propuesta? Que vayamos de la mano, explorando y entendiendo tu crisis y tu dolor, para atravesar durante los siguientes capítulos, las opciones reales de vida que tienes y que ahora no puedes ver. Te propongo realizar el viaje que puede representar un cambio radical en tu calidad de vida, sin la necesidad de hacerte daño. Yo le apuesto a que puedes dejar de sufrir sin que sea necesario morir; pero la decisión final es tuya, es tu vida y tienes el derecho y la obligación de elegir lo que sea mejor para ti; aunque al final decidas algo con lo que yo y los demás no estemos de acuerdo.

Lo que pretendo a lo largo de este libro, es que juntos examinemos, sintamos y evaluemos lo que estás viviendo; y que los dos entendamos lo que realmente significa en tu vida y en la de los demás, el quitarte la vida. El suicidio es esto: una solución definitiva a un problema temporal.

No hay mayor riesgo que nacer... Una vez que estamos aquí, vamos a experimentar cientos de experiencias positivas y negativas, vamos a vivir luz y oscuridad, pero necesitamos generar nuestro propio bienestar. Necesitamos retomar las riendas de nuestra vida y elegir lo que es mejor para nosotros. Son sólo unos cuántos capítulos.

¿Trato hecho? ¡Buen camino, y que no se te olvide que no estás solo!

2

UNA IDEA QUE MATA

La idea de quitarnos la vida se va desarrollando igual que un embrión dentro del útero: día a día, noche a noche…, hasta que llega a un punto en el cual la hacemos consciente y nos damos cuenta de ella; pero para este momento, ha pasado mucho tiempo, por lo menos algunos meses de haber empezado su gestación.

Nadie decide quitarse la vida en el mejor momento de su vida. No es una decisión que se tome en una etapa de gozo, sino que comienza con una idea a partir de una situación de dolor o confusión, que se suma al aprendizaje del suicidio de algún conocido, familiar, amigo o celebridad que lo llevó a cabo y así, se acelera el proceso de auto destrucción. Y hablo del aprendizaje como un elemento impulsor de este acto, que contribuye a bloquear el instinto básico y natural de supervivencia de la persona; lo cual confirma que el suicidio necesariamente es una acción aprendida e imitada. Al final del día, el suicidio, como muchos otros signos y síntomas que presenta una sociedad, es producto de un aprendizaje social.

Y entonces, llegamos a las siguientes preguntas: ¿Cómo se gesta esta decisión?, ¿cómo llega una persona a elegir quitarse la vida?, ¿es un acto impulsivo o es un acto que se planea detalladamente? Aunque los seres humanos somos únicos e irrepetibles, llegamos a mostrar ciertos comportamientos similares ante circunstancias que nos provocan estados emocionales parecidos. Y así sucede en el tema que nos ocupa: en la mayoría de los casos, se ha comprobado que el suicidio no es un acto impulsivo, sino una ideación que se va desarrollando a lo largo de un proceso de valoración y cálculo. El suicidio es, entonces, una acción planeada y conscientemente ejecutada; aunque en algunas ocasiones, por la violencia con la que se lleva a cabo, parezca lo contrario. Lo que sí puede llegar ser impulsivo, es el momento de llevarlo a cabo; es decir, un evento crítico puede disparar el que se ejecute en un momento determinado, pero es seguro que la decisión ya estaba tomada con anterioridad. En promedio, alguien que se suicida lleva analizándolo por lo menos nueve meses; periodo crítico lleno de tristeza, desesperación, desesperanza y falta de sentido vital.

Y ya que estamos empezando la evaluación de tu intención, te pido que en estos momentos trates de hacer memoria de cuándo fue la primera vez que fantaseaste con el hecho de morir para resolver la problemática de tu existencia. Y te pido que trates de recordar la sensación de querer morir, y te darás cuenta de que no empezó con el plan para matarte, porque eso viene mucho después; sino que todo comenzó con un genuino deseo de morir, con una idea que a la larga puede llegar a ser mortal.

Cuando no la hemos pasado bien en el tiempo reciente, cuando no nos hemos sentido satisfechos y algo inesperado e incómodo nos sucede; la idea de morir, que es una semilla latente, cae en terreno fértil y empieza a germinar. Para que una persona tome la decisión de suicidarse, antes tiene que haber madurado el pensamiento de muerte por meses, y hasta por años. En muchas ocasiones, lo que desata la fatal decisión, y que representa el "disparador" que detona el deseo de morir, es un evento específico: tal vez una muerte o una pérdida repentina, un despido inesperado, un problema de pareja o quizás una mala racha económica. Por eso, en estos momentos, y para ayudarnos en esta tarea, te pido que trates de hacer consciente si en tu vida existe o existió algún evento o una serie de sucesos críticos que promovieron que perdieras la ilusión de vivir, y que piensas que pueden haber detonado tu deseo de morir.

Tal vez tu "disparador" no sea algo que parezca muy grave ante los ojos de los demás, pero es algo que puede marcar tu vida en forma significativa. Como en el caso de Claudia, una mujer soltera de 52 años, con la que trabajé durante tres años después de un intento suicida: su disparador, su idea de muerte empezó con la muerte de "Charlie", su perro, que llevaba 14 años siendo su mascota. Para muchos, tal vez fue exagerado caer en depresión por la muerte de un perro; pero para ella, la pérdida de su mascota implicó la pérdida de su compañero. *-A Charlie era al único que realmente le importaba* *cómo me sentía–*, decía frecuentemente llorando durante nuestras sesiones. Así es, el disparador de una idea suicida, básicamente implica una pérdida: la pérdida de la salud, de un ser querido, de cierta estabilidad, de una pareja, de determinado estatus; o bien, de la ilusión de seguir adelante con la aventura de la vida.

Entonces, quiero reiterar que el suicidio nunca es una decisión repentina, sino algo que se va gestando poco a poco, y por eso quisiera analizar contigo, ¿cuál está siendo tu disparador?, ¿desde hace cuánto tiempo que no disfrutas la vida?, ¿hay algo que no te perdonas por lo que crees que el mundo estaría mejor sin tu existencia? El deseo de morir no se da de un día a otro, es un proceso lento pero seguro.

El suicidio es algo totalmente íntimo; por lo tanto, no hay nada más personal que el disparador que te lleva a decidirlo. ¿Cómo olvidar talentos como el de Virginia Wolf en la literatura, y Van Gogh en la pintura, quienes sufrían un desorden bipolar, que fue el disparador que los llevó a la muerte?

Pienso que el desear morir es algo que nos sucede a casi todos y lo llegamos a experimentar en algún momento de la vida...; pero el llevarlo a cabo, afortunadamente no.

Un intento suicida es la culminación de una decisión que se inicia con la idea de querer dejar de vivir. Al comienzo es sólo una idea, un pensamiento que surge al empezarnos a sentir "inadecuados", "fuera de lugar" e "incómodos" con nuestra propia vida. Comienza con la idea de que el mundo estaría mejor sin nuestra existencia, con el deseo de dejar este mundo, con el deseo de morir; no buscándolo activamente, sino simplemente deseándolo. Al momento de que esta idea va avanzando, te vas desconectando de tu fuerza vital; y empiezas a generar una frecuencia y sintonía con la muerte, y a visualizarla como la solución a tu problema existencial. En la gran mayoría de los casos, la gente comienza a imaginar y a fantasear con morir de una enfermedad terminal, desear tener un accidente aéreo, o simplemente con pensar en no despertar a la mañana siguiente. Todo comienza con la idea de que morir es mejor que vivir. El suicidio es la hiedra que crece de la semilla de la falta de esperanza ante la vida.

Excluyendo a los seres humanos, entre los mamíferos no encontraremos casos de suicidio. Es cierto que es común que un animal enfermo o viejo se aleje de la manada para "dejarse morir"; o bien, que defienda hasta con la vida el bien común; pero nunca ejecutará una acción específica para quitarse la vida. Esto abona a la comprobación de que el suicidio no es algo instintivo, sino algo aprendido a nivel humano, a nivel social.

¿Cuál es el primer suicidio que recuerdas?, ¿te impactó, cuando niño o adolescente, entender lo que implicaba el quitarse la vida?, ¿alguien en tu familia cercana se ha quitado la vida?, ¿es un mito en tu familia el hablar del suicidio?, ¿conoces a alguien que se haya quitado la vida; y si es así, ¿qué representó para ti el que lo llevara a cabo?, ¿qué significó para el grupo social al que pertenecía?, ¿te sorprendió que lo hiciera?, ¿cómo reaccionaste cuando te enteraste? Cuántas preguntas importantes que te inducirán a la reflexión sobre los aprendizajes y acercamientos que has podido tener y que han podido contribuir a tus ideas de suicidio; y que además nos ayudarán a ir más a fondo en el análisis y concientización de la forma en que se ha ido gestando tu problemática actual.

Los seres humanos, al igual que todos los mamíferos aprendemos, en parte, por el proceso de imitación. De hecho, a nivel genético traemos ciertos aprendizajes que nuestros antepasados heredaron de sus antepasados, y así sucesivamente. El inconsciente colectivo nos indica que no podemos entender al individuo fuera de su contexto social. No hay ser humano cuya personalidad y comportamiento no tenga influencia de su familia, de su grupo social y de la cultura en la cual se desarrolla. Por lo mismo, el quitarnos la vida es algo que necesariamente va de la mano con nuestra historia personal, familiar y social. Con esto, no estoy implicando que una decisión tan profunda y tan íntima sea tomada únicamente con base en un patrón de imitación, pero es un hecho que siempre existe un aprendizaje anterior en la vida de quien intenta quitarse la vida.

Para cada cultura el suicidio representa una solución a diferentes problemas. Por ejemplo, para los japoneses puede significar una práctica loable que implica respeto a la persona que se quita la vida, pues representa una solución al orgullo y dignidad heridos; y en cambio, en Europa puede significar la solución a una vida dura, sin sentido, llena de profunda soledad; y que en el mundo altamente capitalizado puede representar la solución ante el fracaso económico. En cualquiera de los dos casos, el hecho es que es una decisión imitada, aprendida, y que "libera" y "protege" a la persona de su entorno social. Esta liberación, este alejarse de todo y de todos, es lo que busca encontrar quien intenta quitarse la vida; y es por eso que vemos que el suicidio se repite una y otra vez, y cada vez con mayor intensidad, en la vida de una sociedad determinada: *"Si funcionó para `x´, puede funcionar para mí"*.

Y para citar ejemplos concretos, podemos analizar lo que representó, en su momento, el suicidio de Marilyn Monroe; el cual tuvo un impacto muy importante para el mundo, y particularmente para las mujeres que la veían como un modelo a seguir. Para la sociedad americana, este evento implicó la caída de un ícono y la desmitificación de la "mujer perfecta". Monroe representaba el éxito en toda la acepción de la palabra; y a pesar de ello, había decidido quitarse la vida. Era una mujer bonita, joven, famosa, valiente, moderna, reconocida y con dinero; y por eso su muerte cuestionó a muchos: si ella, que lo tenía "todo", había decidido "bajarse del barco", ¿por qué no hacerlo aquellas personas que no tenían "nada", y para las cuales vivir era una lucha eterna? El máximo símbolo de la liberación femenina de la época, y el modelo de mujer independiente y revolucionaria del momento, había fracasado. ¿Te imaginas lo que sucedió? Se presentó una reacción en cadena que implicó el aumento en los índices de suicidio de la época. Marilyn había sido un modelo de vida para muchos; pero al final, terminó siendo un modelo de muerte.

Lo mismo sucedió con Maria Callas, la soprano más talentosa que ha tenido la Humanidad, cuya causa de muerte no quedó aclarada, pero que probablemente haya decidido quitarse la vida ante un desamor profundo. Si ella lo había hecho al perder al amor de su vida, Onassis, y era considerada "alguien" en la vida, ¿por qué no hacer lo mismo cuando sientes que "no eres nadie" y eres abandonado por tu pareja?

Cuando Kurt Cobain, el conocido músico de Nirvana se quitó la vida, hubo una reacción de shock e impacto total por parte de sus seguidores. El cuestionamiento social, especialmente de aquellos enfocados a la música, no se hizo esperar; y los índices de muerte por suicidio entre la comunidad de músicos tendieron a elevarse, de manera significativa durante las siguientes semanas. Así, una vez más, no podemos entender el suicidio como un evento aislado, lo necesitamos comprender como un síndrome social.

Aunque cada vez sea más común la existencia de suicidios infantiles, la realidad es que tradicionalmente se presentan a partir de la adolescencia. Lo que es una realidad, es que el suicidio en las sociedades actuales parece comportarse como una epidemia, un efecto en cadena. Cada vez se presentan más intentos suicidas en casi todo el orbe. Ya evaluaremos tu condición particular (edad, sexo, religión y vida familiar); pero como información básica, te comparto que el suicidio es un fenómeno, un síndrome (conjunto de signos y síntomas) social que no puede ser entendido sin analizar la interacción del individuo con la sociedad a la que pertenece.

Un síntoma es aquel signo, señal o indicio de que se está presentando una enfermedad y que no se puede medir, pero que alguien puede describir porque lo percibe o lo siente, ejemplo: el nivel de ansiedad que experimenta una persona, el dolor de una migraña, el miedo que experimenta un niño ante una pesadilla, o el impacto emocional que describe un reportero cuando ve las escenas de una población devastada por un desastre natural. Por lo tanto, podemos definir al suicidio como un síndrome social, ya que es una enfermedad que muestran algunas sociedades actuales.

Existen factores que han provocado que aumente la tasa de intentos suicidas en el mundo; y uno de ellos, sin duda, es la desintegración social. Es primordial que hoy reconozcamos que vivimos en una sociedad cada vez más neurótica, egoísta e incongruente; una sociedad en la que, para lograr cierta "adaptación" y "éxito" se ha ido renunciado a ciertas necesidades básicas, valores y principios profundos. Una sociedad poco creativa y poco constructiva donde todo se hace por imitación; y eso es lo que la expectativa social nos señala como natural y deseable, aunque vaya en contra de nosotros mismos.

Paradójicamente, hoy en día lo normal no tiene necesariamente que ver con lo sano. Cada vez es más común que la norma entre los adolescentes sea que desarrollen algún tipo de adicción o de trastorno de alimentación; lo cual evidentemente no es sano, pero es una realidad observar estos comportamiento que se generalizan y se empiezan a ver "naturales" aunque no lo sean, y que evidentemente también incluyen un ingrediente de aprendizaje e imitación.

También vemos situaciones mundiales que nos son sanas, pero que se han vuelto normales: el hecho de que las sociedades actuales permitamos que el 90% de la riqueza del planeta se concentre únicamente en el 10% de la población. Claro que esto es algo que no puede ser ni sano ni nutritivo para todos, pero es la norma del mundo contemporáneo. De igual manera, las sociedades actuales hemos acabado por aceptar como normal que existan guerras cada vez más crudas entre nosotros mismos. Y lo vemos tan normal, que enseñamos a nuestros niños a desensibilizarse ante el dolor de los demás; y a muy temprana edad, a callar su propio dolor emocional e ignorarlo para poder seguir adelante con las expectativas que los demás tienen sobre su desempeño. Así, los seres humanos terminamos por alejarnos de lo que sentimos y por negar nuestras emociones. Esto no puede ser ni sano ni nutritivo para nadie.

Te hablo de tantos factores que llegan a influir en las personas con intención suicida, porque me interesa que vayas descubriendo y entendiendo más profunda y ampliamente algunas de las razones externas que te han podido afectar, y que a veces pueden ser desconocidas o nebulosas para ti. Lo hago porque creo que la comprensión de lo que nos sucede, de los que estamos experimentando, puede transformar nuestra visión y deseablemente nuestra manera de enfrentar un acontecimiento de esta naturaleza. *"Nada desgarra tanto como lo que carece de sentido; entender, entonces, probablemente contribuya a sanar interiormente."*

Para resumir, hasta ahora hemos hablado de que la intención de suicidarse se va desarrollando poco a poco; de que nos podemos ver influidos por una sociedad cada vez más desintegrada, neurótica e insensible; y de que, como detonador, puede aparecer ante nosotros un evento o situación que haga estallar la idea que nos rondaba en la mente, y que nos empuje hacia una acción fatal. Y para seguir adelante, creo que ya es momento de platicar sobre los cambios de comportamiento que has podido tener a partir de estos momentos de dolor y desesperanza de que hemos hablado; los cuales han desembocado en esta idea de querer morir, que ha estado rondando en tu cabeza desde hace tiempo.

Estoy seguro de que llevas mucho tiempo viviendo de manera incongruente, sin conexión con tu intuición, con tu sabio interior; y también sé que has buscado ignorar el dolor hasta convertirlo en un tigre enjaulado, un caballo desbocado.

Cuando la idea de morir se instala, el deseo de culminar este acto se fortalece y comenzamos a actuar de manera menos cuidadosa, menos responsable. Aquí comienza lo que se conoce como "comportamiento suicida", que no implica todavía hacer algo consciente, intencionado y específico para quitarnos la vida. Es decir que, aunque deseemos dejar de vivir, todavía no tomamos ninguna acción para conseguirlo; sino que comenzamos a comportarnos de manera "diferente", exponiéndonos irresponsablemente a ciertos peligros que antes hubiéramos evitado. Empezamos a actuar de manera temeraria, y hasta cierto punto desafiante, como si llamáramos a la muerte. Es muy común, por ejemplo: conducir a exceso de velocidad, exponernos a situaciones irracionales, hacer uso y abuso del alcohol y otras drogas, tener sexo sin protección, realizar ejercicios de alto riesgo, o empezar a frecuentar personas o amistades que están en algún tipo de dinámica autodestructiva. En este sentido, podemos nombrar las muertes de Jim Morrison y Janice Joplin, como ejemplos de quienes perdieron la vida por abuso de drogas; pero por un manejo irresponsable de su vida, y no por haber buscado conscientemente el suicidio. Cuando no hay intención de morir, pero ése es el resultado, estamos hablando de una muerte por accidente imprudencial.

Después de una recuperación física y psicológica de casi nueve meses, por un accidente automovilístico serio en carretera, Susy de 23 años, quien es todavía mi paciente, afirmaba que en ningún momento pensó en quitarse la vida. Se sorprendió ante la pregunta de cuál era el escenario más factible ante: manejar en la madrugada, en una carretera estrecha, a exceso de velocidad, después de haber bebido alcohol por varias horas, y saliendo de la fiesta donde vio a su exnovio besándose con otra chava. -*Yo nunca pensé en matarme..., simplemente quería salir corriendo y no volverlo a ver jamás*–, contestó Susy reflexiva. En realidad, Susy no llevó a cabo un intento suicida; pero la impulsividad con la que actuó le pudo haber costado la vida. Este es un ejemplo claro de un comportamiento suicida: no se miden con plena conciencia, las consecuencias que puede tener una acción determinada. Como bien dice el dicho mexicano: "Tanto va el cántaro al agua, hasta que acaba rompiéndose"; es decir, que si corres riesgos constantes, puede ser que tengas un accidente mortal; o puede ser que no llegues a morir, pero tal vez afectes de manera irreversible a tu cuerpo, manteniendo el sufrimiento, sin resolver el problema de raíz; y peor aún, teniendo un cuerpo lastimado.

Aunque en ciertas situaciones, el resultado de un comportamiento suicida pueda ser la muerte ante una acción imprudente y riesgosa, no se considera como suicidio. Para que el suicidio se entienda como tal, es necesario que exista una acción específica, voluntaria y consciente de una persona para quitarse la vida.

Un acto imprudente o un deporte extremo nos pueden llevar a la muerte, pero como no es algo que hagamos explícitamente para morir, no se considera suicidio. Cuando existe la duda sobre el posible suicidio ante la muerte de alguien; en la gran mayoría de los casos, se descubre que se trató de un comportamiento suicida con resultados fatales, pero de ninguna manera se trató de un suicidio; ya que se sabe que el suicidio consumado, generalmente, se identifica por la claridad de la planeación con la que se llevó a cabo.

Este comportamiento suicida del que estamos hablando es de suma importancia para el asunto que nos ocupa porque puede representar, en este proceso tan doloroso por el que atraviesa una persona, un paso anterior a la planeación del acto suicida; y esta preparación podrá llevar, consecuentemente, a la culminación del suicidio. Por esta razón, es necesario preguntarte si, ¿en este momento de tu vida estás únicamente deseando morir, o ya presentas un comportamiento suicida?

Ya que todo esto trata de que busquemos una solución a un problema tan serio, y éste comienza con una idea que termina por matar, creo que es de vital importancia que respondas a estas preguntas: ¿Tu dolor, tu tristeza, tu problema concreto, es exactamente igual al de los demás?, ¿sientes que tu existencia es y ha sido igual a la de Van Gogh, Morrison, Janice Joplin, Marilyn Monroe o algún otro personaje conocido? Es necesario que recuerdes que cada uno de nosotros somos seres únicos, e irrepetibles, en constante movimiento, y con una historia específica. Y por esta razón tan evidente, tu respuesta a esta última pregunta tiene que ser necesariamente un "no". En toda la historia de la Humanidad no ha existido, ni existe, ni existirá jamás alguien exactamente igual a ti. Entonces, no necesariamente lo que ha funcionado para otros funcionará para ti; y ya que eres único, irrepetible y especial, ¿no crees que vale la pena ir más profundo y encontrar a detalle la solución para tu caso, y no únicamente repetir una fórmula que aprendiste de alguien más? Lo común no es necesariamente lo sano, y estoy seguro que te mereces algo más personalizado que sólo recrear lo que otros han decidido. Vamos a darle cierta distancia, cierta perspectiva a la sociedad a la que perteneces. Si no vivieras donde vives, y no estuvieras rodeado de esta gente en específico, ¿estás seguro de que de todos modos querrías quitarte la vida? Nuevamente la respuesta tiene que ser otro "no". El suicidio no se presenta si existe una estructura social sólida; así es que necesitas empezar por diferenciar lo que son tus sentimientos, de las expectativas y la neurosis de la familia y la sociedad a la que perteneces.

Temo informarte que la idea de matarte no es ni propia, ni original. Estoy convencido de que para tu historia en particular, te mereces algo más que la copia de un modelo. Tú eres el dueño de tu propia vida, y creo que vale la pena tomar una decisión con base en el cambio de vida que necesitas. Cualquier copia, por buena que sea, será sólo eso, una copia más... Eso es el suicidio, un acto que se aprende y se copia de alguien más.

Tú te mereces una segunda oportunidad. Una oportunidad de vida y no de muerte.

3

DANDO UN PASO PARA ATRÁS

Cuando le conté a Maite, una muy buena amiga, que estaba escribiendo este libro, suspiro y dijo, *"Bueno, supongo que mientras tus lectores no dejen de leer, estamos del otro lado, ¿o no? ¿Por qué no escribes algo así como 'Las Mil y Una Noches'? Así, mientras no terminen de leer, no se matarán".* No pude evitar soltar una carcajada mientras sorbía un trago de mezcal. Leerme por siempre sería una pesadilla, así que no pretendo que lo hagas, sólo te pido que sigas adelante en este proceso de entender el suicidio como un síndrome, como un fenómeno que se puede desglosar. Te pido que sigas adelante con este proceso de autoentendimiento.

Realmente, deseo que en estos momentos te sientas inseguro con la decisión de quitarte la vida, y que empieces a dudar si realmente es la única solución a tu problemática actual. Pero si crees que la decisión ya está tomada, que ya es un hecho, que quieres seguir con el proyecto de matarte; entonces, seguramente estás en la fase que sigue al "comportamiento suicida", que implica el formular un plan para llevarlo a cabo. Esta fase se conoce como "riesgo suicida".

En esta etapa, la situación empeora y las fantasías de muerte siguen adelante: se crea y se planea la manera como se va a llevar a cabo el suicidio. Esta planeación comienza nuevamente con otras ideas: ¿Cómo lo voy a llevar a cabo?, ¿cómo me imagino mis últimos momentos?, ¿quién quiero que me encuentre muerto?, ¿cómo me imagino esa última escena?

Hace tiempo trabajé con Marcelo, un veterinario de 38 años con un cuadro depresivo mayor grave; quien acudió a terapia por haber terminado con su pareja después de siete años de relación, tras descubrirlo siéndole infiel con un amigo en común. Se sentía humillado, apenado y lleno de culpa por el engaño; pero también por ser homosexual, y por haber sido infectado de VIH, por el que había sido su pareja cuando era muy joven. Nunca se había perdonado el haber confiado en quien había prometido cuidarlo y protegerlo en su primera relación homosexual; pero además, al terminar su relación actual por una nueva traición, no sólo sufría el enojo y el dolor del momento, sino que estaba reviviendo el primer dolor del rechazo y el abandono, razones por las que había caído en un cuadro depresivo mayor, con alto riesgo suicida.

Al analizar el deseo de muerte de mi paciente, y sus pensamientos obsesivos de quitarse la vida, lo cuestioné: *"Marcelo, ¿piensas en quitarte la vida?"*, *-Sí, frecuentemente...-*, contestó decidido. *-Y cómo te imaginas llevándolo a cabo?-*, volví a preguntar, buscando la existencia de algún plan suicida. *-Me imagino ahorcándome desde el barandal de la doble altura de nuestro departamento, con la corbata azul que me regaló en el verano-*, contestó con la certeza de alguien que lo va a llevar a cabo. Ahí descubrí que estábamos hablando de una persona cuya vida corría altísimo peligro. Desear morir implica, en sí, un riesgo; pero describir a detalle cómo sería el que su pareja lo descubriera colgado, al prender la luz de la sala un sábado en la madrugada, me indicó que la vida de Marcelo estaba realmente pendiendo de un hilo. *-¡Guau, la vida de este compadre está en máximo nivel de peligro!-*, pensé automáticamente. Un caso como el de Marcelo implica un alto riesgo, ya que el intento suicida se puede llevar a cabo en cualquier momento, porque el plan para llevarlo a cabo ya está hecho. El llevarlo a cabo es sólo cuestión de tiempo. La certeza de la decisión, aunada al detalle del plan de cómo suicidarse, más la respuesta que esperaría de su pareja cuando lo descubriera muerto (sorpresa, culpa, impacto), nos indica la magnitud del riesgo suicida. En un caso así, es altamente recomendable un internamiento en alguna institución especializada en depresión y ansiedad, donde el paciente pueda recuperarse de la fase obsesiva de muerte, y donde no pueda hacerse daño. Afortunadamente, Marcelo aceptó un internamiento en una clínica durante tres semanas, donde se le dio tratamiento para su depresión; y cuando fue dado de alta, pudimos seguir trabajando terapéuticamente el duelo de su pareja, ahora expareja, y él pudo retomar las riendas de su vida. La historia de Marcelo, por ahora, tiene un final feliz; ya que vive, desde hace tres años, con su actual pareja; además, abrió un hospital veterinario en provincia, y se certificó como piloto aviador. Hablo con él por lo menos cada cuatro meses, y en dos ocasiones me ha expresado cómo agradece el que lo haya convencido de haberse internado. -*Gracias a eso, pude encontrar el amor de mi vida*–, compartió conmigo en la última llamada. Si Marcelo no hubiera pedido ayuda, y si no lo hubiéramos contenido a tiempo, se hubiera quitado la vida, y todo lo maravilloso que vino después de su crisis, se hubiera perdido.

Cuando una persona se quita la vida, elige renunciar a la oportunidad de superar una crisis y de retomar la capacidad de ser feliz. En general, y como ya lo hemos dicho, la decisión de cometer suicidio nunca es impulsiva, pues implica todo un proceso de dolor, ansiedad y desesperanza, que culmina en la planeación de cómo llevarlo a cabo, para terminar con el sufrimiento. Así es, esta ejecución mortal, requiere de todo un plan de acción; porque aunque a veces lo dudemos, el cuerpo es resistente y nos puede dificultar el poder terminar con nuestra vida. Irónicamente, para que el suicidio tenga éxito, se requiere de un verdadero plan maestro; por lo tanto, una vez tomada la decisión de morir, se tiene que planear una estrategia para llevarlo a cabo, y es ahí cuando la integridad de la persona sufre el mayor riesgo. Y, ¿a qué me refiero con esto?, a que la vulnerabilidad en la que se encuentra es tal, que casi cualquier evento que implique algo de frustración puede desencadenar el acto suicida. El disparador puede ser cualquier situación que genere más desesperanza o más dolor emocional.

Actualmente, estoy trabajando en un proceso de duelo y trauma con Mónica, una paciente de 23 años cuyo papá se suicidó, aparentemente porque "México había sido descalificado del mundial". Sin embargo, al ir analizando los últimos dos años de vida de su padre, Mónica hizo conciencia de que, hacía poco más de un año, él había comprado un seguro de vida para su familia, el cual incluía "Muerte por Suicidio"; y además, en su caja fuerte habían encontrado una carta de despedida para cada miembro de la familia. Más adelante, me enteré de que el señor había cometido un fraude en el banco donde trabajaba, y también que en la carta para Mónica hablaba de que su vida "se había convertido en un infierno". En realidad, no creo que se haya quitado la vida porque México fuera eliminado, pues hay evidencia de que la decisión ya estaba tomada quizás un año antes del evento; pero lo que sí es probable es que la pérdida de la ilusión de que México siguiera compitiendo en el mundial, haya sido su disparador.

La claridad y precisión del plan es lo que hace que el riesgo suicida sea tan peligroso. El acto suicida es la acción directa para intentar quitarse la vida, y puede ocurrir en cualquier momento. Cuando existe la desesperanza suficiente para elaborar el plan suicida, sólo hace falta un poco más de energía para llevarlo a cabo.

¿Y tú y yo dónde estamos parados en este momento? Nuevamente, te invito a que analicemos dónde te encuentras y que midamos la magnitud del riesgo suicida que estás viviendo. Si ya tienes ideado cómo te matarías, cómo te gustaría que fueran tus últimos momentos, quién te gustaría que te encontrara sin vida, cómo te gustaría que fuera tu velorio, ya te imaginas la reacción de la gente cercana; significa que el riesgo que estás corriendo es muy alto. Tu vida corre peligro y ya que estás pasando por una crisis existencial tremenda, y que no estás viendo la realidad con la perspectiva adecuada, necesitas ayuda inmediata. Lo más valioso que tienes, que es la posibilidad de transformar tu realidad, está en riesgo.

Y en este momento tan alarmante de tu vida, creo necesario que estés consciente de que el cuerpo de un ser humano no es frágil, aunque creamos lo contrario. No es fácil acabar con él, así que aunque seamos capaces de hacernos daño a nosotros mismos, la realidad es que para acabar con nuestra vida necesitamos causarnos un alto nivel de autodestrucción. Es por eso que existen tantos intentos fallidos de suicidio, pues las personas nunca imaginan que el cuerpo pueda sobrevivir a tal nivel de daño. Es por eso que en muchos casos, antes de un intento consumado, existe uno o varios intentos fallidos de suicidio. Sin embargo, no hay que olvidar que somos mortales y que el cuerpo tiene un límite; así que tarde o temprano, podemos tener una respuesta fatal.

Y volviendo a tu plan, si ya lo elaboraste, es probable que tengas en tu poder los medios necesarios para llevarlo a cabo. Si has pensado suicidarte con una sobredosis de medicamento, tal vez ya tengas las pastillas; o tal vez ya tengas la soga, si has pensado en ahorcarte; o un arma de fuego, si lo que imaginas es acabar con tu vida por medio de un balazo.

Si esto es así, entonces necesitamos dar un paso para atrás. Necesito pedirte que, en este momento, te deshagas de todo aquello que represente un peligro para tu vida, y que retires de tu alcance cualquier objeto que pueda ser un método para llevarlo a cabo. Tira las pastillas; saca la pistola de tu casa u oficina, y pídele a alguien de confianza que te la guarde. Si fantaseas con ahorcarte, tira a la basura la cuerda o aquel objeto que pueda fungir como una soga. Acuérdate que al final la decisión es tuya, y si después de analizarlo a fondo lo decides, podrás seguir adelante con tu plan; pero ahora es momento de cuidarte y de alejar, en la medida de lo posible, el riesgo de muerte en el que te encuentras. Comprométete a alejar de ti lo que te pone en peligro.

Un mal día podría terminar en una tragedia. Necesitamos evitar que un disparador de frustración o tristeza se convierta en una buena oportunidad para quitarte la vida. Sé que entre más enojado, frustrado, angustiado y desesperado que te encuentres, será más difícil darle perspectiva a lo que te lastima para alejar de tu mente los pensamientos de muerte que te consumen. Así que si estás de acuerdo, y de corazón espero que lo estés, vamos a desaparecer de tu vista todo lo que pueda ser una tentación de consumar el acto suicida en un momento desesperado. De esta manera, lograremos dos cosas: tener un poco más de control sobre tus impulsos destructivos; y analizar, capítulo por capítulo, tu situación de vida.

Sólo cuando damos un paso para atrás, podemos encontrarle una verdadera solución al problema; y sólo cuando decidimos dejar de lado el suicidio como única salida, podemos empezar a sanar las heridas emocionales que nos han llevado a sufrir de esta manera.

Lo que he observado en la gente con la que he trabajado es que, hasta que el plan suicida es "abortado", se puede empezar a visualizar la problemática de la vida desde otro punto de vista, y se puede tener un avance terapéutico. No es hasta que el proyecto de muerte queda atrás, que se puede realmente crear un compromiso para mejorar la calidad de vida. Hagamos una comparación: ¿Te acuerdas cuando aprendiste a andar en bicicleta? No fue fácil, ¿verdad?; sin embargo, no aprendiste hasta que estuviste dispuesto a quitarle las "llantitas" de atrás a la bici. En su momento, te aseguro que sentiste miedo y hasta llegaste a considerar que había sido una mala idea; pero cuando el aprendizaje se incorporó a tu sistema, y te sentiste en control de la bici, lograste disfrutar la actividad. Algo similar sucede cuando decides dejar atrás el plan suicida, guardadas las debidas proporciones: es como quitarle las "llantitas" a la bici y afrontar el reto de la vida. Es una decisión que requiere de valor y compromiso; pero créeme que no existe problema, por grande y doloroso que éste sea, que no tenga solución.

Algo que he aprendido como terapeuta, es que los problemas están hechos para resolverse y seguir adelante, y no para sufrirse y quedarse empantanados; pero para empezar a encontrar soluciones, es necesario y esencial que elijas descartar el plan de quitarte la vida. Mientras el plan siga vigente…, emocional, espiritual, intelectual y energéticamente, estás depositando la solución a tu existencia en la muerte, y no en la vida.

Cuando el plan sigue activado, cuando tenemos el método a la mano, nuestra voluntad se ve mermada; y es tan poderosa la idea de morir, que se puede llegar a cristalizar aun cuando exista cierta mejoría en la sintomatología del paciente. La fantasía de muerte puede ser tan poderosa que, mientras no se desactive, no podemos dirigir la atención hacia la plenitud, hacia la vida. Si la energía vital está detenida en los pensamientos y comportamientos suicidas, es imposible contactar con la apertura, con nuestra parte sabia, para mejorar la calidad de vida.

El ejemplo más claro que me viene a la mente en este tema es el caso de Manolo, un abogado joven con el que trabajé hace tiempo; quien tenía planeado su suicidio en la misma fecha en la que había muerto su mejor amigo, dos años antes, al ser asesinado en un asalto. El paciente me describió, en muchas ocasiones, lo alegre, positivo y soñador que era su amigo; y lo nutritiva que era su amistad y su compañía. Y como sucede en todos los casos de duelo por trauma: se sentía culpable de no haber "hecho algo" para evitarlo; y entonces, había caído en un cuadro depresivo mayor grave, con alta ideación suicida. Manolo llegó a terapia conmigo porque su jefe le había pedido que asistiera a un proceso terapéutico, como condición para que siguiera laborando en el despacho, ya que lo veía mal y estaba preocupado por él. Tenía en mente darse un balazo con la pistola que había heredado de su abuelo. El acuerdo terapéutico fue que traería la pistola y la guardaríamos bajo llave en mi consultorio, con la promesa de que cuando llegara el momento, si él así lo decidía, yo se la devolvería sin manipularlo. ¡Vaya trato! Tengo que aceptar que literalmente me quitó el sueño; sin embargo, el principal objetivo de la terapia se cumplió: logré alejarlo del objeto con el cual planeaba quitarse la vida. Manolo fue medicado con antidepresivos y siguió su proceso tanatológico conmigo; y conforme fue procesando su dolor y fue aceptando la muerte de su amigo, fue recuperando la capacidad de disfrutar de la vida, y se sintió mejor. De todos modos, siguió experimentando una presión muy fuerte, conforme se acercaba la fecha en la que había prometido a su amigo acabar con su vida, y sentía el peso de la promesa hecha. La idea de suicidarse ahora le generaba ansiedad, pero se sentía obligado a hacerlo: *"Es que me siento mal con mi amigo…, le prometí que lo haría el 14 de abril, y una promesa es una promesa… Él nunca me hubiera fallado…"*. Después de analizarlo, reflexionarlo y de ponerse en los zapatos de su amigo, Manolo reconsideró que en realidad su amigo no querría que él muriera; sino al contrario, seguramente desearía para él una vida larga y llena de bendiciones. Afortunadamente, desertó de la idea de suicidarse con la convicción de que cuando llegara su momento, cuando su muerte se presentara de manera natural, seguramente su amigo lo recibiría con un fuerte abrazo. Así, la buena noticia fue que Manolo pudo romper su promesa, y decidió no acercarse a su amigo desde la muerte, sino desde la vida. Había logrado establecer un tipo diferente de promesa: luchar para recuperar la capacidad de sonreír y disfrutar de la vida. Manolo también descubrió que para sentirse cerca de su amigo no era necesario morir, sino que lo podía hacer buscando, con compromiso, su propia plenitud. Se convenció de que, al final de cuentas, todos acabaremos muriendo e iremos en la misma dirección, y que deseaba poder platicarle a su amigo experiencias agradables de vida, y no únicamente lo que se siente no querer seguir adelante. Manolo pudo dar un paso para atrás, en su avanzado camino hacia el suicidio, y logró darle perspectiva a su crisis y a su fase depresiva. Finalmente, cuando su proceso terapéutico terminó le regresé la pistola, con la promesa de que nunca sería disparada.

Con todo esto, te reitero que no pretendo tomar las riendas de tu vida, ni pretendo tomar decisiones por ti, lo prometo. Sólo quiero proponerte que te des el espacio físico y psicológico para evaluar con conciencia y perspectiva el lugar donde estás ubicado, para así poder encontrar una solución de vida, y no de muerte para tu existencia; pero es claro que esto, no lo podremos lograr mientras siga en pie tu plan para quitarte la vida. Estoy convencido de que, a lo largo de los capítulos restantes, encontrarás algunas respuestas a preguntas que ahora parecen no tener solución; y que si realmente te comprometes con este análisis personal, en los siguientes días, semanas y meses encontrarás un sentido a tu dolor, y por lo tanto a tu vida. Créemelo, aunque no lo puedas ver en estos momentos: la vida te puede sorprender de manera positiva. Cuando nos detenemos en el camino oscuro, siempre hay un halo de luz que ilumina el sendero; sólo tenemos que estar dispuestos a descubrirlo. Cuando más oscura es la noche, es cuando está a punto de amanecer.

Así que por favor, por tu propio beneficio, por tu bienestar, por todas las experiencias positivas que perderías con esta decisión, por tu salud, por favor... ¡da un paso para atrás...!

4

PROBLEMAS, PROBLEMAS, PROBLEMAS

Tú y yo sabemos lo que es tener problemas..., pequeños, cotidianos, interesantes y..., ¡enormes! Todos tenemos problemas, los ricos y los pobres, los sanos y los enfermos, los guapos y los feos..., todos. Es imposible vivir la vida y no tener problemas; y como ya dije anteriormente: los problemas están hechos para resolverse y no para sufrirse. Atrás de cada problema hay una oportunidad vestida de negro.

Para aquellos que se encuentran en un buen momento de vida, un problema es un reto, y es una oportunidad para encontrar una solución que mejorará la calidad de vida; pero para aquellos que se encuentran pasándola mal, un problema puede ser la gota que derrame el vaso de la desesperación y la derrota. En el primer caso, el problema se visualiza como una capacidad de ganar; pero en el segundo, como una posibilidad de perder aún más. Cuando alguien está en crisis, se encuentra en el equipo de quienes la están pasando mal, y cualquier problema parece una amenaza fatal.

La realidad es que los problemas son lo que nosotros decidimos hacer con ellos. La magnitud de un problema depende, en gran medida, de la actitud que tengamos con respecto a él, y de la cantidad de energía que estemos dispuestos a invertirle. Cuando nos preguntamos: ¿Por qué una persona rica y famosa, una persona que parecía "tenerlo todo", se suicida? La respuesta es la misma en cualquier caso: porque sentía que su vida no valía ser vivida.

Sin embargo, para nuestro análisis, una mejor pregunta sería: ¿Cómo visualizaba la persona su situación?, ¿qué actitud tenía ella con respecto a su problemática, en particular?

Sí, lamentablemente, a pesar de ser guapo, famoso y con dinero, tenía un problema; y además, a él le parecía insoluble. Sí, a pesar de su riqueza y su salud física, creyó que la opción del suicidio era lo mejor. Si pudiéramos conocer la verdad de esta persona, encontraríamos una persona atribulada y en crisis, una persona sobrepasada por los problemas, y con una predisposición al fracaso en todo lo que se le podría presentar en el futuro.

Una persona que piensa en suicidarse siente que la problemática que vive es única; y por lo tanto, que nadie podría a ayudarla. Tiene la idea de que sus problemas implicarán sufrimiento por siempre; pero fíjate esto no es necesariamente cierto: los problemas no son algo "especial" o "extraordinario"; la realidad es que son tan comunes como la lluvia, como una luna llena o como el calor en las tardes de verano. Los problemas son parte natural de la vida, y así es como deben ser entendidos. Lo que nos hace felices no es la ausencia de problemas, sino la sensación de poder solucionarlos. Con cada problema resuelto, no importa el tamaño del mismo, crecemos y nuestro Yo adquiere poder y seguridad. No hay que temerle a los problemas, ya que están diseñados para generar, en nosotros: confianza, poder, conocimiento y experiencia.

A una situación complicada y llena de problemas, también se le llama "crisis". El término crisis se utiliza hoy en día con frecuencia; y en ocasiones, muy a la ligera: crisis de desarrollo, crisis de adolescencia, crisis de la mitad de la vida, crisis matrimonial, crisis económica. Sin embargo, si estás experimentando los síntomas de lo que terapéuticamente llamamos "crisis", y esta experiencia te ha llevado a considerar el suicidio como respuesta, quizás este capítulo tenga algo de valor para ti.

Y hablando de crisis, quisiera compartir contigo un caso terapéutico, que creo te ayudará a entender la importancia y magnitud del caos que puede generar una crisis en la vida, causada al sentirnos abrumados por nuestros problemas: Maye tiene 25 años, y es una mujer muy bonita. Ella es originaria de San Luis Potosí, y es pedagoga de profesión. Después de 7 años de noviazgo, se casó con el que fue su único amor: Pablo. Cuando tenían dos años de matrimonio, la compañía en que trabajaba su marido lo trasladó al Distrito Federal; y por lo tanto, Maye tuvo que dejar su vida en San Luis, para seguir a su marido. Cambiarse de ciudad fue muy complicado para ella, pues tuvo que dejar atrás cosas importantes: su familia de origen, con la cual lleva una excelente relación; la casa que le habían regalado sus padres; su trabajo en un kinder, donde se sentía cómoda; sus mejores amigas; su ciudad..., etc. Justo después de la mudanza, Maye se dio cuenta de que estaba embarazada, y se sintió feliz; pero su marido no. Pablo estaba adaptándose a un trabajo estresante, y lo último en lo que podía pensar, era en bebés; además de que habían dado el enganche de un buen departamento, y estaban cortos de dinero. Estaba sumamente enojado con Maye, pues anteriormente habían acordado que tendrían familia después de dos años de vivir en el D.F., y ella no se había cuidado como lo había prometido -había olvidado tomarse la pastilla anticonceptiva, tres días seguidos, y por eso había quedado embarazada. Pablo empezó a llegar tarde a casa, casi todos los días; y Maye, con tres meses de embarazo, sospechaba que estaba teniendo una aventura. Cuando le pidió terapia de pareja, Pablo se negó, argumentando que estaba muy ocupado, y que tenían que ahorrar para la llegada del bebé. En este momento, Maye se sentía sola, culpable de estar embarazada de un hijo que Pablo no deseaba, y angustiada ante la idea de que su marido le estuviera siendo infiel. Ante las constantes quejas de éste, sobre el costo de vida tan alto en el D.F., empezó a buscar trabajo; pero fue muy frustrante porque, en las entrevistas de trabajo, siempre escuchaba lo mismo: *"Apenas tenga a su bebé, la consideraremos."* -como sabemos, tristemente es difícil encontrar trabajo durante el embarazo. Confundida y distraída por los problemas en su matrimonio, y por la frustrante búsqueda de trabajo, cierto día, Maye se pasó un alto y chocó fuertemente con una camioneta de carga; y en consecuencia, se rompió el brazo y se lastimó seriamente las cervicales. No tuvo mayor problema con su salud; pero su embarazo se convirtió en un embarazo de alto riesgo, y le ordenaron completo reposo por los seis meses restantes. A toda esta situación tan delicada, Pablo reaccionó de forma impulsiva: estaba enojado y frustrado por el choque, y porque Maye no podría trabajar; constantemente, le echaba en cara todos los gastos a los que se estaban enfrentando por la terapia física que ella tenía que tomar, y por lo "poco solidaria" que había sido al embarazarse. Siguió llegando tarde a casa, y comportándose de manera indiferente con su esposa. Para seguir con las complicaciones, a las tres semanas del choque, a Maye le dieron la mala noticia de que su madre tenía cáncer de mama, y que estaba en fase terminal..., le quedaban, aproximadamente, seis meses de vida. En ese momento, decidió regresarse a San Luis, pero Pablo la condicionó a que, si se iba del D.F., le pediría el divorcio. Dos semanas después de esta amenaza, Maye confirmó que su esposo tenía una amante; y cuando lo confrontó, él le exigió el divorcio. Asustada, frustrada, dolida, abrumada, teniendo que estar en cama por su embarazo, con el duelo anticipatorio por la inminente muerte de su madre, con presiones económicas, y sintiéndose profundamente sola, intentó suicidarse cortándose las venas; pero afortunadamente, antes de desangrarse, fue descubierta por la mujer que la ayudaba con el aseo de su casa, y fue internada en el hospital donde está mi consultorio. Así es como Maye llegó conmigo a terapia.

No es necesario que detalle el proceso que Maye ha tenido, en el que ha logrado superar y resolver sus problemas; porque lo realmente importante, es que lo logró: hoy día ya superó la muerte de su madre y su divorcio; ha logrado una estabilidad económica por ella misma; ahora es directora de una guardería; tiene una hija maravillosa; y una nueva pareja, con la que espera su segundo hijo. Maye sobrevivió. Siempre había sido una persona fuerte, con capacidad para enfrentar la adversidad; y una vez que la tormenta pasó y las decisiones más difíciles fueron tomadas -divorciarse; quedarse en el D.F. para no perder la custodia de su hija, por haber intentado suicidarse; empezar un tratamiento terapéutico-, Maye estuvo capacitada para poner orden en su vida, y volver a empezar.

La lección importante de la historia de Maye es que, si bien de vez en cuando "llueve en la milpa" de cada uno de nosotros, en momentos tenemos que enfrentar huracanes. Sin embargo, todo pasa, por duro y doloroso que sea; todo termina por pasar, y con un poco de paciencia y esperanza, el sol sale antes de lo esperado.

No te imaginas cómo me gustaría acompañarte a enfrentar tu propio huracán; pero como en esta circunstancia no puedo conocer tu historia, y para lograr acercarme más a ti, supondré que es igual de dolorosa que la de Maye, o quizás peor. Lo que es un hecho, por lo pronto, es que seguramente como ella, tú estás atravesando una situación tan difícil que parece no tener solución, y no te sientes preparado para enfrentarla. Estás experimentando una crisis. Y…, ¿qué es una crisis?

Un análisis semántico de la palabra crisis, en diferentes culturas e idiomas, revela conceptos que son ricos en significados psicológicos, y que nos dan un marco de referencia para el tema que estamos tratando. Reich (1967), fue el primero en señalar que el término chino para crisis "weiji", se compone de dos caracteres que significan peligro y oportunidad, y que ocurren al mismo tiempo. Por otro lado, la palabra castellana *"crisis"* surge del griego *"krinein"*, que significa decidir. Las derivaciones de la palabra griega indican que la crisis es a la vez decisión, discernimiento; así como también, un punto crucial durante el cual habrá necesariamente un cambio para mejorar o empeorar.

Entonces, el primer punto para entender una crisis es visualizarla como una situación que implica, tanto un peligro para el organismo, como la necesidad de tomar decisiones. También, en ella se nos presenta una disyuntiva: la oportunidad de una mejoría en la calidad de vida del sujeto, o la posibilidad de empeorar la situación actual.

Creo que es aquí donde tú estás parado: estás viviendo una situación de caos que te hace sentir desequilibrado; pero al mismo tiempo, se te está ofreciendo una posibilidad enorme de crecer personalmente.

Lindemann (1980), fue el primero en describir el proceso de desgaste, a nivel psicológico, cuando se atraviesa por una situación de tanto desajuste emocional. El punto central de su descripción acerca del curso natural del estado de crisis, es la aparición de los síntomas agudos y el miedo constante que se experimenta: *"La crisis es un desequilibrio psicológico en una persona, que sucede cuando ésta se enfrenta a una circunstancia peligrosa; la cual constituye un problema importante, del que por el momento la persona no se puede escapar, ni puede solucionar con sus recursos habituales para resolver problemas."*.

Así, una crisis es un estado amenazante para el individuo, en donde las habilidades con que cuenta, y que ha utilizado anteriormente para enfrentar situaciones amenazantes, le resultan insuficientes. Por lo tanto, la tolerancia a la frustración disminuye, la persona percibe una sensación de caos, y experimenta ansiedad y miedo; pero al mismo tiempo, necesariamente se le presenta una oportunidad para crecer, para buscar un equilibrio, y para tener más autocontrol sobre su vida. Es decir, que existe un estado de ambivalencia donde la persona puede elegir el camino desfavorable y agravar su situación, o puede elegir el camino constructivo para explorar posibilidades que le permitan adquirir nuevas herramientas, con las que logre enfrentar futuras situaciones amenazantes.

Slaikeu (1988), es quien desde mi punto de vista, mejor define un estado crítico: *"Una crisis es un estado temporal de trastorno y desorganización;*

caracterizado, principalmente, por la incapacidad del individuo para abordar situaciones particulares utilizando métodos acostumbrados para la solución de problemas; y por el potencial para obtener un resultado radicalmente positivo o negativo."

Siendo así, es importante que recuerdes que por muy intenso que sea el momento que estás viviendo, será temporal; y que por muy trastornado y desorganizado que te encuentres, pasará... *"No hay mal que duré toda una vida"*. Pasará...

En situaciones normales de la vida, cualquier persona se encuentra en un equilibrio psicológico, con el que es capaz de mantener un balance entre las presiones del medio ambiente y las tensiones internas; sin un gran desgaste de energía, y manteniendo los patrones habituales de conducta en la relación con su entorno. Pero cuando la persona enfrenta problemas que no puede resolver favorablemente de la manera acostumbrada, cuando no es capaz de visualizar la solución final para la problemática que enfrenta, entra en una situación de gran tensión psíquica, entra en una crisis; y esto es sumamente amenazante para su estabilidad psicológica.

¿Cómo se manifiesta una crisis? Ante una situación problemática agobiante, primero se presenta un incremento en la tensión, actividad y desorganización del individuo; quien busca, en forma fallida, resolver la situación utilizando las maniobras acostumbradas, con la esperanza de retornar al punto de equilibrio. En este complicado esfuerzo, los mecanismos fallan; y por lo tanto, la tensión y desorganización en la persona, aumentan. Más adelante, este estado crítico fuerza al individuo a la utilización de recursos extras, tanto internos como externos, para intentar resolver el problema; pero muchos de ellos le pueden parecer absurdos e incongruentes, y la persona puede llegar a percibir una mayor sensación de caos y una falta de estructura. Si el problema persiste, se presenta una mayor desorganización de la personalidad, aumentando la frustración y la sensación de fracaso.

Esto es, en términos clínicos, lo que le sucedió a Maye durante su embarazo: al experimentar un momento de caos y de falta de estructura, donde no pudo asirse de las herramientas emocionales que hasta ese momento había generado; llegó a un momento de gran inestabilidad psicológica, donde intentó quitarse la vida.

Una crisis encierra un peligro potencial muy grande para la estructura de la personalidad del individuo; y la dimensión y gravedad de cada una depende de varios factores: del estilo de vida del individuo; de su carácter; de la calidad y naturaleza de situaciones previas, con las cuales la persona se ha tenido que enfrentar; de la cantidad y calidad del apoyo con que cuenta; y de la capacidad de la persona para responder a situaciones críticas, sin presentar desintegración. Es decir, que cuando la persona ha resuelto problemas graves anteriormente, tiene más capacidad para tolerar la frustración y para entender que una crisis no es el fin del mundo, de su mundo, sino una oportunidad de aprender nuevas maneras de resolver lo que está viviendo.

A grandes rasgos, Slaikeu divide las crisis en dos tipos:

1. **Crisis circunstanciales**.- Son aquellas crisis que se presentan repentinamente en la vida de un individuo como algo inesperado, y que son causadas por algún factor ambiental; o sea, por algún factor externo al individuo. Como ejemplo tenemos: la pérdida de un ser querido; un desastre natural; la pérdida del empleo; un accidente o alguna otra situación imprevista, que ocasione un desequilibrio emocional en el individuo. En el caso específico de Maye, podemos citar como factores externos: el choque que sufrió, la enfermedad de su madre, la infidelidad de Pablo y los problemas económicos que tuvo que enfrentar.

2. **Crisis de desarrollo**.- No existe vida sin etapas y etapas sin crisis de desarrollo. Como su nombre lo indica, este tipo de crisis tiene que ver directamente con el desarrollo personal del individuo; es decir, con los diferentes cambios que experimenta éste al pasar de una etapa de desarrollo a otra, y con las diferentes circunstancias que enfrenta en cada una de ellas. Cada etapa del desarrollo de una persona se relaciona con ciertas tareas de crecimiento, y cuando se presenta una interferencia en su realización, existe la probabilidad de experimentar una crisis. Ejemplos claros son: la crisis de identidad que se experimenta en la adolescencia; la crisis del joven al tener que escoger carrera profesional, cuando éste termina la preparatoria; o la crisis de los 40's. En el caso concreto de Maye, ella experimentó una falta de estructura y caos, causados por el miedo a vivir la edad adulta, y el temor a enfrentar el ser autosuficiente.

Estos son los dos tipos de crisis que Slaikeu nos explica para tener un mayor conocimiento y, por ende, una mayor compresión de estas situaciones complicadas por las que pasamos los seres humanos. Este conocimiento es fundamental pues, de esta manera, podemos predecirlas y tal vez prevenir o aminorar sus efectos, al preparar al sujeto emocionalmente para lo que enfrentará y experimentará.

Como terapeuta, he trabajado con muchos adolescentes que buscan desesperadamente su propia identidad. Algunos la buscan de manera constructiva: aprendiendo un instrumento, buscando su propio estilo al vestir, uniéndose a favor de una causa social, creando grupos de rock, o escogiendo un deporte que les apasiona; pero también he trabajado con algunos que la buscan de manera destructiva: automutilándose, consumiendo drogas, dejando la preparatoria, buscando sexo sin protección, etc. Estos son ejemplos evidentes de que, de la actitud con la que enfrentemos nuestros propios problemas y nuestras crisis, dependerá el éxito o el fracaso del desarrollo de nuestra propia solidez personal.

Caplan (1978), describe que cualquier persona en crisis pasa por las tres siguientes fases:

1. **Impacto**.- Es la fase en que los acostumbrados mecanismos de enfrentamiento del individuo fallan, y los signos de estrés aparecen. La persona puede experimentar sentimientos de aturdimiento y confusión. Puede intentar alejar el evento que le produce la tensión, pretendiendo sentir que nada ha pasado o que realmente no está sucediendo. Puede tener varios intentos de guiar su vida normalmente; sin embargo, éstos resultan ineficientes.

2.- **Retroceso**.- Esta fase está caracterizada por incrementos en la desorganización. El sujeto reprime las emociones desagradables (ira, culpa, resentimiento, vergüenza), y su atención no está puesta en lo que normalmente le interesa de la vida diaria. La actividad cotidiana le resulta sin sentido, y presenta un funcionamiento incompetente, que contribuye a incrementar la tensión y a sentir impotencia. Aparecen manifestaciones psicosomáticas, como: muestras de fatiga, insomnio, apatía, trastornos en los hábitos alimenticios, falta de aliño personal.

3.- **Ajuste y adaptación**.- Si los recursos propios del individuo y del entorno pueden ser movilizados, el problema se resuelve. En lugar de darse por vencido, el sujeto logra descubrir una visión diferente del problema, una visión de cambio y una posibilidad de crecimiento, más que una visión tormentosa y amenazante. Para que esta reacción asertiva ocurra, es importante que los aspectos que no pueden cambiarse, se acepten como inevitables y se aprenda a vivir con ellos.

Erikson (1982), conceptualiza el desarrollo de la personalidad como una sucesión de fases diferenciadas, tales como: la infancia, la niñez, la adolescencia y la adultez; y enfatiza la relación entre el desarrollo social de la persona y su entorno social. De esta manera, formula las ocho etapas de desarrollo en el ciclo de vida del ser humano, y provee las bases teóricas para analizar cómo, en base al ajuste y a la adaptación, el ser humano crece y supera las crisis normales de desarrollo. Las ocho crisis o etapas del ciclo vital a las que él hace referencia son las siguientes, y se pueden resumir hablando de las tareas que se deben resolver en cada fase:

a. **Confianza Básica vs. Desconfianza Básica** (primer año de vida, de 0 a 1 años).- En esta etapa el reto para el bebé es: obtener estabilidad emocional; buscar satisfacer sus necesidades primarias de alimento, vestido y afecto; desarrollar su sentido de independencia ; ser digno de adquirir confianza por parte de sus proveedores; confiar en la capacidad de sus propios órganos, es decir, confiar en su sistema, para enfrentar las urgencias de la vida diaria; y desarrollar un sentimiento rudimentario de identidad del yo; es decir, descubrirse como un individuo dentro del mundo. El niño lo logra realizando tareas de alimentación, al experimentar el descubrimiento de la diferencia entre sí mismo y la otra persona, y cuando permite que su madre se aleje sin sentir ansiedad. Así, el niño aprende a sentir esperanza, de que aunque su madre se vaya, va a regresar y él estará bien.

b. **Autonomía vs. Vergüenza y Duda** (segundo año de vida, de 1 a 2 años).- El organismo busca madurar muscularmente; y se da el desarrollo total del sentido de independencia en el niño, quien busca generar un sentimiento de autocontrol, sin perder la confianza. Lo logra realizando tareas de aferrar y soltar, al empezar a caminar y hablar, y al adaptarse a las demandas de socialización. Así es como el niño descubre lo que es su voluntad y la voluntad de los demás; y se da cuenta de que, a veces, no consigue algo que desea, y que tiene que cumplir con los deseos de alguien más.

c. **Iniciativa vs. Culpa** (infancia temprana, de 2 a 6 años).- En esta fase, el reto para el niño es: desarrollar habilidades de aprendizaje y control muscular, desarrollar conceptos corporales y aprender diferencias sexuales, desarrollar su sentido moral (lo que está bien y lo que está mal).

También necesita adquirir conceptos de realidad física y social; es decir, que debe enfrentar retos físicos, y desarrollar una adecuada socialización. Lo logra realizando tareas en las cuales experimenta el sentido de responsabilidad (en la escuela o en las actividades del hogar), al identificar las funciones y los roles (cuando participa en algún juego comunitario), y cuando incrementa sus habilidades interpersonales (cuando comienza a relacionarse profundamente con personas que no viven en su núcleo familiar). La fortaleza física se consigue mediante los deportes.

d. **Capacidad para Desarrollar Virtudes vs. Inferioridad** (infancia media, de 6 a 12 años).- El niño busca: dominar las materias escolares, desarrollar habilidades para el aprendizaje y la solución de problemas, desarrollar el sentido de independencia dentro del entorno familiar, y desarrollar el autocontrol y la tolerancia a la frustración. Lo logra al aplicar los conceptos aprendidos en la escuela a problemas prácticos de la vida diaria, cuando tiene su propio grupo de amigos lejos de su casa o pertenece a algún equipo deportivo, cuando aprende a establecer una rutina de disciplina en la escuela, y cuando cumple con sus tareas.

e. **Identidad vs. Confusión de Roles** (adolescencia, de 12 a 18 años).- El joven necesita adaptarse a cambios corporales y a emociones nuevas nunca antes experimentadas, necesita independizarse más del grupo primario, se cuestiona su valores y necesita desarrollar una filosofía propia de vida, necesita crear expectativas propias de desarrollo vocacional, empieza a tener relaciones más íntimas. Lo logra al empezar una relación amorosa; al discernir si lo que hacen sus amigos comulga o no con su sistema de valores; al tener que escoger un área de estudio en la preparatoria; al viajar solo o con su grupo de amigos; y al descubrir que puede querer algo diferente para sí, de lo que sus padres o amigos esperan de él.

f. **Intimidad vs. Aislamiento** (adultez temprana, de 18 a 34 años).- La persona selecciona y aprende a vivir con un compañero o una pareja, y toma la decisión de formar o no una familia. Si así lo decide, entonces desarrolla habilidades paternales. Por otro lado, en el área profesional, decide su camino y su actividad laboral; descubre la experiencia de ser proveedor; y así desarrolla un estilo de vida personal propio, en un entorno social determinado. Lo logra, al adquirir un compromiso con una pareja específica (casarse o tomar la decisión de vivir juntos), al estudiar una carrera y/o comenzar su vida laboral, y al tener descendencia. Es aquí cuando la persona tiene la capacidad de experimentar el amor verdadero y aprender el valor de la fidelidad.

g. **Generatividad vs. Estancamiento** (adultez media, de 35 a 50 años).-
   El adulto tiene que adaptarse a: los nuevos cambios físicos, que son
   resultado del desgaste corporal; a los cambios de desarrollo de sus
   hijos; y debe ocuparse de nuevas responsabilidades. En esta etapa se
   da la creciente productividad o el estancamiento profesional, y se da
   la consolidación socioeconómica. Esto se da, generalmente, cuando
   comienzan los "achaques de la edad" (necesidad de usar lentes por vista
   cansada, cuando salen canas y las mujeres deciden pintarse el pelo,
   cuando empiezan problemas de varices o caída de pelo en los hombres),
   cuando hay que tener cuidados especiales con los padres que ya son
   ancianos, y cuando hay que proveer más para los hijos (pago de la
   universidad, estudiar fuera de casa, darle algún automóvil o medio de
   transporte).

h. **Integridad del Yo vs. Desesperación** (madurez, de 50 a 65 años;
   y vejez, de 65 años en adelante).- La persona necesita: planear su
   jubilación; adaptarse a la vejez fisiológica (cambios en la salud y en la
   fuerza); desarrollar relaciones adultas con los hijos, ya crecidos; revaluar
   y consolidar las relaciones con el cónyuge; aprovechar el tiempo libre en
   actividades que le interesen; evaluar el pasado y alcanzar un sentido de
   realización y satisfacción con la propia vida, disfrutando de una cantidad
   razonable de comodidad física y emocional. Lo logra cuando tiene tiempo
   libre, gracias a la jubilación; o porque decide ya no trabajar con igual
   intensidad, y aprender nuevas tareas (artísticas o intelectuales); cuando
   sus hijos ya se han ido de la casa y tienen a su vez descendencia; cuando
   pasa nuevamente mucho tiempo con la pareja, debido a que los dos
   tienen tiempo libre; y cuando descubre que ya no tiene la misma vitalidad,
   y que el momento de la muerte poco a poco se acerca.

Así es como, desde que nacemos, tenemos el reto de enfrentar diferentes crisis
durante nuestro desarrollo, que en realidad están diseñadas para fortalecer
las herramientas emocionales que necesitamos para enfrentar la vida. Pero
a pesar de esta oportunidad de crecimiento que nos ofrece una crisis, en
momentos llegamos a experimentar miedo; y es cuando no nos atrevemos
a asumir nuestra edad real ni la etapa de desarrollo que nos corresponde; y
consecuentemente, nos quedamos estancados y nos vemos atrapados en
círculos de angustia y desesperación.

Las crisis siempre nos generan estrés. Pero este estrés del que hablo no es,
necesariamente, una tensión maligna ni usualmente tóxica, ya que es parte

natural de la vida, y nadie se escapa de experimentarla. Sin estrés nadie podría luchar por alcanzar metas importantes, y no seríamos capaces de expandir nuestro potencial. Un poco, sólo un poco de estrés, es sano en nuestra vida.

El problema se presenta cuando esta presión y nerviosismo que experimentamos, excede nuestra capacidad para manejarlos. Y a este respecto, estoy atribuyendo el hecho de que estés considerando el suicidio como una opción -de lo cual ya hablamos anteriormente-, a que, seguramente, estás viviendo en el máximo estrés que una persona puede vivir en una crisis. Te comprendo: vivir en el máximo estrés, es simplemente vivir de manera intolerable.

Ante una crisis, no es importante lo que los demás crean que es estresante. Lo significativo es lo que tú consideres como altamente difícil de resolver, en un momento de tu vida: si crees que vivir un divorcio es estresante, lo es; si crees que escoger una carrera es estresante, lo es; si crees que lidiar con un padre alcohólico es estresante, lo es; si crees que no tener ilusiones en la vida es estresante, lo es. La única persona que puede definir si algo es estresante o no en su vida, eres tú mismo.

Y sabemos que un factor que puede producir angustia y desesperación, y por lo tanto estrés, es cualquier cambio que se nos ponga enfrente. Cuando ocurre un cambio en nuestra vida, debemos dejar lo que teníamos o lo que estábamos viviendo, para tomar una cosa o situación nueva y lidiar con algo diferente. Vivimos un sinnúmero de cambios durante nuestra vida, y adaptarnos a algunos de ellos es sumamente estresante. Una vez que algo cambió para nosotros, no podemos simplemente seguir viviendo de la misma manera; necesitamos ajustarnos a ese cambio desafiante, y esto requiere de nuestra energía. Claro que, en ocasiones, los cambios nos rebasan, y nos empujan a situaciones desproporcionadas, que nos desarmonizan y nos pueden generar una crisis; y mientras más cambios enfrentemos, mayor será nuestra crisis, y por lo tanto nuestro nivel de estrés.

Lo que sucede en una situación crítica y con cambios desafiantes, es que los niveles de ansiedad y estrés pueden exceder por completo la capacidad del individuo para manejar la situación, y pueden llevarlo a sentir que no habrá manera de salir adelante. Esto fue lo que le sucedió a Maye, y lo que te puede estar sucediendo a ti. No importa desde qué ángulo veamos la vida de Maye, realmente tuvo un año profundamente difícil: muchos cambios, muchas realidades nuevas y difíciles, a las cuales tenerse que adaptar. *Era demasiado..., en verdad no podía con tanto,* –me confesó en la primera sesión. De hecho, durante su proceso terapéutico, Maye descubrió que sería prácticamente imposible que volviera a tener un año igual de difícil en toda su vida. Así fue como Maye logró hacer las paces con el hecho de haberse sentido extenuada, y haber "tirado la toalla"; a pesar de ser una persona fuerte y estable. Poco a poco, ella fue asimilando y procesando todos los cambios duros a los que se había enfrentado, los duelos que tenía que resolver, y empezó a recuperar las riendas de su vida, y a sentirse mejor. Su pensamiento suicida disminuyó hasta quedar atrás, y casi al final de las sesiones concluyó: *"Jamás pensaría en quitarme la vida en estos momentos de mi vida".*

La vida de Maye no es tan diferente de la tuya o de la mía. Todos tenemos buenos y malos años, buenos y malos momentos. Todos somos susceptibles de vivir una racha tan difícil y con cambios que encarar, que lleguemos a tocar un altísimo nivel de estrés. El secreto, desde mi punto de vista, es recordar que las crisis terminan, después de las tormentas viene la calma; y cuando más oscuro se ve todo en la noche, llega la luz del amanecer.

Resolver un período crítico nos hace más fuertes, más conscientes del dolor de los demás, y nos da más herramientas para disfrutar la vida. Por muy destruido que te sientas, por muy grande que sea el estrés que estás viviendo, si permites que el proceso de sanación sea completado, todo el dolor habrá valido la pena, y estarás listo para volver a sonreír.

Bien dice el dicho: *"Si quieres asegurar tu infelicidad, resístete al cambio".* Has de saber que si existe alguien resistente al cambio soy yo. Estoy convencido de que el riesgo más grande que me gusta correr es rasurarme en las mañanas. Por lo mismo, en mi escritorio tengo un pequeño corcho con frases que considero que me ayudan a trabajar en cada etapa determinada de mi vida, y a enfrentar los retos que se llegan a presentar. Actualmente, tengo una que dice: *"El cambio es inevitable, acostúmbrate... lo único peor que el cambio es la zona de confort".* Tengo esta pequeña frase en mi escritorio para recordar que, me guste o no, siempre tendré que enfrentarme a situaciones que cambian, y no siempre en el sentido que a mí me agrade. Sé muy bien que lo más difícil es cuando los cambios vienen en manada, o cuando son muy drásticos. Pero como ya lo dijimos: todo cambio es estresante y muy posiblemente, al ser drástico, nos parecerá catastrófico; sin embargo, esto es sólo una apariencia, una creencia. Acuérdate que siempre los cambios son oportunidades vestidas de negro.

Me gustaría saber si en este momento de tu vida estás atrapado en lo que parece una serie de cambios catastróficos, pérdidas dolorosas o algún revés amoroso o económico, debido a lo cual, seguramente te encuentras bajo un nivel altísimo de estrés. De ser así, te quiero transmitir ciertos puntos importantes para que los consideres, los analices, y te ayuden a salir bien librado de todo este berenjenal de emociones. Primero, es importante asumir que cuando estamos en una espiral de cambios críticos, es como estar atorados en la cola de un tornado; y realmente no hay nada que hacer para revertir el rumbo de las cosas, por ejemplo: de un día para otro sube el dólar; se presenta una crisis bancaria, y nuestros ahorros se convierten en canicas; la persona a la que amamos tiene el detalle de anunciarnos que se va con su amante; nuestro jefe nos avisa que existirá recorte de personal, y que nos quedaremos sin trabajo. Sin ningún aviso de por medio, nuestra vida se "pone de cabeza", y al igual que una bicicleta arrastrada por un tornado, nos encontramos dando vueltas y vueltas en un torbellino de miedo, caos y estrés.

Es en medio de esta situación tan complicada y que nos parece irremediable, que empezamos a buscar desesperadamente alguna solución o medida que parezca brindarnos cierta liberación al dolor agudo que estamos atravesando. Buscamos recobrar, al menos una parte, del control que antes sentíamos; y es aquí cuando la idea de quitarnos la vida aparece, ya que nos parece una mejor alternativa que seguir atrapados en el tornado emocional que estamos experimentando. Por lo menos, el suicidio nos ofrece una certeza del final de la historia, y el sentirnos en control de lo que va a suceder.

Sin embargo, la realidad es que esto es un espejismo, ya que nadie tiene la certeza de lo que sucede después de la muerte; y esa sensación de control que crees que recuperarás, es sólo un mecanismo de defensa en contra del caos. Pongamos esto en claro: el control total sobre la vida no existe. No puedes tener la certeza de que la muerte te quitará el dolor de todos los cambios que estás viviendo; y pensándolo mejor..., ¿no es la muerte el cambio más grande que alguien puede experimentar? ¿No es mejor asumir que ciertas cosas en la vida van a pasar, hagamos lo que hagamos; y que no hay nada ni nadie que lo pueda evitar? ¿No es mejor, tal vez, asumir que estaremos en el tornado durante una etapa, durante un tiempo; y que como todo en la vida, pasará y podremos finalmente pisar terreno firme?

Hay una oración que se usa en el programa de Alcohólicos Anónimos -que también tengo en mi escritorio, por cierto-, que los apoya a mantenerse sobrios y en actitud humilde, para aceptar su enfermedad.

> *"Dios, concédeme la serenidad para aceptar las cosas que no puedo cambiar, el valor para cambiar las que sí puedo, y la sabiduría para reconocer la diferencia".*

Creo que en este momento de tu vida, te puede ayudar "la oración de la serenidad"; porque si realmente quieres salir adelante y enfrentar la vida como es, necesitas asumir que hay eventos que no deseabas, cosas nuevas que no te gustan, pero que tendrás que aceptar con dignidad y buena actitud. Así que, si estás en medio del tornado, si todo parece moverse desenfrenadamente, si tu vida "está de cabeza"; tal vez sea momento de esperar a que pase la tormenta, aceptando simplemente que no tienes el control de la situación; y que hay eventos sobre los cuales, no tienes ninguna capacidad para modificar. Sólo desde esta aceptación podrás empezar a encontrar algo de paz y serenidad.

La realidad es que siempre han existido y existirán los cambios en la vida del ser humano. El mundo cambia rápidamente, y nunca dejará de hacerlo. Necesitamos aceptar que el mundo está en constante movimiento, que el cambio seguirá existiendo, y necesitamos aprender a aceptarlo; y no sólo eso…, en momentos, necesitamos aprender incluso a buscarlo. Es necesario que todos aprendamos a aceptar el estrés de este mundo cambiante como parte de la vida misma.

Quiero terminar este capítulo con una historia que alguna vez me contó mi terapeuta, cuando en alguna sesión le dije que estaba cansado de la "mala suerte" que traía. Sé que es una historia conocida, pero mi terapeuta no recuerda el nombre del autor, así que pido disculpas por no mencionarlo.

La historia cuenta la vida de un granjero que se llamaba Iván, que aunque era pobre en cosas materiales, era rico en sabiduría. Iván tenía una pequeña granja, y vivía con su esposa y su único hijo. Toda la riqueza que poseía era, únicamente, un caballo al que cuidaba con esmero. Un día de primavera, el caballo se escapó de la caballeriza, y corrió hacia el monte. Todo el pueblo se conmovió con la noticia: *Iván, oí que tu caballo se escapó* –le dijo un amigo. *Ya no tienes nada, perdiste tu patrimonio… ¿Qué vas a hacer?, estás viviendo* *una tragedia. ¡Qué mala suerte! –*afirmó otro amigo. *Mala suerte..., buena suerte..., es muy temprano para saber –*contestó Iván, con tranquilidad. Dos días después, el caballo regresó, y con él trajo cinco caballos salvajes más. *Iván, ¡qué afortunado eres! ¡Qué buena suerte tienes! –*le dijo su amigo, lleno de envidia. *Ahora eres rico, ahora tienes seis caballos. ¡Qué buena suerte tienes! –*aseguró convencido. *Buena suerte..., mala suerte..., es muy temprano para saber –*contestó Iván, con tranquilidad. El hijo de Iván montaba a los caballos, uno a uno, para domesticarlos; y cierto día, uno de ellos lo lanzó contra la caballeriza, rompiéndose una pierna. *¡Ay qué mala noticia lo de la pierna de tu hijo! –*le dijo el amigo a Iván, cuando se enteró del suceso. *No tienes tan buena suerte como creíamos, ahora tu hijo no podrá ayudarte en la granja, y estará en cama por tres meses. Lo siento mucho. Yo, en cambio, no tengo caballos, pero tengo dos hijos sanos que me ayudarán con la siembra este año. Tengo buena suerte -*afirmó el amigo de Iván. *Buena suerte..., mala suerte..., es muy temprano para saber –*volvió a contestar Iván, con tranquilidad. La siguiente semana, los soldados del rey fueron al pueblo a reclutar a los jóvenes sanos para luchar en la guerra, y el hijo de Iván fue rechazado por tener la pierna rota. *¡Qué buena suerte tienes Iván! Mis dos hijos se han marchado a la guerra! –*comentó deshecho su amigo. *Buena suerte..., mala suerte..., es muy pronto para saber –*contestó, una vez más, Iván.

Espero que te quede clara la razón por la cual te cuento la historia que me narró mi terapeuta, aquella vez: no importa lo terrible, lo difícil, lo insoportable que parezca nuestro presente..., algo inesperado podrá ocurrir mañana. Si sabemos tener paciencia en los tiempos difíciles, lo único que puede pasar es que vendrán tiempos mejores.

Al final de cuentas, creo que una buena vida no es aquella en la que no se experimenta dolor o tristeza; sino aquella en la que se aprende a sobrepasar las tragedias que se nos presentan, y a tratar de ser feliz con lo que la vida nos pone enfrente. Ahora más que nunca creo, que la felicidad es el arte de aprender a aceptar la realidad, y a vivirla con dignidad y esperanza, lo que Frankl llama, "valores de actitud". La miseria del presente, será sin duda, un recuerdo más del futuro. Al final, todos tenemos recuerdos: algunos dulces, algunos amargos, algunos difíciles, algunos divertidos, algunos de gozo y otros de sufrimiento. Esa es la vida..., nada es para siempre, todo pasa, todo termina por convertirse en un recuerdo...

5

MIOPÍA EMOCIONAL:
EL CANGREJO EN LA CUBETA

Hace como tres años, durante una vacación familiar en la playa, mientras nos asoleábamos, mi sobrina corrió hacia mí sujetando algo entre las manos: *"Tío Dado, ¿me cuidas este cangrejito que me acabo de encontrar?"*. Abrió las manos y en efecto, se trataba de un cangrejo de los que comúnmente se conocen como "ermitaños". Justo al lado de mí estaban sus juguetes de playa, y entre ellos estaba una cubetita de las que se usan para hacer castillos en la arena. *Vamos a guardarlo aquí, para que no se escape...,* -propuse indiferente; y lo pusimos dentro de la cubeta. Bibiana regresó a jugar al mar, y yo me quedé tirado en la arena, observando al pobre cangrejo preso en la cubeta: el infeliz recorría una y otra vez la cubeta intentando escalar por las paredes, para siempre resbalar y regresar al mismo lugar. Daba vueltas, se esforzaba en trepar, para acabar siempre en el mismo lugar. Dejé de jugar backgammon, y me puse a generar toda una analogía del sufrimiento humano, al observar al cangrejo.

Me di cuenta de que esto mismo es lo que nos llega a suceder a los seres humanos, ante ciertos problemas: una vez que nos sentimos atrapados, las soluciones están limitadas a lo que alcanzamos a ver en nuestra reducida perspectiva, y somos incapaces de ver más allá. Nos sentimos abrumados, y sin poder visualizar una salida o una solución válida; y reaccionamos caminando impacientes dentro de nuestra propia "cubeta" (problemática). Tratamos desesperadamente de salir para encontrarnos resbalando, repetidamente, dentro de las mismas situaciones, los mismos patrones de conducta, los mismos sentimientos, y las mismas frustraciones. Intentamos, una y otra vez, salir del problema de la misma manera: utilizando las mismas estrategias que ya han fracasado, para poder escalar y salir de la cubeta (problema), al igual que el cangrejo de Bibiana. Es entonces, cuando decidimos que estaremos atrapados dentro de esa horrible situación por siempre, y nos sentimos frustrados, desesperanzados y deprimidos; hasta llegar a considerar el suicidio como la única solución. Así es la proporción: a mayor depresión, mayor desesperanza y menor capacidad para encontrar alternativas que nos conduzcan a encontrar una solución funcional.

Y sabemos que tú te encuentras en una situación abrumadora como esta que narro, y que estás percibiendo tu problemática con "la visión del cangrejo". Es decir, que estás mirando tu situación desde dentro de la cubeta, interpretándola como una eventualidad claramente peligrosa; e invirtiendo toda tu energía, en forma ineficiente, para tratar de salir de ella hasta agotarte, y sin encontrar una solución. Esto te pasa porque te encuentras inmerso en una crisis -tema del que ya hemos hablado ampliamente.

Lo irónico y absurdo de la gran mayoría de las situaciones críticas que vivimos, es que la solución está enfrente de nuestros ojos..., la rozamos..., hasta la brincamos para seguir buscándola; pero no podemos verla, no tenemos la capacidad. Lo único que alcanzamos a ver es el problema que nos abruma, y al seguir dándole vueltas y vueltas a nuestro dolor, dejamos de ver lo obvio: la clara salida de nuestra cubeta.

Con respecto a esto que hablamos, hay una perspectiva que a mí me ha ayudado y que quisiera compartir contigo, sobre las actitudes que tomamos ante los conflictos que se nos presentan: lamentarnos porque tenemos problemas no sirve de nada, pues sólo nos hace sentirnos más frustrados y enojados. Hay que encontrar soluciones, y no quejarnos de ellos. Siempre hay alternativas a un conflicto, y el reto está en abrir nuestra mira para descubrir nuevas herramientas que nos ayuden a encontrarlas. "Hacer más de lo mismo", dará como resultado: "más de lo mismo". Si lo que has intentado hasta el momento para resolver tu problemática no ha funcionado, no funcionará en el futuro. Es necesario que aprendas a ver opciones diferentes para resolver tu actual situación de vida. Es indispensable que te abras para que puedas ver lo obvio, lo simple, lo sencillo; porque seguramente ahí está la solución. Al encontrar lo obvio, verás la solución con claridad; pero para encontrarlo, tienes que aprender a abrirte a soluciones que nunca te has planteado, que nunca has considerado.

"La incapacidad de ver lo obvio". Esta es la definición que utiliza la psicoterapia humanista, Gestalt, para describir la neurosis; y es la definición que a mí me hace más sentido, en términos prácticos, para explicar la niebla espesa que, en ocasiones, no nos permite ver algo que está frente a nuestros ojos. Y partiendo de esta base, es como podemos aprender que cuando logramos romper con esa niebla, que envuelve los amarres emocionales e intelectuales con los que vivimos, cuando estamos dispuestos a intentar algo nuevo, algo diferente a lo que claramente no nos ha funcionado, la perspectiva se abre, tenemos un momento de luz; y justo enfrente, descubrimos la solución a ese problema que nos mantenía atormentados y en la oscuridad. Sólo que al igual que el cangrejo de la cubeta, necesitamos ayuda para salir de donde estamos.

Por ejemplo, es común que cuando nos sentimos acalorados busquemos beber agua fría o comer un helado, porque creemos que tomando algo frío se nos quitará esa sensación de calor. Sin embargo, después de hacerlo nos damos cuenta de que, aunque hemos logrado saciar la sed, la sensación de calor no disminuye; y que aunque es agradable ingerir algo frío, eso no resuelve la incomodidad de sentirnos acalorados. En cambio, si en esta misma situación nos tomamos un café caliente; aunque no sea agradable beberlo en un clima caluroso, hacerlo nos ayudará a regular nuestra temperatura con la del medio ambiente. Y haciendo una analogía de esta experiencia de la vida cotidiana con el tema que nos ocupa, podemos concluir que: difícilmente encontraremos la solución en donde ya hemos intentado encontrarla, y necesitamos abrirnos a nuevas alternativas, por absurdas que nos parezcan; ya que al final del día, cuando las analicemos nos resultarán, frecuentemente, obvias. Recapitulando: hace calor en el ambiente, y al tomar algo caliente, nuestro cuerpo se adapta mejor a la temperatura del exterior..., se sintoniza con el entorno. Esto resulta ser lo obvio, pero probablemente nos llevará mucho tiempo explorarlo.

Muy frecuentemente, somos poseedores de una cantidad de prejuicios, distorsiones y creencias tóxicas que nos impiden el fácil acceso a esto que hemos llamado "lo obvio"; por lo que será indispensable hacer a un lado estos obstáculos, para realmente poder visualizarlo y entenderlo. Y para lograr esta tarea que nos dará apertura y claridad, necesitamos primero aceptar lo siguiente: que hemos aprendido a percibir la vida negativamente, que no estamos explotando totalmente nuestras capacidades, que no hay límites en la búsqueda de alternativas, y que la solución no puede estar en lo que ya hemos intentado. Insisto, lo obvio es lo sencillo, es lo simple, es lo práctico, es lo útil, es lo evidente. Así, desde esta perspectiva, lo simple es mejor que lo sofisticado, por ejemplo: es más probable que tengas éxito cocinando un buen consomé de pollo, que un sofisticado venado al vino tinto; y esto no significa que no lo puedas cocinar, sólo que será más complicado lograrlo porque lo simple es accesible, fácil de procesar y fácil de compartir.

Pero para aprender a mirar lo obvio y a vivir de acuerdo a ello, necesitamos romper con todas esas creencias negativas y dañinas, que hemos aprendido de la sociedad, y que hemos venido cargando; las cuales, lo único que han hecho es influirnos para vivir aferrados al pasado y para limitar nuestro potencial. Estas creencias son mensajes que la sociedad nos manda y que vamos fijando a lo largo de nuestra historia, para lograr limitar nuestra visión de las oportunidades que tenemos; y por lo tanto, de nuestra relación con el mundo. Creencias, tales como: *"No eres inteligente"*, *"no mereces amor"*, *"siempre te equivocas"*, *"no te ilusiones, que nunca vas a poder"*, *"eres débil"*, *"no lo intentes, porque no lo vas a conseguir"*, *"no vales nada"*, *"eres insignificante"*, *"mereces morir"*; que lo único que provocan es mantenernos en la cubeta, rumiando nuestro dolor.

Los seres humanos tenemos dos planos de existencia: un mundo interno y un mundo externo; y quisiera introducirme en lo que significa nuestro mundo interno, para ahondar en este complejo asunto de las creencias que guían nuestro comportamiento: nuestro mundo interno, que a menudo denominados como nuestra mente, parece algo distinto y opuesto al externo. En el mundo interno percibimos, pensamos, imaginamos, soñamos. Una de sus características es que tiene la capacidad de fantasear; es decir, de imaginar escenarios de cómo sería la vida si cambiaran ciertas variables. Ahora, existen dos tipos de fantasías: las anastróficas, que nos producen sentimientos positivos; y las catastróficas, que nos producen miedo, angustia y dolor. Cuando fantaseamos anastróficamente, nos preguntamos algo así: *"¿Cómo será mi vida cuando tenga ese buen trabajo?"*, *"¿cómo me sentiré cuando tenga una pareja estable?"*, *"¿dónde quisiera estar parado en cinco años?"*, *"¿cómo quiero que sea mi vejez, después de haber tenido una vida plena?"*. Sin embargo, las creencias negativas nos pueden llevar a generar fantasías catastróficas, y hacer que nos visualicemos hacia el futuro, siempre en forma negativa; en cuyo caso, nos preguntaríamos algo parecido a esto: *"¿Cómo me voy a sentir cuando esté enfermo y solo?"*, *"¿cómo voy a mantenerme, ya que nunca encontraré un buen trabajo?"*, *"¿qué tan fregado estaré en cinco años, ya que seguro estaré peor que ahora?"*, *"¿cuánto sufriré en mi vejez, después de acumular fracasos en la vida?"*. Como puedes ver, si nuestro mundo interno se encuentra atribulado, dará vueltas y vueltas en la cubeta, sin llegar a nada.

Quiero demostrarte, con un sencillo ejercicio, cómo de nuestra claridad de mente depende el encontrar soluciones sanas a nuestros problemas: si quiero adquirir un dulce y tengo una mente sana, decido con facilidad acudir a la tiendita de la esquina a comprarlo; y no pienso antes en ir a la tintorería, a la plomería o a la ferretería -como tal vez lo haría alguien desesperado. Lo que hago primero es: ensayar mentalmente todas las posibilidades para decidir cuál es la mejor opción -la obvia-; que, en este caso, es ir a la tiendita cerca de mi casa y comprar el dulce. Este rápido y sencillo ensayo de fantasía, cuando está bien orientado, me ahorra mucho trabajo y tiempo; pues no se necesita constatar, en la realidad, todo lo que se ensayó en la fantasía. Es decir, no necesito ir a la plomería, a la tintorería y a la ferretería, para comprobar que no se venden dulces ahí.

Como aquí lo podemos ver, en una mente sana la representación de la realidad es congruente con la percepción que se tiene de ella; y entonces, el mundo interno y el externo van de la mano. Por eso es que, en este caso, cuando se presenta una situación problemática real, la fantasía coincide con el mundo exterior para llegar a una alternativa funcional y lógica, que sirve para solucionarla. Pero en una mente no sana, que está llena de fantasías catastróficas y de creencias negativas, no hay conexión entre lo que sucede en el exterior y lo que se percibe; por lo cual, el mundo interno no capta al mundo externo de manera fidedigna, y entonces se buscan soluciones que no son funcionales para resolver la problemática que se tiene.

Así es como muchas de las catástrofes de la vida de un ser humano tienen que ver con la falta de relación lógica entre su fantasía y lo real; y gran parte de la dificultad para encontrar soluciones a los propios problemas, es que son percibidos como tormentas. En muchas ocasiones, incluso, situaciones difíciles que acontecen se perciben como un sentimiento de estar atrapados en "grandes cubetas mentales", que vistas desde fuera no son lo agudas o terribles que la persona describe; y así es como vamos reforzando la creencia de que vivir es peligroso y la felicidad es inaccesible. Como ejemplos claros de estar encarcelado en estas "cubetas" se encuentran: las fobias (miedos irracionales), la angustia (fantasías catastróficas con respecto a nuestro futuro), las frustraciones (expectativas ante cierta situación, relación o decisión, que se encuentran muy alejadas de la realidad), y los resentimientos.

Entonces, para poder encontrar congruencia entre nuestros mundos interno y externo, y estar capacitados para salir de nuestras "cubetas", necesitamos: despojarnos de nuestros rasgos neuróticos; ser capaces de ver lo obvio; y confiar en nuestros propios recursos. Recursos tales como la intuición, que es nuestra herramienta más sabia y más profunda, y es el camino principal para recuperar nuestra estabilidad. Logrando todo esto, podremos tener una vida psicológica sana, y estaremos aptos para procurarnos nuestro propio crecimiento y bienestar, al dejar de actuar de acuerdo a lo esperado por la sociedad.

Bien describió Perls (1967), el creador de la Psicoterapia Gestalt, la existencia del neurótico: "Y aquí viene el neurótico, amarrado a su pasado y a sus modos anticuados de actuar; confundido y desorientado acerca del presente, porque lo ve oscuro a través de su cristal; y torturado por el futuro, porque el presente está fuera del alcance de sus manos".

Cuando no tenemos la capacidad de ver lo obvio; cuando nos sentimos paralizados ante una situación; cuando estamos dentro de esa "cubeta", y nos sentimos atrapados como el cangrejo de Bibiana; estamos pisando el terreno de la neurosis. El neurótico no es estúpido, sino todo lo contrario, pues a pesar de no poder tener acceso a los recursos emocionales sanos para enfrentar esa difícil situación, ha logrado sobrevivir; pero carece en gran medida de una de las cualidades esenciales que promueven la supervivencia: el autoapoyo.

Cuando nos sentimos atrapados tendemos a manipular, y la manipulación es el mayor logro de la persona neurótica, pues es su punto fuerte; mientras su punto débil es su incapacidad para enfrentar la propia crisis existencial. En la neurosis, la persona busca que los demás resuelvan los problemas que ella no puede enfrentar; por lo tanto, sólo a través de la congruencia entre sus mundos interno y externo, y haciendo contacto con recursos emocionales sanos, la persona con neurosis dejará de serlo y podrá salir adelante. Sólo cuando nos demos cuenta de que estamos manipulando nuestro mundo exterior de una manera que representa una derrota hacia nosotros mismos, podremos hacer cambios positivos para liberarnos de los sentimientos de angustia, miedo, culpa, o de falta de sentido, con los cuales estamos viviendo.

No importa cuán neurótico seas, te tengo una buena noticia: aunque te sientas atrapado en la cubeta y no veas la salida, tu organismo, al igual que el de todos los seres vivos, cuenta con la capacidad inconsciente, natural, de buscar el equilibrio, de alcanzar la sanación. Aunque decidieras no hacer nada -que en muchos momentos es mejor que tomar una decisión equivocada, como el suicidio, por ejemplo-, la situación tenderá a mejorar por un proceso que se conoce como homeostasis.

Con este término se designa al proceso por el cual el organismo mantiene su equilibrio y su salud, al interactuar con el medio ambiente que le rodea, en condiciones que varían. Por lo tanto, la homeostasis satisface las necesidades físicas, emocionales y espirituales de los seres humanos, y busca el equilibrio en estas tres esferas. Pero como las necesidades del organismo son muchas, y cada una de ellas altera su equilibrio, el proceso homeostásico se lleva a cabo todo el tiempo.

"Lo bueno de lo malo es que pasa..."

Así es como la vida transcurre: con un constante balance y desbalance en nuestro organismo. Y es por esta razón, que necesitas aprender a confiar más en tu sistema, y a entender que aunque te sientas paralizado, tu organismo buscará el equilibrio que necesitas; y aunque esto no implique toda la solución, alcanzarás el balance emocional que requieras para salir de la crisis.

Un ejemplo claro de este ajuste, en nuestra esfera física, es la regulación que se lleva a cabo en el agua que contiene la sangre de nuestro cuerpo; la cual tiene que mantenerse en un nivel adecuado para el buen funcionamiento del organismo. Lo que sucede si disminuye este nivel, la transpiración, la salivación y la producción de orina, se ven disminuidas; y al mismo tiempo, las células de los tejidos entregan agua a la sangre, de modo que se equilibre la cantidad de agua en el cuerpo. En ese momento, se presenta una falta de agua en la sangre, y el cuerpo se ocupa de la conservación de tan preciado líquido haciéndonos sentir sed para que, instintivamente, busquemos ingerir algún líquido. Cuando sucede lo contrario y el contenido de agua es excesivo, todas estas actividades se invierten, asegurando el control del nivel adecuado de agua en la sangre. Es por eso que, en invierno, cuando hace más frío y no sudamos como lo hacemos en verano, tendemos a beber menos líquidos que los que acostumbramos en los meses más calurosos del año.

Esto mismo sucede con las necesidades emocionales: cuando el equilibrio psicológico se perturba, el organismo, por medio de su homeostasis, busca nuevamente el equilibrio. Y entonces, un organismo sano, se mantiene en equilibrio operando dentro de lo que podríamos llamar una jerarquía de valores, pues como es incapaz de hacer adecuadamente más de una cosa a la vez, se dedica a atender la necesidad que considera primordial, para después pasar al siguiente nivel de importancia. En cambio, un organismo enfermo no sabe jerarquizar, y le da valor a necesidades que no forzosamente son prioritarias, por ejemplo: obstinarse en pesar determinados kilos, en el caso de una persona con anorexia; o seguir acumulando riqueza, en el caso de alguien obsesionado con el dinero.

Cuando el proceso homeostático falla en alguna medida, es decir, cuando el organismo permanece en un estado de desequilibrio durante cierto tiempo, y es incapaz de satisfacer sus necesidades, se enferma. Cuando el proceso homeostático termina por fallar por completo, el organismo muere. En muchas ocasiones, para permitir que el proceso homeostático se lleve a cabo, es necesario pedir ayuda al exterior.

Pedir ayuda al exterior…, ¡precisamente eso era lo que necesitaba el cangrejo que tenía yo dentro de la cubeta, en aquel viaje que te narro! Después de un rato de observarlo, me di cuenta que no había manera de que el cangrejo saliera de ahí si no era ayudado por alguien. Necesitaba un apoyo exterior para poder liberarse. Definitivamente, solo no podía. Y pienso que eso mismo puede estar pasando contigo: para que puedas liberarte de tu dolor y de tu angustia, y de este problema tan grande que traes cargando; para que puedas "ver lo obvio" y ejecutarlo; para que permitas que el proceso de autorregulación organística siga fluyendo; para que seas capaz de romper el proceso neurótico en el que estás inmerso, donde parece no haber salida; necesitas pedir ayuda. Hay ocasiones en las que solos no podemos, y ésta es una de ellas. La visión que tienes de ser "el cangrejo en la cubeta", se debe a que el apoyo del exterior no se está obteniendo, y crees que no puedes apoyarte en ti mismo.

En gran medida, la razón de que nos sintamos en crisis se debe a que nuestra propia energía está inmersa en círculos viciosos; es decir, que estamos pensando negativamente y tratando de resolver nuestra problemática con lo que anteriormente no nos ha funcionado. Entonces, para salir de esta espiral destructiva, necesitamos volver a ser capaces de intercambiar energía con el entorno. Necesitamos tener la humildad para reconocer que solos, dentro de la cubeta, no vamos a llegar a ningún lado; y que es necesario el apoyo y la energía de alguien más para salir adelante.

Y en este tema de ser humildes para pedir ayuda, te quiero contar de alguien que lo logró: Verónica, una exitosa contadora, casada y con dos hijos pequeños, acudió a terapia porque tenía brotes constantes de neurodermatitis; tan incómodos que, en ocasiones, no le permitían dormir. Había acudido a varios dermatólogos, y aunque algunas pomadas habían hecho efecto a corto plazo, la neurodermatitis no desaparecía por completo. Uno de estos doctores le aconsejó tomar psicoterapia, ya que era claro que su síntoma estaba asociado a cierto nivel de estrés; por lo que ella, después de una crisis importante por escozor en la piel, se decidió a tomarla. *Claramente, hay algo que tu mente inconsciente intenta comunicarte a través de la piel,* –aseguré con firmeza. Al buscar los posibles mensajes de su neurodermatitis, y trabajar concienzudamente en ellos, Verónica descubrió que se sentía totalmente abrumada con su vida, por toda la responsabilidad que estaba cargando: además de tener 14 empleados a su cargo, y ser la mano derecha del director general de la compañía, Vero se sentía culpable por no estar "suficiente tiempo con sus hijos", y se presionaba para ir a comer y hacer con ellos la tarea. No permitía que ni su hermana, ni su suegra la ayudaran con los niños, ya que... *"si yo los tuve, yo los tengo que cuidar..."*. Verónica vivía en estrés constante, se sentía enojada, abrumada y sin control. *Son demasiadas responsabilidades..., ya no puedo más...,* –concluyó en nuestra primera sesión. En poco tiempo, y gracias a la ayuda, Verónica logró darse cuenta de que era inhumano ser "la profesionista perfecta", y la "madre y esposa perfectas", todo a la vez. Reconoció que era una persona altamente perfeccionista, y aprendió a ir cediendo responsabilidades: contrató una asistente personal en la empresa, y se permitió contratar a una nana que la ayudara con sus hijos. Así fue como Vero se curó de su dermatitis: al admitir humildemente que sola no podía con todas las responsabilidades que la estaban abrumando, y aceptar ayuda del exterior. Al final, se dio cuenta que su mente inconsciente gritaba a través de su piel: *"Ya no puedo más..., no puedo con tanto..."*. Finalmente, Vero había escuchado.

En una situación de profunda crisis, como la que te narro, es importante ir resolviendo paso a paso el problema, porque es muy común que al sentirnos atrapados, creamos que siempre nos vamos a sentir así; y entonces empecemos a preocuparnos por el futuro.

Para contrarrestar esta angustia por el futuro, es fundamental asumir la filosofía del "aquí y ahora". Esta forma de ver la vida nos permitirá tomar las riendas de nuestra vida en el presente..., del momento en el que estamos ahora..., que en realidad es lo único que existe, y nos ayudará a abandonar los pensamientos neuróticos con respecto al futuro. Te pido que te hagas las siguientes preguntas: Aquí y ahora..., ¿qué puedo hacer para sentirme mejor? Aquí y ahora..., ¿a quién le puedo pedir ayuda, ya que entiendo que solo no puedo resolver este problema? Aquí y ahora..., ¿qué tipo de especialista necesita conocer mi caso?

Sólo a través del presente podemos ocuparnos de nuestra propia vida. Esta filosofía zen es la que nos permite contactar con nuestros recursos y ver lo obvio. Deshimaru (1979), afirma sobre vivir en el "aquí y ahora", lo siguiente: "Es una profunda filosofía. Aquí y ahora significa estar enteramente en lo que se hace; y no pensar en el pasado o en el futuro, olvidando el instante presente. Si no sois felices aquí y ahora, no lo seréis jamás... Cuando se tiene que pensar, se piensa: se piensa aquí y ahora, se trazan planes aquí y ahora, se recuerda aquí y ahora".

Sólo en el aquí y ahora podemos tener contacto congruente con nuestro mundo interno y externo. Sólo a través de esta forma diferente de "estar en el mundo", podemos ver lo obvio y reconocer la ayuda que necesitamos. Sólo mediante la filosofía del aquí y ahora, podemos ocuparnos de nosotros mismos para dejarnos de preocupar.

Perls (1969), definió la ansiedad como el abismo que crea la tensión entre el "ahora" y el "entonces". Él afirma que las personas nos sentimos incapaces de tolerar esa tensión; razón por la cual, llenamos ese abismo con planes, sueños y suposiciones, para sentir que nuestro futuro es seguro. Obviamente, este comportamiento distrae la energía y la atención con que cada uno de nosotros cuenta en el presente, impidiendo resolver lo que necesitamos en el aquí y ahora; y entonces, vivimos posponiendo la felicidad. La verdad es que nuestra realidad transcurre en el ahora. Sólo en este momento podemos tomar las riendas de nuestra propia vida, y en la medida que nos distraemos culpándonos por el pasado, o bien preocupándonos por el futuro, dejamos de tener contacto con nuestros propios recursos y nos sentimos abrumados..., nos sentimos atrapados en la cubeta.

La cubeta del cangrejo…, qué buena metáfora para hacerte ver que, sintiéndote atrapado dentro de ella, únicamente percibes el caos; te siente incapaz de desarrollar y experimentar tu potencial, a través del proceso de integración de las fuerzas que tienes en tu interior; y no logras apoyarte en tus intereses, deseos y necesidades genuinas.

Y en este camino de reconocer que estamos dentro de la cubeta, y de hacer conciencia de la responsabilidad que tenemos sobre lo que nos pasa, sobre nuestras actitudes y comportamientos, y sobre las acciones que es necesario que tomemos para poder sanar, también es importante admitir la parte de influencia que tiene, en todo esto, la sociedad actual; la cual no nos ayuda en esta difícil tarea de escalar y salir de la cubeta.

Así es, la sociedad de hoy es una sociedad tan demandante que, generalmente, nos enseña a posponer nuestras propias necesidades, intereses y capacidades, al ofrecernos un ambiente estresante y exigente que opaca nuestro discernimiento de lo que es nuestro y lo que es impuesto por el mundo exterior, como: la competitividad, la necesidad de poder, la riqueza, las exigencias de la vida cotidiana, el valor por la belleza, el estrés, el status, las obligaciones económicas, etc. En un mundo como éste, es muy fácil que muchas de nuestras necesidades se contrapongan con las de la sociedad; pero peor aún: es probable que estemos incapacitados para hacer una profunda introspección que nos ayude a darnos cuenta de cuáles son estos verdaderos intereses, necesidades, capacidades y limitaciones, para poder vivir en base a ellos, de forma genuina.

Por eso, es fundamental que rompas con estas imposiciones y exigencias falsas y destructivas. Y esto, sólo lo lograrás trabajando en tu autoconocimiento, el cual te impulsará a elevar tu autoestima para reconocerte con tus legítimos principios y necesidades. Además, mediante esta observación consciente de tu mundo interior, estarás en el camino de integrarte en un efectivo equilibrio emocional que te permita interactuar sanamente con la sociedad, al dejar de satisfacer las expectativas de los demás. El logro de esta meta asertiva te abrirá el camino para centrarte en tu propia vida, al proponerte objetivos realistas, no neuróticos; y al responsabilizarte de tu propia existencia.

Y como sé que conseguir esto es todo un arte, y será difícil que lo consigas tú solo…, te invito a que pidas ayuda.

Finalmente, después de observar por largo rato a aquel cangrejo atrapado en la cubeta, llamé a mi sobrina: *Bibi, este cangrejo está atrapado y necesita ayuda para recuperar su libertad. Está sufriendo.* –afirmé. *¿Por qué está sufriendo, tío Dado?* –preguntó interesada. *Porque se siente desesperado y no puede llegar a donde quiere... Necesita ayuda, ¿le echamos la mano para salir?* –contesté, deseando que estuviera dispuesta a liberarlo. Bibiana aceptó, y con su manita tomó al cangrejo y lo devolvió al lugar donde lo había encontrado.

Sin ayuda, el cangrejo nunca hubiera podido salir de la cubeta.

No creo que, necesariamente, quitarte la vida sea una estupidez; pero de lo que estoy convencido, es que hacerlo sin antes pedir ayuda, es un acto de profunda soberbia. Necesitas ayuda, y los que están cerca de ti merecemos la oportunidad de brindártela.

Hace algunos meses me empecé a sentir confundido, triste, con dificultad para ver mi vida con claridad. Me empecé a sentir como dentro de una "cubeta". Y entonces..., regresé a terapia. Ha valido la pena.

6

UN MONSTRUO QUE
SE INSTALA...

Cuando recuerdo la intensa depresión que viví hace años, y hago memoria de cómo me sentía, imagino a un monstruo que se iba instalando poco a poco dentro de mí y que se apoderaba de mis sentimientos, pensamientos y comportamientos. En ese momento, había perdido la calidad de mi vida; y lo más importante: había dejado de disfrutarla por completo. Llegué a estar tan deprimido que tuve una ideación suicida riesgosa.

Quien considera quitarse la vida, seguramente está deprimido. Todos los suicidas están en depresión, aunque afortunadamente no todos los deprimidos intentan suicidarse. La depresión es la enfermedad emocional más común entre los seres humanos, y es la razón principal por la cual tú no disfrutas hoy la vida. En términos prácticos, estar deprimido implica experimentar una infelicidad clara y concreta. Significa una disminución del buen humor, que conduce a experimentar una incapacidad para llevar una vida funcional.

Pero hay una muy buena noticia en todo esto: no importa cuán deprimidos estemos y cuán intensos sean los síntomas que estamos manifestando, la realidad es que hoy en día la depresión es una enfermedad que se puede curar, en la gran mayoría de los casos; y se puede controlar, en los demás.

Si revisas tu vida, te puedo asegurar que podrás identificar otros momentos en los que has estado deprimido, y que tal vez no tuvieron la misma intensidad que ahora; pero seguramente descubrirás que no es la primera vez que te has enfrentado a este tipo de síntomas.

Yo en lo personal, puedo identificar, por lo menos, tres episodios depresivos significativos en mi vida; y uno de ellos, en particular, fue el más peligroso, pues fue en el que manifesté la ideación suicida de la que te he hablado. En esa etapa tan oscura de mi vida, lo que me salvó la vida fue el tratamiento psiquiátrico que tuve la fortuna de recibir, porque yo me encontraba demasiado deprimido y angustiado para encontrar soluciones; y recuerdo que no veía nada alegre, ni valioso, ni significativo en mi vida: todo era sombra y miedo. Vivir así era el infierno...

Por eso puedo entender cómo te debes estar sintiendo, al estar evaluando el quitarte la vida. Pero para bien o para mal, todo pasa... Y aquella etapa tan sombría que experimenté en mi vida, ya quedó atrás.

Claro que, a pesar de que hoy día me siento pleno y en un buen momento de mi vida, no puedo asegurar que nunca más estaré en depresión. Quienes la hemos padecido, tendemos a repetir episodios depresivos en otros momentos; sin embargo, lo que realmente aprendí en el pasado es que si vuelvo a caer en depresión, podré salir adelante; siempre y cuando siga el tratamiento adecuado.

La depresión es, probablemente, la enfermedad que está extendiéndose con mayor amplitud a lo largo de mundo, en el presente siglo. Quienes la padecen, se sienten infelices, fatigados, sin sentido de vida y con distrés elevado -falta de comodidad con uno mismo. La estadística mundial acerca de la enfermedad es alarmante: aproximadamente, el 20% de los seres humanos estamos o estaremos próximamente en alguna fase depresiva. De cada tres casos que se presentan, dos son mujeres y uno es hombre; sin embargo, aunque la depresión es más común en mujeres que en hombres, la muerte por suicidio a causa del padecimiento de esta enfermedad, es significativamente mayor en hombres. Además, es más difícil diagnosticarla en hombres, ya que culturalmente estamos menos acostumbrados a validar y exteriorizar lo que sentimos, y a quejarnos del dolor emocional; por lo que es más probable que neguemos nuestras alteraciones del estado de ánimo y busquemos una explicación física concreta.

Depresión no es igual a tristeza, aunque este sentimiento sea muy común durante la enfermedad. Es importante diferenciar esto, ya que estar triste es normal, es un sentimiento reactivo a alguna situación; pero estar deprimido implica la pérdida del sentido vital, y un nivel alto de desesperanza. Todos los deprimidos están tristes; pero no todos los que se sienten tristes están en depresión.

Es muy común que la depresión se presente asociada a cuadros de ansiedad, lo que genera que el individuo se sienta angustiado y sin capacidad para enfrentar la vida. Este tipo de depresión se conoce como depresión ansiosa.

La depresión es una enfermedad -no un problema de voluntad-, que afecta las esferas: física, emocional, intelectual, espiritual y social de quien la padece. Su origen es multifactorial, y se debe a tres tipos de causas predisponentes: biológicas, psicológicas y sociales. Los factores físicos o biológicos tienen que ver con: la herencia genética y las alteraciones hormonales o de la química cerebral. Los factores psicológicos se relacionan con: ciertos rasgos de la personalidad, pérdidas, procesos de duelo y crisis circunstanciales o de desarrollo, como: la adolescencia, la "llegada de los cuarenta", la menopausia o la etapa de la jubilación. Las causas sociales frecuentemente están relacionadas con: dinámicas familiares disfuncionales; algún tipo de abuso sexual, físico o psicológico; eventos traumáticos; algún sentimiento de inferioridad o complejo, por una condición o defecto físico; la experiencia de vivir en un ambiente hostil en donde existe una constante agresión; o algún tipo persistente de incertidumbre, por ejemplo: inestabilidad económica o falta de seguridad (ciudades violentas o en guerra). Todo lo anterior, básicamente, se manifiesta en una falla en la bioquímica cerebral, lo cual repercute en la regulación del estado de ánimo. El problema es que no es una condición pasajera breve, sino que sus síntomas se instalan durante un período de tiempo mayor a seis semanas, afectando de forma significativa, la calidad de vida de quien la padece, su bienestar, e interrelación con el medio ambiente.

Ahora quisiera que nos enfocáramos en la identificación de tus propios síntomas clínicos depresivos, los cuales has estado manifestando de manera representativa; para lo cual, considero útil enumerar las cinco áreas en las que se pueden presentar:

☐   Trastornos de la esfera de la afectividad.- Las emociones se ven seriamente afectadas en un cuadro depresivo; por lo que los sentimientos se convierten en la brújula o el radar de cómo percibimos la vida, por ejemplo: cuando nos sentimos ansiosos, temerosos o irritables, significa que estamos percibiendo como peligroso nuestro existir, y vivimos como insatisfactorio nuestro desempeño en la vida. Para que esta área se considere afectada, se pueden presentar cuatro o más de los siguientes síntomas:

* Indiferencia afectiva.- Disminución o pérdida de intereses vitales: lo que antes nos llamaba la atención o era motivo de gozo, ahora deja de serlo y no sentimos motivación por prácticamente nada.
* Melancolía.- Marcada sensación de que el pasado era mejor que el presente.
* Tristeza.- Puede manifestarse con tendencia al llanto fácil, o bien en un estado de ánimo constantemente apagado.
* Inseguridad.- Dificultad para tomar decisiones, y sensación constante de no ser "lo suficientemente bueno" para poder enfrentar al mundo.
* Pesimismo.- Idea constante de que la vida no va a mejorar, y que lo único que podemos esperar es sentirnos aun peor. Sensación marcada de derrota en los retos más importantes de la vida.
* Miedo.- Sensación de estar en peligro constante, y de no tener la fuerza o las herramientas emocionales necesarias para resolver los conflictos actuales. En ocasiones, el motivo del miedo puede parecer absurdo ante los ojos de los demás, por ejemplo: miedo a manejar en el tráfico de la ciudad, a los espacios cerrados o abiertos, al amanecer, o a realizar actividades que antes hubiéramos hecho con cierta rutina y tranquilidad.
* Ansiedad.- Sensación generalizada de que "algo malo va a pasar", y constante tensión emocional. Cuando se trata de una depresión endógena (causas internas), tiende a intensificarse por las mañanas.
* Irritabilidad.- Muy baja tolerancia a los errores o fallas de los demás, así como baja tolerancia a la frustración; cuando hemos depositado ciertas expectativas en algún evento o en cierta relación, y éstas no se cumplen. Puede también manifestarse con comportamientos o respuestas agresivos, que ante los ojos de los demás no son justificados.

☐ Trastornos de la esfera intelectual.- Ante la depresión, no sólo se ve afectado lo que sentimos, sino también lo que pensamos; tanto de nosotros mismos como del medio ambiente. El acceso a la información, y su manejo, se ven mermados. Los pensamientos se vuelven negativos, y son indicadores de que percibimos el mundo a través de un crisol oscuro y temeroso. Para diagnosticar esta área como afectada, es necesario que se presenten tres o más de los siguientes síntomas:

- Sensopercepción disminuida.- Distracción constante, y sensación de torpeza en la destreza intelectual.
- Trastornos de la memoria.- Dificultad para la evocación de datos, sobre todo de la memoria a corto plazo. Es común que se manifieste en una dificultad para recordar información que utilizamos cotidianamente; por ejemplo: olvidar el número de teléfono de nuestra propia casa u oficina; no poder recordar las placas del coche; no poder llamar por su nombre a alguien con quien nos topamos, y que es relativamente cercano.
- Disminución de la atención.- Serias dificultades para conseguir cierto nivel de concentración en la realización de tareas cotidianas.
- Disminución de la comprensión.- Dificultad para asimilar, sintetizar y comunicar información.
- Ideas de culpa o fracaso.- Autodevaluación constante; autorreproche severo con respecto a los errores cometidos en el pasado, sintiéndonos merecedores de estar constantemente ansiosos, y con una constante sensación de fracaso, a lo largo de la vida.
- Ideación suicida ("Una idea que mata").- Pensamientos que la vida ya no es valiosa, e ideas frecuentes de muerte.
- Pensamiento obsesivo ("No puedo dejar de pensar en...").- Cavilación constante en los fracasos o tener una preocupación específica, por ejemplo: problemas con el dinero o miedo a la soledad. Es común que, en este tipo de trastorno, exista dificultad para ver en perspectiva lo que ocurre, y para explorar las herramientas emocionales con las que contamos.

☐ Trastornos en la esfera de la conducta.- Además de lo que sentimos y pensamos, la depresión nos afecta en la manera en que actuamos y nos comportamos. Para que esta área sea diagnosticada como severamente afectada, deben presentarse dos o más de los siguientes síntomas:

- Actividad disminuida.- Sensación de fatiga constanteq y falta de energía en la vida cotidiana. Puede manifestarse también en un cierto descuido del aseo personal.
- Productividad disminuida.- Bajo rendimiento en el trabajo, en la vida académica, o en actividades relacionadas con las obligaciones diarias.

- Comportamiento suicida.- Esta información está revisada con profundidad en el capítulo dos, pero básicamente consiste en acciones impulsivas que pueden tener como consecuencia un accidente imprudencial.
- Deseo de evasión de la realidad.- Es muy común, entre los que sufren de depresión, la ingestión de bebidas alcohólicas y/o otras drogas, que los aleje del dolor; por ejemplo: entre los adolescentes, es frecuente el consumo de marihuana, benzodiazepinas o alcohol, que inducen al sueño, buscando "olvidar las penas".

☐ Trastornos somáticos.- Estos síntomas implican manifestaciones físicas de incomodidad, que podrían parecer síntomas de alguna otra enfermedad. Para que esta esfera se vea afectada, se deben presentar tres o más de los siguientes síntomas:

- Trastornos del sueño.- Se puede presentar insomnio o dificultad para conciliar el sueño: al inicio o al final del período de descanso, al comienzo de la noche, o al despertarse antes de la hora necesaria. También se puede presentar hipersomnia, que es la necesidad de dormir en exceso.
- Trastornos del apetito o de los hábitos alimenticios.- Falta de apetito, que puede originar una pérdida de peso importante; o bien, deseos compulsivos de comer, que pueden ocasionar una ganancia de peso importante.
- Disminución de la libido.- Debilitamiento o desaparición del deseo sexual.
- Cefalea tensional.- Dolor de cabeza o de los músculos de la nuca y los hombros.
- Trastornos digestivos.- Náusea, gastritis, flatulencias, colitis nerviosa.
- Trastornos cardiovasculares.- Taquicardia, aumento en la presión vascular, o suspiros constantes.

☐ Trastornos sociales.- En la enfermedad depresiva, también existen dificultades en la capacidad de relacionarnos con los demás. Con que exista uno de estos síntomas, esta esfera de la vida está afectada:

- Aislamiento.- Disminución o falta de deseo para convivir con la gente cercana.

- Dependencia.- Creencia y sensación de no poder enfrentar la vida, sin el apoyo o sin la presencia de alguna o algunas personas, en específico.

La depresión, no necesariamente abarca todos estos síntomas; sin embargo, en la mayoría de los casos, afecta por lo menos a tres de las cinco áreas evaluadas con anterioridad.

Ya que hemos revisado las áreas que se afectan con la depresión, y los síntomas que se pueden presentar en cada una de ellas: por lo tanto, en este momento, es de fundamental importancia que evalúes cuáles están presentes en tu vida, y con qué intensidad; ya que de ello depende la severidad de tu enfermedad.

Cuando estamos deprimidos nada se ve bien, ni suena igual, ni se siente agradable, ni parece divertido. La depresión es un tirano, un pequeño monstruo que se apodera de nuestra vida y que nos obliga a ir cavando un hoyo cada vez más oscuro y negro dentro de nuestra existencia. Pero la depresión es un infierno que no dura para siempre. Todo termina por pasar. Lo bueno de lo malo es que termina...

Los síntomas depresivos, cuando no tienen tratamiento, se van intensificando y alimentando entre sí. Son como una bola de nieve que crece hasta el punto de perder el control. A mayor pensamiento negativo, más angustia y miedo ante el futuro; y por lo tanto, más colitis nerviosa y más dificultad para conciliar el sueño. A mayor vergüenza, mayor aislamiento y pérdida de las redes sociales. Así es como el monstruo gana terreno y empieza a triunfar en las batallas de la vida cotidiana.

Ahora que estamos analizando a profundidad tus síntomas, y sumando a ellos las ideas de muerte que has tenido, y también quizás cierto comportamiento suicida, asumamos que presentas una depresión severa. Créeme, esto tiene solución, siempre y cuando aceptes que estás enfermo y que necesitas ayuda.

¿Y qué tienes que hacer cuando has identificado la enfermedad? Es forzoso que acudas inmediatamente con un especialista, porque se ha observado que rara vez la depresión remite por sí sola. Esto quiere decir, que es una enfermedad que requiere de tratamiento constante y comprometido, debido a que sus síntomas siempre van en aumento, y nunca disminuyen por sí solos.

Un estado depresivo, si bien es una enfermedad, no tiene que ser permanente. Es controlable, y cuando los síntomas se alejan, la visión se aclara y todo comienza a verse con más serenidad y más luz.

La depresión puede ser atendida con psicoterapia, con tratamiento médico y con tratamiento conjunto; y únicamente un especialista, un psicólogo clínico o un psiquiatra podrán decidir cuál es el mejor tratamiento al que debes sujetarte.

Los fármacos antidepresivos no son la única solución, aunque son una herramienta sumamente útil cuando se trata de una depresión moderada o grave, y cuando la persona sigue el tratamiento disciplinadamente. Un estado depresivo se podrá resolver en el 82% de los casos, siempre y cuando se trate cuidadosamente bajo la supervisión de un psiquiatra calificado. Te pido que te des cuenta de la importancia del tema, ya que estamos hablando de tu bioquímica cerebral, y de la responsabilidad que tienes en cuanto a tu salud; por lo que debes estar consciente de que la automedicación, así como el abandono del tratamiento, son los principales obstáculos para sanar.

Hoy en día, igual que para la gran mayoría de los padecimientos, existen medicamentos específicos que alivian prácticamente todos los síntomas de la depresión. Pero es importante señalar, que estos fármacos no actúan de manera inmediata, ya que tardan algunas semanas en hacer efecto, y necesitan ser administrados durante períodos medianos de tiempo -por lo general no hay tratamientos antidepresivos menores a seis meses. Con el medicamento antidepresivo necesitamos tener paciencia: el periodo promedio en el que comienza a funcionar es de tres semanas; pues es lo que tarda el sistema nervioso en impregnarse del neurotransmisor, para comenzar a hacer efecto en los síntomas. La bioquímica cerebral no se equilibra de la noche a la mañana: necesitamos permitir que los neurotransmisores se vayan ajustando poco a poco. Entonces, es importante tener muy claro que un estado depresivo nunca mejora de golpe, pues así como fue instalándose poco a poco hasta generar una ideación suicida, de igual forma empieza a desaparecer poco a poco. Por eso es tan importante que el paciente no suspenda el tratamiento, aun cuando no sienta diferencia en las primeras semanas. Es muy común que los pacientes con depresión pierdan la esperanza en las primeras semanas del tratamiento con medicamento, ya que no sienten mejoría; y peor aún, es usual que lleguen al convencimiento de que no hay posibilidad de sanación para ellos y que, con frecuencia, busquen quitarse la vida cuando están iniciando el tratamiento. Por estas razones, es sumamente importante que el paciente conozca los tiempos en los que puede esperar cierta mejoría, y que se comprometa a seguir el tratamiento responsablemente.

Asimismo, es necesario saber que, al igual que todos los demás medicamentos, los que están indicados para aliviar la depresión provocan ciertos efectos secundarios que no son cómodos; aunque no ponen en riesgo la salud del paciente, en lo absoluto. Un colega psiquiatra, el Dr. Benassini, describe este punto con una analogía muy clara: cuando tenemos gripe, un medicamento antigripal puede disminuir la tos, la fiebre, la secreción nasal y el dolor de garganta; pero en la gran mayoría de los casos, el efecto secundario es que el medicamento provoca cierta somnolencia. Entonces, si el enfermo de gripe quiere aliviar lo síntomas, debe tolerar el sueño. Eventualmente, cuando la gripe remite y el medicamento se deja de administrar, los efectos secundarios desaparecen. Sucede exactamente lo mismo con la depresión: el tratamiento con medicamento antidepresivo, hoy en día, implica pocos efectos secundarios; como son, en algunos casos: resequedad de boca, dolor de cabeza, disminución de la libido (deseo sexual), malestar estomacal y condiciones de mareo; pero reitero que estoy convencido de que aunque no son cómodos los efectos secundarios que provocan, por las posibilidades de mejoría y bienestar, valen la pena. También es esencial recordar, que los efectos secundarios de la medicación llegan antes que el bienestar, así que es importante no abandonarlo y tener claro que por difícil que parezca, la meta vale la pena: la oportunidad de volver a ser feliz. ¿Te imaginas lo que significaría recuperar las ganas de vivir y sentirte satisfecho con quien eres? Vale la pena intentarlo… Te lo comparto de corazón, como un paciente que ha vivido los estragos de esta monstruosa enfermedad.

Y considerando la importancia del tema, creo necesario hacer una aclaración sobre un mito que se ha creado alrededor de los medicamentos antidepresivos; pero antes doy su definición: mito es toda aquella narración ficticia, originada en la creencia popular, que la gente repite con frecuencia, y que llega a convertirse en "verdad", aunque no lo sea. Así por ejemplo: existe el mito de que el tamaño del pene es directamente proporcional al placer que experimenta la mujer durante la actividad sexual. La realidad es que lo que es importante para que una mujer disfrute la relación sexual no tiene que ver con el tamaño del pene de su pareja, sino con: el juego sexual previo, el sentirse cómoda y halagada por su pareja, el sentirse protegida y contenida, y el tener una correcta lubricación y estimulación clitórica. Siendo así, el tamaño del pene no viene siendo lo significativo, aunque comúnmente se crea lo contrario; y entonces, esta idea falsa se convirtió en un mito.

Como esta creencia errónea..., como este mito, existen muchos otros creados por la ignorancia; la cual, no nos da ningún buen consejo para poder desenvolvernos eficaz y constructivamente en nuestra vida. Y un ejemplo de esto, y del tema que nos ocupa, es el mito acerca de los medicamentos antidepresivos: en torno a su uso, la persona deprimida reporta que no quiere tomar el tratamiento ya que *"son adictivos"*; o bien, piensa que el consumirlos implica debilidad, ya que *"hay que salir uno mismo adelante"*. La realidad es que ninguno de los componentes de los medicamentos antidepresivos generan ciclos de adicción; y para resolver los propios problemas, necesitamos tener claridad de mente, energía, motivación, y un organismo sano para lograrlo. Está dicho que el medicamento nunca resuelve los problemas, sino que reduce los síntomas que la depresión ha generado en nosotros, para ser capaces de tomar decisiones acertadas. Para poder ver con claridad hay que tener luz, y la depresión justamente implica lo contrario. Sin luz no podemos resolver absolutamente nada. Se requiere de humildad para aceptar la enfermedad y para comprometernos con el tratamiento. En síntesis: quien está pensando en quitarse la vida, está deprimido; y no podrá darle perspectiva a su realidad si no se libera del ciclo depresivo en el que se encuentra.

Y para ayudarse a salir de este ciclo depresivo, la persona enferma debe contar, en forma coordinada con la ayuda externa de los medicamentos, y con la ayuda interna de la terapia emocional. En esta labor, el psicoterapeuta representa un papel esencial, al conducir al paciente a que recupere el contacto con su espiritualidad -el cual había perdido-, al inducirlo a hacer una exploración profunda de sus emociones, y al guiarlo a visualizar una nueva luz de esperanza para sí mismo. En este trabajo, la persona en depresión debe responsabilizarse y comprometerse con un verdadero cambio de vida, al buscar el equilibrio y el bienestar, mediante la modificación de sus pensamientos y conductas; los cuales lo han llevado vivir en niveles altos de estrés, disparadores inequívocos de depresión y ansiedad.

Pero es esencial que no olvidemos que este estrés y falta de equilibrio al que llega una persona que sufre la enfermedad más extendida en el globo terráqueo, en buena parte, es debido a que las sociedades actuales del siglo XXI, como ya lo comentamos en otro capítulo, le han dado demasiado peso al éxito en términos económicos, a tener un cuerpo atractivo, y a ser reconocido socialmente. Y si a esto agregamos la vida disfuncional, poco sana y de baja calidad que vive la personaje que sufre depresión, estaremos de acuerdo en la trascendencia que tiene el trabajo en psicoterapia, que ésta debe realizar, para empezar a controlar lo agudo de su enfermedad, al lograr modificar no sólo su estilo de vida, sino la perspectiva que tiene de ella y del mundo.

Y ahora que hablamos del estrés, quisiera ahondar en la influencia que éste tiene en muchas enfermedades: es un hecho totalmente aceptado y comprobado que el estrés representa el factor determinante en la aparición de muchos padecimientos, en personas que ya estaban predispuestas a sufrirlos. Este es el caso de: la diabetes, el cáncer, la hipertensión arterial y la depresión.

¿Qué es el estrés?, ¿cómo identificarlo? El estrés es una condición de tensión en el organismo que se presenta cuando éste enfrenta situaciones agobiantes o amenazantes del medio ambiente; las cuales exigen modificaciones en el funcionamiento del cuerpo, a nivel físico, psíquico y espiritual, para tratar de adaptarse a éstas circunstancias difíciles. La variedad, cantidad y sobre todo, la percepción de situaciones peligrosas que enfrentamos, determinan el grado de estrés en el que nos encontramos; y provocan que el cuerpo se acostumbre a vivir como si estuviera en constante peligro.

Se habla de estrés agudo cuando necesitamos enfrentar una situación conflictiva que aparece en forma súbita, que requiere de toda nuestra energía y concentración, que nos hace sentir en crisis y en peligro, cuando además, tenemos que seguir con la presión de la vida cotidiana. Un ejemplo de este tipo de estrés es: perder el trabajo, perder a un ser querido; o bien, vivir una experiencia traumática, como una violación o un asalto. Se habla de estrés crónico, cuando las condiciones del medio ambiente son constantemente tensas, e implican un desgaste energético persistente, como lo es: vivir en una ciudad conflictiva, tener un trabajo de alto impacto emocional, vivir en constante tensión económica, o vivir en un ambiente familiar agresivo y hostil.

Cambiar nuestro estilo de vida y buscar mejorar la calidad de nuestro cotidiano existir, implica acercarnos a la salud; y para lograrlo, es necesario esforzarnos en mantener nuestro estrés en los niveles más bajos posibles. Pero, ¿cómo lograrlo? Necesitamos aprender a observarnos y a priorizar correctamente nuestra escala de valores. Necesitamos también, poner atención en los "focos rojos" o en las señales de alarma que nos avisan de una sobrecarga de presión emocional, y que se manifiestan de manera clara, presentando por lo menos cinco de los siguientes síntomas:

- Cansancio y fatiga, sin actividad o esfuerzos justificados.
- Taquicardia, palpitaciones, sudoración, dificultad respiratoria y malestares digestivos.
- Dolor por tensión muscular sostenida, en la cabeza, cuello, hombros o cintura.
- Insomnio constante.
- Disminución del deseo sexual o disfunción en la actividad sexual.
- Infecciones frecuentes (gripe, problemas estomacales, etc.).
- Erupciones en la piel (neurodermatitis).
- Problemas en la concentración.
- Necesidad de consumir tabaco, alcohol u otras drogas, para modificar un cierto estado de ánimo.

De esta manera, un alto nivel de estrés en la vida cotidiana nos predispone a presentar un cuadro depresivo; el cual, alimenta el ciclo vicioso de la ansiedad (a mayor estrés, mayor depresión y mayor desesperanza y angustia); que nos puede llevar a considerar el quitarnos la vida, como una medida desesperada para romper el ciclo en el que hemos caído.

Sabemos que es imposible eliminar por completo las situaciones estresantes de nuestra vida; pero lo que sí es posible lograr es identificar lo que constantemente nos tensiona, y hacer algo al respecto. No pretendamos salir de un cuadro depresivo si seguimos manteniendo altos niveles de estrés. Para recuperarnos de la enfermedad, necesitamos comprometernos con reducir estos niveles; y para ello, en ocasiones será necesario: abandonar proyectos que habíamos aceptado, cambiar de trabajo, delegar responsabilidades, brindarnos verdaderos momentos de descanso, disminuir nuestros gastos; o sea, que tendremos que cambiar nuestro estilo de vida.

Si estás deprimido, es que tu sistema de vida terminó por fallar; y para recuperarte requerirás de: un cambio de actividades, un cambio de estilo de vida, y un cambio en tu percepción del mundo. Y para ello, insisto en que necesitas ayuda. Necesitas que alguien te guíe y te acompañe a sanar, pues este descontrol en tu vida ha ido en aumento. Es demasiado por lo que estás atravesando, y el primer paso que tienes que dar es tener la humildad de aceptar que tu vida se salió de control y que necesitas contención.

La depresión siempre es una señal de que necesitamos desesperadamente un cambio de estilo de vida. Si deseas morir, en el fondo quieres sentirte de manera diferente, y dejar de estar deprimido. Pues nuevamente te digo: "No hace falta morir para cambiar tu manera de vivir…".

Como psicólogo clínico, puedo asegurarte que, por lo menos el 80% de los pacientes que acuden a consulta, lo hacen porque tienen síntomas depresivos que han afectado su manera de vivir. A la mente me vienen una gran cantidad de casos donde el paciente no puede darle ninguna perspectiva a su situación de vida, por lo que se siente en un hoyo obscuro. Pero confía en lo que te digo: cuando hay un compromiso genuino del paciente para salir adelante, la y voluntad para seguir el tratamiento adecuado, los síntomas de la enfermedad desaparecen y se recupera la esencia del individuo; y con ella, la capacidad de disfrutar la vida.

Actualmente, estoy trabajando con Norma, una joven de 29 años, soltera, que trabaja como directora de Recursos Humanos en una empresa internacional. Acudió a consulta manifestando síntomas depresivos, con tres meses de evolución, -sobre todo: insomnio, angustia, inseguridad y falta de apetito. Relató que no dormía bien, especialmente durante la primera parte de la noche, ya que le costaba mucho conciliar el sueño, y se despertaba tensa y con miedo, sin motivación en su vida diaria, a pesar de ser exitosa y tener un trabajo que antes disfrutaba. No había dejado de trabajar, pero notaba que tenía problemas de concentración, que se cansaba con facilidad, que se sentía triste, y que lloraba frecuentemente. Al analizar el origen de estos síntomas, Norma me habló de la reciente ruptura de una relación de 4 años de duración, y con este escenario empezamos a trabajar. Ella accedió a empezar un tratamiento terapéutico, donde pudo expresar su tristeza, su miedo al abandono, su enojo y su frustración, por el duelo de esta pérdida significativa. Después de 6 sesiones, evaluamos su cuadro depresivo y encontramos que los síntomas habían disminuido significativamente, por lo que el tratamiento farmacológico no era necesario.

Actualmente, en su proceso terapéutico, Norma está trabajando en resolver el gran valor que le da al hecho de tener pareja, en su escala de autoestima; y también se está esforzando en identificar los patrones de relación que ya no quiere repetir. Aunque todavía no se siente plenamente feliz, está comprometida con su tratamiento, hace ejercicio tres veces a la semana, está aprendiendo inglés, y los síntomas depresivos están desapareciendo.

Como puedes ver en forma palpable, es real la buena noticia de que la depresión se quita, y poco a poco volvemos a ser nosotros mismos. Y para lograrlo debes seguir los pasos de Norma: necesitas asumir que estás enfermo, que tu enfermedad se llama depresión, que juntos podemos enfrentar al monstruo que te atormenta, y que no necesitas morir para ganar la batalla. No vale la pena...

7

EL DOLOR DE LA PÉRDIDA

Como ya vimos, hay un sinfín de razones por las cuales una persona se puede deprimir; pero una de las que más nos puede afectar es el experimentar una pérdida. Cada vez que vivimos una pérdida, tendemos a mostrarnos deprimidos: si perdemos el trabajo que tanto necesitamos, tendemos a deprimirnos; si perdemos nuestro coche porque nos lo robaron, tendemos a deprimirnos; si nos separamos de nuestra pareja, tendemos a deprimirnos, etc. Pero obviamente, hay de pérdidas a pérdidas: no es lo mismo perder el avión que nos iba a llevar de vacaciones, que perder a nuestro mejor amigo por una enfermedad terminal. Quiero decir, que existen pérdidas con "p" minúscula, y pérdidas con "P" mayúscula; y la intensidad de cada una de ellas sólo la experimenta el doliente, y sólo es a través de él que podemos medir su dolor.

Cuando yo era niño recuerdo que, al regresar de un viaje, me encontré con que ya no estaba mi "Rocky", un peluche que me había acompañado a lo largo de 11 años de mi vida. Sucedió que Santa Claus me había regalado un perrito; y mientras estaba de viaje, éste había destrozado mi peluche. En ese momento, esa pérdida representó una de las más grandes de mi vida. Y aunque actualmente, con la conciencia de la edad adulta puedo darle perspectiva a la situación, y entender que sólo era un peluche; recuerdo lo significativa que fue para mí esa pérdida, y entiendo por qué me sentí profundamente triste, enojado, lastimado y deprimido, en ese momento.

Lo mismo sucedió cuando murió "Freud", mi perro: lo adoptamos mi esposa y yo, de recién casados, y fue un perro excepcional. Murió prematuramente por una lesión en la cadera, y yo sentí nuevamente un dolor inexplicable, una tristeza que ninguno de mis amigos podía entender: *"¿Cómo..., estás así de mal porque se murió un perro?".* Y es que Freud no era un perro, era "mi Freud", y a mí me afectó muchísimo perderlo.

Es un hecho que cada uno de nosotros vive su pérdida a su manera, de acuerdo a ciertos factores; tales como: la personalidad de cada uno, su edad, su circunstancia de vida, la forma en que sucedió la pérdida, el apego a lo perdido, etc. Pero lo más importante es que la persona afectada por una pérdida significativa, sea respetada, comprendida, y contenida por su red social.

Durante nuestra vida experimentamos todo tipo de pérdidas, desde que dejamos el vientre de nuestra madre, y durante todas las etapas de nuestra existencia; pero aunque todas implican un cambio que conlleva cierto aprendizaje, existen pérdidas muy significativas que sacuden toda nuestra existencia. A este tipo de pérdidas les llamo: "pérdidas con "P" mayúscula". Entre ellas puede haber pérdidas tangibles, como perder bienes materiales; o intangibles, como perder la salud, la razón, la libertad. O podemos perder a la gente que queremos porque decidió ya no estar a nuestro lado, porque se mudó de país, o porque murió; y generalmente, estas son las pérdidas más dolorosas.

Para la Tanatología, pérdida es todo aquel suceso inexplicable, tal vez sorpresivo e ineludible, que nos despoja de aquello que sentimos que nos pertenece.

Toda pérdida importante que vivimos, conlleva en sí misma una reacción de dolor y angustia y un proceso de recuperación, al que llamamos "duelo"; y la depresión forma parte natural de esta reacción emocional que acompaña a una pérdida, con todo lo que ella implica. Entonces, como constantemente experimentamos pérdidas, es común que haya alguien deprimido a nuestro alrededor. Así que, si experimentaste una pérdida significativa hace relativamente poco, y no eres un extraterreste, entonces lo lógico es que estés deprimido. No está mal estar deprimido, no es un pecado estar deprimido, no es un reflejo de debilidad estar deprimido. Es simplemente, en este caso específico, una reacción natural al duelo, a la reacción emocional que acompaña a una pérdida.

Una de las grandes pérdidas, con "P" mayúscula, que un ser humano puede experimentar es la muerte de un ser querido, pues representa una gran amenaza contra nuestra estabilidad emocional. Perdemos a un ser querido por muerte, debido a una enfermedad; porque muere en un accidente; o porque se suicida.

Y en este tema de las pérdidas significativas, nos puede tocar acompañar a un ser querido en su proceso de muerte. Y el verlo morir, irremediablemente nos confronta, no sólo con la pérdida de su vida y con el dolor inminente que ello encierra, sino con un hecho trascendental y tangible: con nuestra propia muerte, y con la angustia que la idea de ella nos genera. No sabemos cuándo y no sabemos cómo; sin embargo, sabemos a ciencia cierta que nuestra propia muerte algún día llegará; y que cada uno de nosotros, sin duda, la experimentará en forma inevitable e ineludible. Y así como el morir es una de las reglas básicas de la Naturaleza, el miedo a la muerte es un fenómeno humano, histórico y universal. No hay vida sin muerte, y no puede existir muerte sin vida.

Todos moriremos algún día, y quien nos quiere tendrá que lidiar con un proceso de dolor..., de duelo, por nuestra muerte, pues no existe muerte sin un proceso de duelo; pero antes de que llegue nuestro momento de partir de esta vida, es seguro que, en algún momento, nosotros también tendremos que caminar por la senda de algún proceso de duelo por alguna pérdida importante. Bien dicen que el duelo es el precio que pagamos por el amor.

Así es nuestro viaje existencial: un balance y desbalance de pérdidas, pero también de ganancias; y de cada uno de nosotros dependerá dónde ponemos el foco, para poder afrontar con mayor entereza e integridad nuestro sufrimiento.

Los duelos influyen de forma importante en nuestro crecimiento personal, pues en su proceso se elabora la pérdida, para volver a armonizar nuestros procesos internos y externos frente a la nueva realidad que se nos presenta.

Al ser la muerte el final absoluto de una vida, representa el pilar donde se construye el sentido de la existencia de cada persona; es decir, que a partir de sabernos finitos, le otorgamos un valor infinito e inestimable a nuestra vida; y este sentido o valor varía en cada cultura o grupo humano. El sentido de lo que hacemos todos los días, de lo que compartimos, de lo que sufrimos, de lo que trabajamos, de la familia que hacemos..., tiene una perspectiva diferente, dependiendo de lo que signifique para nosotros la muerte.

Y en ese interés y reflexión que la muerte ha generado en el ser humano, a través de los siglos, muchas creencias diferentes han surgido. Por ejemplo: el hombre primitivo, a diferencia del miedo a la muerte que manifiestan las culturas occidentales de la actualidad, mostraba un gran miedo a los muertos; ya que a éstos, no importara quienes fueran, les atribuían sentimientos hostiles y capacidades para perjudicar a los vivos. Así pues, procuraban conjurar la malevolencia del difunto mediante procedimientos mágicos, llantos y lamentaciones; cuyo fin consistía en mostrarle al difunto cierta veneración, y testimoniar el dolor de su partida. El miedo, entonces, no tenía que ver tanto con lo que había después de la vida, sino con la capacidad del difunto a hacer daño a los vivos. Una vez que el hombre primitivo aceptó su propia muerte, le negó la capacidad de aniquilar a los seres vivos.

Ante el cadáver de un ser amado, el hombre primitivo inventó los espíritus y los fenómenos sobrenaturales, para evadir el dolor y desviarlo a algo mágico. Así fue como, el ser humano, manifestó su primer mecanismo de defensa contra lo traumático de la muerte: hay que temerle a los muertos, no a la muerte en sí.

En nuestra cultura occidental, los temas relacionados con la muerte tratan de evitarse, como si la muerte fuera una maldición de la que se pudiera huir si no se habla de ella; además de que, cuando el hombre de Occidente la llega a reconocer conscientemente, sólo la piensa en los demás. Vivimos como si fuéramos eternos, como si la muerte no fuera parte esencial de nosotros, de nuestra condición de seres vivos. El hombre occidental, a través de la historia, no sólo ha rechazado la muerte, sino que también la ha negado; y ha tratado de vencerla, buscando constantemente controlar a la Naturaleza, al detener el paso del tiempo por medio de la medicina y la tecnología. Es por eso que, para los occidentales, es tan importante la cirugía estética y las técnicas para retrasar la vejez; que en realidad son mecanismos de defensa para negar la realidad de que vamos a morir. Envejecer nos recuerda que somos finitos, y que tarde o temprano llegará nuestro momento de partir. Para Occidente envejecer es vergonzoso; mientras que, para los orientales, la vejez significa sabiduría y motivo de admiración.

La muerte, como hecho universal, ha sido tema de reflexión desde los inicios de la Humanidad; y ha sido estudiada, a través de los siglos, desde diferentes puntos de vista de la ciencia y la tecnología; pero sobre todo, desde las ciencias humanistas que buscan encontrar la verdad. En especial, los filósofos existencialistas, entre los que se encuentran Heidegger, Sartre, Kierkegaard y Camus, han influido notablemente en el campo de la Antropología y la Psicología, buscando dar respuestas a la angustia ante la muerte. Sin embargo, la muerte es un hecho que se vive de manera individual, que sólo se puede experimentar una vez, y que por mucho que se haya estudiado y explorado, causa miedo, desequilibrio y confusión, en aquellos que viven un proceso de muerte.

A pesar de la obsesión del ser humano por el tema de la muerte y su estudio, ha sido hasta los últimos años que ha adquirido fuerza el interés por revisar sus aspectos psicológicos; y han surgido, sobre todo, dos tópicos interesantes de estudiar:

- El primero de éstos se refiere al estado psicológico del paciente desahuciado, en cuanto a los sentimientos y emociones que experimenta ante su muerte inminente: ante el dolor del desprendimiento de su propio cuerpo, de sus seres queridos, de su identidad, y de la vida misma.
- El otro tópico interesante para estudio, es el miedo que experimentan sus seres queridos ante la pérdida del moribundo.

No cabe duda, la muerte es una aventura; para la cual, poco estamos preparados.

Y volviendo a ti, lector, tal vez estás viviendo en carne propia una enfermedad crónica o terminal; y el experimentar el dolor físico y emocional que ésta implica, sea la causa de que quieras terminar con tu vida. Tal vez estás en duelo por haber perdido a tu pareja o a un familiar cercano, y el dolor que sientes es tan grande que crees que sólo con la muerte, éste se va a ir. Sabemos y muchos hemos constatado, que vivir una pérdida como la que estás experimentando es una de las experiencias más traumáticas de la vida. Por ejemplo, vivir la experiencia de la fase terminal de un familiar cercano es sumamente doloroso. La mayoría de los pacientes en fase terminal experimentan la pérdida de capacidades, tanto físicas como mentales, en un período relativamente corto -un año o menos-; y tanto ellos como sus familiares viven estas situaciones con sentimientos de coraje, miedo, tristeza, impotencia y culpa; llegando muy frecuentemente, a vivir una sensación de vacío existencial y desesperanza, que los conduce a la pérdida del sentido de la vida.

En la mayoría de los casos, cuando existe un enfermo terminal, la familia busca ocultar su dolor pretendiendo mostrarse fuertes y activos, como si nada extraordinario estuviera sucediendo; con el objetivo equivocado de motivar al enfermo a "seguir adelante", y evitar que "sufra, al ver sufrir a los demás". Sin embargo, esta medida no evita que la persona en fase terminal sufra y experimente el miedo natural a la muerte, ni tampoco alivia el sufrimiento de los parientes: sólo ocasiona que cada uno viva en silencio su dolor, haciéndolo más grande al no poder expresarlo para desahogarse. Vivir un proceso de muerte lastima profundamente a todo el sistema familiar, y más aún si no se expresan las emociones y se comparte el dolor.

La pérdida de un ser querido es un impacto emocional severo para los miembros restantes del círculo cercano. Un evento de este tamaño, genera una crisis en la estructura de la personalidad de los miembros de la familia, ocasionando que la calidad de vida, tanto de la familia en conjunto, como de cada miembro del sistema familiar, se vea afectada notoriamente. Crisis es igual a caos, caos es igual a desestructura personal; y en muchos casos, caos puede ser igual a suicidio. Nuevamente, el quitarse la vida representa una decisión definitiva al problema temporal; porque, por muy duro que sea lo que está viviendo la persona con esta pérdida, el tiempo y la autoayuda sana, y el dolor termina por pasar.

Quisiera que tratáramos de entender lo que está viviendo un paciente terminal; y para esto, tenemos que saber lo que se considera la fase terminal en una enfermedad. Primero empezaré por definir la que es una enfermedad: una enfermedad es el fracaso del organismo, representado por un desequilibrio en sus funciones en el proceso de adaptarse física, mental y socialmente a las condiciones de su medio ambiente. Las enfermedades se pueden dividir en:

- Agudas.- Tienen un inicio brusco. Los síntomas se presentan de manera rápida; y si el organismo no logra salir adelante, el pronóstico de vida es corto (menor a un año). Ejemplo: leucemia aguda.
- Crónicas.- Tienen un inicio y una progresión lentos, y son enfermedades de larga duración. Presentan períodos de exacerbación de la enfermedad y períodos de reincidencia, como también momentos de estabilidad. Este tipo de enfermedades no son curables, aunque se pueden controlar. Ejemplo: diabetes juvenil, lupus.

- Incurables.- Enfermedades para las cuales la medicina no tiene soluciones. Implican muerte irremediablemente. Su desarrollo puede ser crónico o agudo. Ejemplo: Efisema pulmonar
- Terminales.- Ya no hay nada más que hacer con el enfermo, desde el punto de vista médico, en cuanto al tratamiento de la enfermedad; y sólo se le pueden dar tratamientos paliativos. La esperanza de recuperación se pierde -médicamente hablando-, y el pronóstico de vida del paciente es corto (6 meses aproximadamente).

Por lo tanto, la enfermedad terminal es aquel estado del individuo en el que, fisiológicamente, uno o más órganos dejan de cumplir con su función normal; ya sea por un agente infeccioso o por otros factores, que en forma gradual deterioran el equilibrio integral de las esferas biológica, psicológica y social de la persona, donde el pronóstico es la muerte inminente, a corto plazo.

Por muy natural que sea la muerte, y por mucho que sea nuestra compañera de vida, para mí sigue siendo una experiencia impactante y sumamente difícil de aceptar. Yo soy tanatólogo y he acompañado, en varias ocasiones, a pacientes en el momento de morir; y el experimentar la muerte de alguien más, inevitablemente me ha recordado que algún día estaré yo en esa cama, desprendiéndome de mi cuerpo, y dejando todo lo que, hasta ese momento, he construido. Es un recordatorio de que soy finito, y de que todo es temporal.

Cuando realizo intervenciones tanatológicas -estar presente cuando el paciente está a punto de morir, para brindar contención a él o a su familia-, el misterio de la muerte se hace presente, y mis eternos cuestionamientos sobre lo que hay después, afloran a mi piel. Sí, la muerte es natural, es parte de la vida; ya lo sé, lo he escuchado muchas veces, y también lo he dicho en infinidad de ocasiones. Sin embargo, vivir la muerte del otro nos recuerda que algún día tendremos que atravesar por lo mismo; y que en realidad, estamos poco preparados para esta última aventura. Por muy sutil, esperado y acompañado que sea el momento en que muere una persona, para los que nos quedamos, para los que amamos a esa persona, implica seguir adelante sin ella; implica vivir con el dolor de su ausencia, con el vacío que genera su partida. La realidad es que, cuando una persona muere o está a punto de hacerlo, en su entorno se experimenta una gran crisis, sentimientos de vacío, tristeza, impotencia, enojo, miedo y abandono.

Idealmente, para que un duelo se desarrolle de manera normal, es de gran ayuda que la persona moribunda asuma y acepte su muerte, y pueda despedirse de su cuerpo, de sus seres queridos y de la vida misma. Es importante que aprenda a expresar lo que realmente siente, y que comparta estos sentimientos con los demás, para que cuando llegue el momento final, se vaya tranquila y esperanzada. Pero aunque esto no suceda, la verdadera responsabilidad de cómo queremos transitar por nuestro duelo es de cada uno de nosotros; y es de nosotros el compromiso de decidir cómo y cuánto queremos ayudarnos, para alcanzar la readaptación y resolución de la manera más asertiva posible. Y esto lo lograremos, únicamente, trabajando para nuestro bienestar y teniéndonos paciencia, pues la meta final de un sano proceso de duelo es el que logremos atribuir nuevos significados a nuestra nueva situación, para recuperar el sentido de vida que hemos perdido, y volvamos así a amar la vida.

Es necesario entender que, quienes hemos acompañado a alguien significativo durante su enfermedad, agonía y muerte, debemos procesar nuestra propia vivencia del hecho, para poder digerirlo e integrarlo a la vida de una manera sana y constructiva. Al asumir y enfrentar el duelo consecuente a una muerte, que siempre es traumática, si logramos no negar el dolor, estaremos más preparados para sanar nuestro trauma, y para resolver nuestro duelo, al llegar a la total asimilación final de la realidad de la pérdida.

Como lo venimos diciendo, una pérdida significativa implica un duelo. ¿Pero, qué es un duelo? El duelo es una reacción emocional ante una pérdida, completamente normal, que implica un estado de ánimo muy doloroso, falta de interés hacia el mundo exterior, disminución de las capacidades intelectuales y emocionales, un estado constante de melancolía, y la inhibición para disfrutar la vida; y es también el proceso de recuperación, readaptación y resolución del duelo, con una gradual reconexión con los aspectos cotidianos de la vida. Aunque el duelo sea algo natural, y un proceso necesario, implica momentos de sufrimiento y de pérdida de interés vital; que nos conducirán, gradualmente, a la aceptación de la pérdida, para recolocar emocionalmente al difunto, y continuar viviendo.

El duelo (dolis=dolor) conlleva, en sí mismo, un proceso de experiencia de dolor que se desarrolla en diferentes etapas, las cuales pueden contener diferentes características, desde el impacto inicial de la experiencia de muerte, sentimientos de desolación y desesperanza, hasta profundos síntomas depresivos. Es importante partir de la base de que el duelo se tiene que sufrir para elaborar la pérdida, para readaptarse y para poder regresar a la vida cotidiana. El no enfrentar el dolor, no hace que éste desaparezca.

Todo duelo tiene relación con 3 aspectos: aflicción, luto y pena:

- Aflicción.- Tiene que ver con la pérdida del ser amado y la privación de tenerlo cerca. Son los sentimientos que provocan al doliente ciertos hechos objetivos, que le recuerdan que el ser amado ya no está. Ejemplo de esto es: la ropa del difunto; las fotos; su recámara; los planes que tenían en común, y que ya no serán realizados.
- Luto.- Es el comportamiento social que asume el doliente y la comunidad después de una pérdida cercana. Es la ritualización de la pérdida en forma significativa. El fin último del luto es: simbolizar el adiós, dar el mensaje o noticia al entorno social y expresar la tristeza públicamente. Por medio de la realización de ritos y ceremonias se señala al doliente, con el fin de ayudarlo a expresar su tristeza e incapacidad para retomar la vida cotidiana. Estos rituales están basados en símbolos y tradiciones milenarias que ayudan a expresar tristeza, y que dan a los dolientes una esperanza de vida después de la muerte de su ser querido. El luto que se guarda en el interior y se expresa en el exterior, está íntimamente ligado con la religión; por ejemplo: los judíos se rasgan la ropa, se sientan durante una semana a afligirse libremente, y los hombres cercanos rezan al difunto por 11 meses; los católicos celebran misas para acercar el alma del difunto a Dios, y tienen dada la promesa de la vida eterna; en nuestra cultura sincrética (mezcla de elementos propios del mestizaje hispano-indígena), existe el día de muertos, el 2 de noviembre, donde se recuerda y se homenajea a quienes ya se han ido.
- Pena.- Dolor, respuesta emocional de la persona afligida; desencadenada siempre por una pérdida significativa.

La pena puede ser anticipada: cuando experimentamos el dolor desde antes de la pérdida, en el caso de una enfermedad terminal o un proceso degenerativo importante. En esta situación, los familiares y el enfermo empiezan a vivir el duelo antes de que éste muera, inician el desapego emocional antes de que ocurra la muerte, y tienen la oportunidad de compartir sentimientos y de despedirse paulatinamente.

En una pena normal, el dolor se presenta después de la pérdida, de manera intensa; y va disminuyendo, gradualmente, conforme el doliente se va readaptando, y logra reubicarse para recuperar las actividades de la vida cotidiana. Se dice que la pena por el fallecimiento de un ser querido y cercano en la gran mayoría de los casos se debe elaborar en un lapso cercano a los dos años, aunque no hay nada definitivo pues los factores que diferencian cada duelo son muchos, los recursos de cada quien son inmensamente diferentes, y cada persona es única. En el caso de una pena que se vive de manera sana, la persona acepta su dolor y vive con intensidad la dolorosa realidad de la pérdida; lo cual facilita la despedida con la persona fallecida, su desprendimiento y reorganización ante una nueva realidad. Poco a poco, el doliente organiza su vida sin la presencia de la persona fallecida, y encuentra y desarrolla nuevos intereses y relaciones.

La pena más difícil de manejar es la que se presenta en un duelo patológico, complicado o "no resuelto". Se le denomina así a este tipo de duelo, cuando la intensidad o etapa aguda o exacerbada no disminuye conforme pasa el tiempo; y cuando el duelo se alarga y la persona permanece en el mismo estado, sin avanzar hacia la resolución. Un duelo patológico empieza con la negación de la muerte. Al negar la muerte, se niega el dolor y su expresión; y por lo tanto, no se da la despedida ni el desprendimiento con el difunto. Negar el dolor es "vivir como si no hubiera pasado nada", "vivir como si todo siguiera igual". Es hasta que existe una real toma de conciencia de la pérdida, una genuina aceptación, que el sano proceso del duelo se desencadena. Los duelos patológicos tienden a manifestarse por las siguientes causas: cuando el paciente terminal no acepta la muerte, y se aferra a la vida; cuando la persona en duelo no cuenta con la capacidad y los recursos emocionales que se necesitan para enfrentar un reto de este tipo; cuando existía una mala relación entre el doliente y la persona que murió; cuando quedaron muchos "temas inconclusos", "asuntos pendientes" o "círculos sin cerrar"; cuando nos sentimos culpables de algún asunto relacionado con el difunto; cuando la muerte fue por accidente; y sobre todo, cuando la muerte fue por suicidio -es por eso tan importante, hacer conciencia de que nuestra decisión de quitarnos la vida tendrá un impacto profundamente negativo en la vida de los demás.

Aunque *No existen etapas universales de recuperación en el duelo, por las que todas las personas deban pasar sino que las etapas establecidas sólo nos sirven como una guía, pero nunca como un esquema fijo,* la Dra. Elizabeth

Kübler-Ross, pionera de la Tanatología, realizó innumerables observaciones y entrevistas con pacientes desahuciados y con sus familiares. De estas invaluables vivencias, obtuvo importantes aprendizajes sobre la muerte, el desprendimiento de la vida, y lo que esto significa. En su libro "Death and Dying" Kübler-Ross (1969), habla del proceso doloroso del morir, y de cómo lo experimenta, tanto el enfermo como sus familiares. Kübler-Ross explica que cuando una persona se enfrenta a la muerte -sea la propia o la de algún miembro significativo-, pasa por cinco etapas que describiré más adelante. Estas etapas se viven, en general, ante cualquier pérdida significativa -pérdida con "P" mayúscula-, en la vida de un ser humano; pérdidas tales como: pérdida de la salud y nuestro propio proceso de muerte; muerte de un ser querido; divorcio; abandono; violación; enfermedad física deteriorante y/o crónica o terminal; aborto; pérdida de algún órgano o miembro del cuerpo; accidente que afecte las capacidades físicas o mentales de la persona; cambio de residencia a otra ciudad o país; pérdida del empleo; término de una etapa de vida (terminar la universidad; o cuando los hijos se casan o se van del hogar, y se presenta en los padres el síndrome del "Nido Vacío").

Estas etapas, por lo general, se presentan en el siguiente orden; aunque no es raro que se presenten simultáneamente, o que de una etapa se pase a otra con facilidad. Creo que si estás en un proceso de duelo, sería de suma ayuda identificar las etapas en las que estás, o por las que has pasado, para poder dar un paso sólido en la solución de tu proceso:

1.- Negación o aislamiento.- *"No puede ser posible"*, *"A mí no me puede estar pasando esto"*, *"Seguramente el doctor se equivocó"*, *"No pudo haberse muerto"*, *"No puedo estar enfermo de cáncer"*, *"No pudo haberse suicidado, seguro fue un accidente"*, *"Esto es una pesadilla, no está sucediendo"*.

La negación es la no aceptación de la realidad. Es una defensa temporal contra el choque de la noticia, que pronto será reemplazada por una aceptación parcial. El problema es que cuando el individuo se aferra a ella, no permite que su función sea únicamente el servir como amortiguador, después de recibir una noticia grave que no era esperada. La fase de negación no sólo se vive en las primeras etapas del duelo o de la enfermedad, sino que también suele aparecer más tarde, aun cuando se haya avanzado a otras etapas en el desarrollo de la pérdida. La fase de negación nos permite, en momentos, distraernos del dolor; y seguir, en la medida de lo posible con nuestra vida.

Manola está en terapia emocional conmigo por una depresión significativa que padece, a raíz de la muerte de su hija de 14 años; quien falleció en un accidente automovilístico, hace cerca de dos años. Manola cumple con todos los requisitos para diagnosticar depresión, y está consciente de ello; sin embargo, en varias ocasiones me ha comentado que si la muerte de su hija no se olvidara por momentos, aunque sea por unos instantes, no tendría fuerzas para dar un solo paso más. *"Si no se me olvidara a ratitos, no tendría energía ni para venirte a ver..."*. Lo crítico en el caso de Manola es que su esposo, como mecanismo de defensa contra el dolor, quitó todas las fotografías de su hija, y evita en todo momento hablar de la pérdida. *La vida sigue, y el pasado queda atrás -dice frecuentemente.* Estas acciones han dificultado mucho el que Manola y su otro hijo elaboren el duelo exitosamente. No hablar de lo que nos duele, no significa que el dolor se resuelva.

2.- Enojo.- *"¿Por qué a mí?"*, *"Yo no merezco estar viviendo esto..."*, *"Por qué los doctores no lo salvaron?"*, *"El culpable de que haya decidido quitarse la vida, es su exnovio..."*.

Cuando la etapa de negación no puede seguirse manteniendo, se reemplaza por sentimientos de envidia, coraje, resentimiento y mucho enojo. Aquí surgen todos los "porqués". Es una fase difícil de afrontar, tanto para los que la viven -el paciente o los familiares-, como para el personal del hospital o las personas que los rodean. Esto se debe a que estos sentimientos son proyectados hacia todas direcciones, incluso injustamente; es decir, que el enojo por el duelo se traslada hacia los demás -incluso hacia Dios-, de manera que ellos tienen "la culpa" de lo que los directamente afectados están viviendo. Aquí encaja perfectamente el dicho mexicano que dice: "No importa quién te la hizo, sino quién te la paga". Los dolientes suelen quejarse de todo, todo les viene mal, y todo es criticable; y también pueden responder con dolor, lágrimas, culpa o vergüenza. No se debe tomar esta ira como algo personal, para no retroalimentar a la situación con más enojo, lo que fomentará la conducta hostil del afligido.

Hace tiempo trabajé con Georgina, una adolescente de 15 años que llegó a terapia porque, desde que había llegado al D.F. -había vivido toda su vida en Pátzcuaro-, estaba reprobando, cada mes, prácticamente todas las materias. Y es que Georgina estaba en duelo: no quería dejar su escuela, sus amigos, su ciudad de origen. Estaba enojada, y la manera de mostrarlo era encargándose de reprobar todas las materias posibles. En el trabajo terapéutico, ella pudo entender lo que le sucedía y expresar de manera sana su enojo: el reprobar materias sólo la llevaría a tener más problemas y no la acercaría a Pátzcuaro. Finalmente, Georgina pudo elaborar su duelo, y adaptarse a vivir en la gran capital.

3.- Regateo.- *"Estoy dispuesto a hacer lo que sea, con tal de sentirme mejor...", "Se fue, pero está con Dios, está en paz...", "Ya no está con nosotros, pero ya no está sufriendo...", "Oí de alguien que es vidente, y que puede comunicarte con tu ser querido...".* Otros ejemplos de esta etapa son el tratar de llegar a un acuerdo con el personal médico; y sobre todo, con Dios: *"Si alcanzo a llegar a la Navidad, no me quejaré del dolor de la quimioterapia", "Acepto la radiación, si me deja tomar mi tequila a la hora de la comida...".*

El regateo tiene como fin el intentar posponer lo inevitable, y se llega a presentar en intervalos pequeños de tiempo. Implica una "falsa aceptación", como mecanismo para intentar superar la traumática vivencia, ya que es una fase donde parecería que estamos pretendiendo burlar a la muerte. Por lo general, en las promesas que se suelen hacer hay sentimientos de culpa asociados, y generalmente los "acuerdos" no se cumplen; y aunque el regateo proporcione a la persona cierto alivio, seguirán existiendo sentimientos negativos con respecto a la pérdida.

Trabajé con Mónica, una mujer que tuvo gemelos, y uno de ellos nació con fibrosis quística. Cuando los gemelos llegaron a la edad de 4 años, el hermano enfermo estuvo hospitalizado por un período largo de tiempo, durante el cual, su sueño era ir a conocer a Mickey Mouse. Mónica pidió a Dios que le permitiera ir a Disney a llevar a su hijo enfermo, y que de esa manera, ella aceptara su muerte. Rodri conoció Disneylandia, estuvo en un crucero con todos los personajes de Walt Disney, y murió 8 meses después. En su momento, cuando regresaron del viaje, Mónica estaba agradecida con la oportunidad que les había dado la vida de que Rodrigo hubiera podido hacer el viaje; pero obviamente, poco tiempo después, los sentimientos de enojo, frustración y dolor regresaron.

4.- Depresión.- *"Ya todo está perdido...", "Así, ya no tiene caso seguir viviendo...", "Sin ella, la vida no tiene sentido...".*

Cuando ya no es posible que los pacientes terminales nieguen su enfermedad, debido a las múltiples intervenciones quirúrgicas, hospitalizaciones constantes, debilidad y pérdida de las actividades cotidianas; o bien, cuando las consecuencias de la pérdida de la salud son evidentes, se llega a esta fase depresiva. En este estado se manifiesta, ante todo, un profundo sentimiento de pérdida.

La depresión es un arma que puede ayudar a la preparación para la cesación de la vida, ya que es una etapa de reflexión y de poca energía. Se presenta en prácticamente todos los pacientes, y los familiares que atendieron su enfermedad; sumada a la frustración de que ningún tratamiento funcionó. Esta etapa se vive en una profunda tristeza; y normalmente, hay sentimientos de desolación y desesperanza. Es en este momento del duelo, cuando tiende a manifestarse el riesgo suicida; y la gran mayoría de los pacientes que acuden a psicoterapia ante una pérdida, están en esta fase.

Actualmente, estoy trabajando con Roberto, un joven de 23 años quien perdió a su novia, al haberse practicado un aborto fallido. Roberto llegó a terapia con alta ideación suicida, y con grandes sentimientos de culpa. Presentaba un cuadro depresivo mayor grave; y fue referido a tratamiento psiquiátrico, el cual aún mantiene. Gracias a las intervenciones, tanto médica como psicológica, Roberto está logrando manejar su dolor, su frustración y su culpa. Aunque el dolor que experimenta es todavía muy grande, por lo menos ya no muestra ideación suicida; y está aprendiendo a diferenciar lo que es: ser "responsable de un hecho", pues un evento siempre tiene consecuencias, y se debe ser capaz de responder a éstas; a ser "culpable de algo", que consiste en llevar a cabo una acción de forma deliberada y con negligencia, donde no siempre se reacciona con responsabilidad. En este último caso, Roberto está aprendiendo a perdonarse a sí mismo y a su novia, por haber decidido abortar clandestinamente; pero teniendo compasión por ambos, ya que ninguno de los dos realizó el aborto, teniendo plena conciencia de lo que podía ocurrir.

5.- Aceptación.- *"Estoy preparado para irme...", "Ya déjenme ir en paz, no quiero más tratamientos...", "Ya no le hagan nada, no hay que hacerlo sufrir más...", "Ahora sí estoy listo para una nueva relación, después de mi divorcio...".*

Esta fase se presenta cuando el paciente ha tenido el tiempo necesario para elaborar su muerte cercana, o su pérdida. La persona ya no está deprimida, acepta su destino sin enojo, y espera el momento de la cesación de la vida, con esperanza y con la conciencia del sentido que tiene su sufrimiento.

Normalmente, en casos de enfermedad terminal, el paciente atraviesa por momentos de mucha debilidad y cansancio, pero se siente tranquilo y en paz. Necesita reposo y sueño.

En esta etapa, es importante no confundir el estado de ánimo de tranquilidad, con un sentimiento de felicidad. En el caso de una etapa terminal, el paciente se encuentra casi vacío de sentimientos; experimenta momentos de gran aplanamiento afectivo; parece que el dolor se ha ido, y que la lucha ha terminado: se está preparando para el último descanso: la muerte.

Desde el punto de vista del doliente, esta fase se puede reconocer cuando la persona puede pensar en el objeto o persona perdida, con nostalgia, pero sin melancolía. La diferencia entre ambas es que: en la nostalgia, aunque existe cierto dejo de tristeza al recordar, se puede disfrutar el aquí y ahora; en cambio en la melancolía, el dolor es tan grande, que no se puede reconocer nada agradable en el presente, y la persona se estanca en los recuerdos. La aceptación auténtica implica, necesariamente, haber dejado la melancolía atrás.

Un factor fundamental en la resolución del duelo, por superficial que parezca, es el lugar donde ocurrirá el deceso. La doctora Kübler-Ross, hace referencia a la importancia que tiene el poder decidir, en la medida de lo posible, el lugar donde morirá la persona que ha padecido una enfermedad, y que ha llegado a la fase terminal. En su experiencia con enfermos terminales, la tanatóloga por excelencia, Kübler-Ross, narra cómo el enfermo y sus seres queridos aceptan de mejor grado, y con una mejor disposición anímica, el momento de la muerte si ésta ocurre en un sitio conocido y familiar para ellos: su hogar, donde pueden estar rodeados de personas y objetos conocidos, donde todos se sienten en confianza, y donde se respira un ambiente de amor y unión.

Hay algo que quisiera compartir contigo: en todas las intervenciones que he realizado en casos de enfermedad terminal, cuando el moribundo y su familia han alcanzado la etapa de aceptación, nunca he sentido miedo en el momento de la cesación de la vida. Al contrario, es un momento donde, aunque siento pena por los deudos, se respira un ambiente de paz y tranquilidad. Cuando el moribundo se deja ir, sin angustia, sin apego, se respira equilibrio y armonía en el ambiente. Es una experiencia única. Por eso, cuando pienso en mi propia muerte, cuando me imagino yéndome así de tranquilo, así de sereno..., el miedo a la muerte se diluye y siento una profunda esperanza.

Por lo que he vivido como terapeuta y tanatólogo me doy cuenta de que, cuando se ha logrado llegar a una genuina aceptación, y se han trabajado los sentimientos padecidos, la muerte es un cierre perfecto de toda una existencia. Es un evento impactante, triste, nostálgico; pero a la vez hermoso, si lo leemos como lo que es: el cierre de un ciclo..., del ciclo de la vida.

De la misma forma, he realizado varias intervenciones familiares en casos de suicidio; y he constatado que, lo que se vive en estos casos, es justamente lo contrario a cuando se presenta una muerte de manera natural. Cuando un familiar se quita la vida, los deudos manifiestan una profunda angustia, culpa, miedo, caos, fragilidad, desesperanza; y en la gran mayoría de los casos se viven, por consiguiente, momentos infernales donde la imposibilidad de elaborar el duelo de manera natural, normal, sana, es casi absoluta.

Si estás viviendo un duelo en este momento, muy posiblemente estarás pasando por una profunda depresión; y será quizás en esta fase cuando consideres quitarte la vida. Pero tengo la esperanza de que, a esta altura del libro, ya hayas logrado abrirte más a la comprensión de lo que te sucede, de lo que estás experimentando; pues estoy convencido, y así lo he comprobado con mis pacientes, de que nada desgarra tanto como lo que carece de sentido, lo que no podemos entender; y si poco a poco logras hacer conciencia de lo que te está pasando y transformas tu visión, seguramente estarás más preparado para enfrentar un acontecimiento de esta naturaleza, lo cual contribuirá a repararte interiormente. Además, por muy doloroso que sea lo que estás viviendo, ya sea por tu propia fase terminal, o por el duelo de un ser querido, recuerda esto: al final todo pasa, y siempre llega la paz. "No hay dolor que dure cien años...". Tiempo y autoayuda a nuestro duelo, que es lo único que se requiere; y todo lo demás se acomodará por sí solo. Para Kübler-Ross, el verdadero reto es aprender a entender a la muerte como parte indispensable de la vida, y visualizarla como el nacimiento a otro tipo de existencia. La muerte, para ella, en realidad no existe: *"La muerte, de la que los científicos quieren convencernos, no existe en realidad. La muerte no es más que el abandono del cuerpo físico, de la misma manera que la mariposa deja su capullo de seda. La muerte es el paso a un nuevo estado de conciencia en el que se continúa experimentando, viendo, oyendo, comprendiendo, riendo, y en el que se tiene la posibilidad de continuar creciendo..."*.

8

CUANDO EL ENOJO
ES DEMASIADO...

¿Recuerdas alguna vez, cuando eras niño, el haber deseado que algo muy muy malo le pasara a quien te había hecho burla en el colegio? ¿O haber querido aguantar el aliento para morirte, y no tener que seguir escuchando ese terrible regaño por parte de tu padre? ¿No recuerdas haber dicho: *"Me voy a morir"*, para manipular y generar cierto dolor en alguno de tus padres? ¿No te imaginaste alguna vez, salir corriendo y no regresar jamás, para salvarte de aquello que estabas viviendo? Seguramente sí: todos en algún momento de la infancia y adolescencia llegamos a experimentar estas fantasías, como mecanismo de defensa hacia los sentimientos que estábamos experimentando, y que eran difíciles de procesar.

Y desde nuestra perspectiva de adultos, estos comportamientos hoy nos parecen infantiles e impulsivos. Pero si te detienes a analizarlos reflexivamente..., ¿no ves alguna semejanza con lo que planeas conseguir con tu muerte?: salir corriendo de algo que ya no puedes manejar; hacerle algo muy malo a esa persona que te hizo daño; o bien, chantajear a quien sufrirá con tu intento suicida. ¿Será posible que estés tan enojado y cegado como para tomar una decisión desde la ira y la impulsividad, y no desde el sano juicio?

Necesariamente, quien decide quitarse la vida, además de estar atravesando por una crisis importante, y de estar confundido y claramente deprimido, está lleno de enojo, de rabia y de ira contenida.

Lo que quisiera resaltar en este capítulo es que el enojo, hasta ahora, se ha convertido en tu enemigo, cuando en realidad podría ser tu aliado. Tal vez no puedas reconocerlo, y únicamente puedas sentir tu amargura, tu tristeza, tu desesperanza, tu irritabilidad... Tal vez no puedas contactar con él, pero en el fondo, estás profundamente enojado.

El enojo se muestra de muchas maneras y puede tener muchos nombres, muchas máscaras (frustración, culpa, ira, decepción, sensación de traición), pero siempre es dañino para nuestra salud. Es una energía muy poderosa que se convierte en un arma letal cuando lo devolvemos, o cuando lo apuntamos hacia nosotros mismos. Por eso es tan importante reconocer nuestro enojo, entenderlo, abrazarlo, reconocer cuál es su origen, hacia quién va dirigido en realidad, cuál es el impacto que tiene en nuestra vida, y hasta dónde ha tomado las riendas de nuestra existencia.

Cuando yo era chico, no se me era permitido mostrar mi enojo en casa, igual que sucede en la casa de muchos pacientes con los que he trabajado. Vivíamos en un ambiente con alta violencia intrafamiliar, pero el enojo de los hijos no estaba autorizado. Enojarse era una falta de respeto para la figura de autoridad, y era motivo de más violencia; entonces, aprendí a aguantármelo, a actuar como si no estuviera, a reprimirlo y a negarlo. Durante años, negué que tenía el derecho de molestarme y enojarme con los demás. Durante años, negué que tenía la capacidad de defenderme. Si mi caso te suena familiar: si en tu sistema familiar de origen tampoco se te permitía mostrar tu enojo, si no aprendiste a lidiar con él de manera sana; seguramente, al igual que yo, aprendiste a retroflectar. La "retroflexión" es un término psicológico de la terapia Gestalt, para indicar cuando un individuo regresa, hacia sí mismo, el enojo que naturalmente va dirigido hacia el exterior.

Moreau (1987), habló de la retroflexión de la siguiente manera: *"La persona abandona todo intento de influir en su entorno, y se hace a sí misma lo que querría hacer a los demás. Decide echar sobre sí la agresividad destinada a los demás. El suicidio es la retroflexión extrema."* Un ejemplo claro de esto es la madre que no se permite ningún descanso o diversión, debido a que está consagrada al cuidado de sus hijos; pues tiene la fantasía de que si lo hace, no la perdonarán y se lo reprocharán algún día. O bien, el hombre que vive dedicado a su trabajo y no se permite la más mínima vacación, porque piensa que siempre tiene que darle un mejor nivel de vida a su familia. Es evidente, en estos casos, que el enojo no identificado que dirige la persona hacia sus altas expectativas, las cuales han sido introyectadas (adquiridas, asumidas, grabadas) del entorno, la vuelve presa de sus propias elecciones. La retroflexión crónica es el origen principal de las diversas somatizaciones; ya que en ella, se retiene el flujo normal de la energía organísmica.

Entonces, cuando no aceptamos el enojo y no lo expresamos hacia quien va dirigido, regresamos esa energía hacia nosotros, de manera destructiva. E igualmente pasa, con el 70% de las enfermedades del organismo aproximadamente: que siempre tienen un componente psicosomático; es decir, que están íntimamente relacionadas con los sentimientos. Cuando somatizamos una enfermedad (colitis nerviosa, dolor de cabeza, náusea, gripe, alguna enfermedad del sistema inmunológico, etc.), en realidad estamos retroflectando; o sea, que estamos dirigiendo a nosotros la energía destructiva, que en realidad está dirigida a alguien más.

Y particularizando el tema del enojo, en cuanto a tu consideración de quitarte la vida: ¿Crees que existe un componente importante de frustración, culpa o decepción, por la forma en que se ha desarrollado tu vida últimamente? Si tu respuesta es positiva, necesitamos: explorar, revisar, entender, escuchar y tocar tu enojo, y aprender a expresarlo de manera sana. Sé que en el fondo no quieres morir; y por eso es fundamental que aprendas a rescatar tu derecho a estar enojado con los demás, y a ejercerlo de manera frontal.

Como ya dijimos, el suicidio es la retroflexión llevada al extremo; pero antes de llegar a este punto tan agudo la persona, frecuentemente, pasa por otras fases importantes de retroflexión..., de autodestrucción. Existe un síndrome, cada vez más común, que empieza en la adolescencia y se conoce con el nombre de "automutilación"; el cual implica infligirse dolor a uno mismo, al dañarse seriamente una parte del cuerpo, en forma voluntaria, con el objetivo de "anestesiar" la angustia y el dolor emocional. Como la persona no tiene control sobre el dolor emocional que está viviendo, inconscientemente busca controlar el dolor que sí puede manejar, el cual se causa a sí mismo, por ejemplo: tal vez una chica no estuvo en control de la violación de la que fue víctima; pero sí está en control de lo profundo que clava un cuchillo en su piel; o de qué tanto acerca un cigarro prendido para quemarse; o de qué tan fuerte golpea con los nudillos una pared, hasta sangrar.

El tema del síndrome de automutilación es muy importante de tratar y de entender a fondo, porque frecuentemente es el preámbulo del suicidio, asunto central de este libro.

En la gran mayoría de los casos, la persona que se provoca a sí misma una lesión, lo hace en la piel: la corta con un material punzo-cortante; se raspa con algo poroso o con una lija; se quema con la brasa del cigarro, o con metal a altas temperaturas. Es poco frecuente que el daño implique el riesgo de perder la vida; y las heridas se causan en un lugar escondido del cuerpo, donde difícilmente se puedan descubrir (muslos, brazos, senos, genitales, glúteos). Esta forma de automutilación no es parte de un grupo de rituales, o bien una cuestión de "rebeldía adolescente"; sino que representa una psicopatología clara de una persona que busca desesperadamente ayuda. Normalmente, cuando se da este proceso, la persona está en un estado de trance donde evade el dolor emocional, para dar entrada al dolor físico. El dolor físico evita que se contacte con el severo dolor emocional que está atravesando el individuo.

Actualmente, en nuestra sociedad, el porcentaje de personas que sufren de automutilación es muy similar al de personas que padecen anorexia nerviosa (uno entre cada 250). En el síndrome de automutilación, se presentan estos cuatro componentes, que lo diferencian de quienes buscan manipular a los demás con el supuesto autocastigo:

1.- Recurrente daño a la piel por medio de cortes, quemaduras o raspaduras, en zonas donde sería difícil de ser descubierto.

2.- Sensación de tensión, justamente antes de que el acto sea llevado a cabo.

3. Relajación, gratificación, sentimientos agradables y sensación de adormilamiento, en combinación con el dolor físico.

4.- Sensación de vergüenza y miedo al estigma social, si se es descubierto; lo cual induce al individuo a que esconda las heridas, la sangre u otra evidencia de acciones autodestructivas.

Es importante señalar que la automutilación no es un acto masoquista, y no implica adicción al dolor, ya que el dolor por sí solo no es el objetivo del síndrome. Quienes lo padecen, generalmente, han tenido historias muy dolorosas de vida, profundamente traumáticas, con ambientes familiares hostiles y abusivos; donde el dolor físico ha sido parte de la vida diaria. Quien se automutila, en realidad busca desesperadamente callar el dolor emocional de años, busca desviar la mirada a algo que no sea la vergüenza con la que se vive.

Hace años trabajé con Daniela, una adolescente de 15 años que fue descubierta por su madre con síndrome de automutilación, pues constantemente se encerraba en la tina del baño, y no contestaba cuando alguien tocaba a la puerta. La joven pasaba horas ahí, "bañándose". Un buen día la madre, preocupada por Daniela, forzó la cerradura para encontrar a su hija, totalmente en trance, lastimándose y cortándose los senos con un "exacto". Horrorizada, encontró un cuerpo totalmente lleno de cicatrices, y fue cuando entendió la razón por la cual su hija siempre usaba ropa larga y holgada. Nunca usaba manga corta, aun en los meses de intenso calor, y evitaba usar trajes de baño. Su madre pidió ayuda de inmediato, y fue así como Daniela llegó a tratamiento conmigo.

Lo que ella explicaba era que se hacía daño para perder el tiempo, y que sentía que pasaban unos cuantos minutos, cuando en realidad podía pasar horas en la intimidad cortándose y sintiendo cómo la sangre corría por su piel. *"Me distrae de todo, cuando no quiero pensar en nada. Sólo así logro que todo pase a segundo plano: las preocupaciones se van y me siento más tranquila"*. En ocasiones, Daniela "despertaba" en la tina para descubrir que habían pasado dos horas, y que se encontraba bañada en sangre. Durante el tratamiento, Daniela reveló que había sido víctima constante de abuso sexual por su medio hermano -hijo del primer matrimonio del padre-, más o menos desde los cinco años hasta los doce.

Fue un caso difícil, pues a pesar de entender cuál era el origen del síndrome de automutilación que sufría la joven, no encontrábamos la manera de pararlo. Hasta que en una sesión, por medio de una hipnosis breve, ella fue describiendo cómo se tranquilizaba mientras se cortaba con el exacto, aunque siempre tenía una sensación de quemazón. ¡Alto! –La detuve para que se escuchara-, *¿no describiste la sensación de ardor en la vagina y quemazón* *en todo el cuerpo, al haber sido penetrada por tu hermano?* Daniela empezó a llorar desconsoladamente: *¡Es una locura, es una verdadera estupidez! ¿Por qué quiero generarme los mismos sentimientos que tanto odiaba cuando era niña?* –gritó Daniela, después de pasarle varios pañuelos desechables, y de experimentar un momento importante de catarsis. Daniela descubrió que siempre se había sentido culpable por el abuso de su hermanastro; y aunque aparentemente lo había superado, la automutilación le permitía castigarse por lo ocurrido, y le generaba la misma sensación dolorosa de quemazón que experimentaba cuando era penetrada.

Analicemos el porqué del sentimiento de culpa de Daniela, cuando ella y nadie más, era la víctima en esta situación; pero para entender mejor, revisemos primero cómo se manejan los conceptos de culpa y enojo en nuestra cultura: en primera instancia, es un hecho que una de las caras oscuras del enojo es la culpa. Pero..., ¿por qué? Porque en nuestra cultura judeocristiana nos han inculcado que los "niños buenos" no se enojan, sino que se aguantan, se sacrifican, y sienten culpa; y nos han grabado en la mente que el aceptar y expresar el enojo y la desaprobación hacia alguien, nos convierte en "malos". Entonces, aunque no nacemos con la capacidad de sentir culpa, convertimos el enojo reprimido en ella porque es más fácil para el "yo" (esencia de cada individuo), sentir culpa; y así mostrar que somos "buenos" ante los ojos de los demás.

Y aplicando todo esto al caso de Daniela, es lógico que ella estuviera muy enojada: con su hermanastro, por los años de violencia y abuso hacia ella; con sus padres, por ponerla en esta alta situación de riesgo, al permitir que conviviera con un adolescente problemático y abusivo; y consigo misma, por haber tolerado y permitido tantos años de sufrimiento. Claro que no estaba en su control el que su hermanastro la violara; pero sí estaba en ella la responsabilidad de reaccionar, para no permitir el automaltrato por tanto tiempo. Y en todo esto, como Daniela no podía mostrar su enojo, se fue llenando de un sentimiento de culpa; y en sus baños -que podían durar hasta dos horas-, evocaba a manera de castigo, sentimientos negativos que le permitían, inconscientemente pagar por la culpa que había cargado. Ella simplemente "despertaba" del trance sintiendo las nuevas cicatrices y oliendo la sangre fresca. La joven tenía rabia, vergüenza, decepción, miedo, frustración..., todos sentimientos reprimidos; y su manera de lidiar con ellos era mediante la retroflexión, al automutilarse.

Daniela tuvo un proceso terapéutico maravilloso, donde aceptó que había sido víctima de abuso sexual. Lo entendió, y aprendió a identificar el enojo hacia su hermano y hacia sus padres. Pudo entender y abrazar con profunda compasión a esa niña que había sido violada, se reconcilió con ella, recobró el derecho a molestarse, y a enojarse con los demás; y sobre todo, aprendió a perdonarse por haberse hecho tanto daño durante tantos años. Cuando todo este proceso se consolidó, Daniela dejó de lastimarse.

Hoy en día, Daniela es una exitosa psicóloga, especialista en mujeres adolescentes que han sufrido abuso sexual, y que padecen el síndrome de automutilación.

¿Y cómo se relaciona la automutilación con el tema fundamental de este libro..., el suicidio? Quien está cerca de suicidarse, en la gran mayoría de los casos, se ha infligido previamente algún tipo de automutilación, la cual llega a ser insuficiente; y al necesitar aún más, la persona percibe que la única alternativa que queda es la muerte, pues ha seguido acumulando: enojo vestido de culpa, frustración, decepción o ira; sentimientos dolorosos que la automutilación no ha aliviado. Pero... ¿por qué, si expresar el enojo hacia los demás de manera retroflectiva no ha funcionado, funcionará el suicidio? Visto desde esta perspectiva, este acto no tiene sentido. El quitarte la vida, no necesariamente, aliviará tu enojo hacia los demás. Nadie ha regresado del más allá para contarlo, pero cabe la posibilidad de que, aun muerto, sigas enojado.

A través del acto suicida el individuo orienta, hacia sí mismo, la agresión que experimenta contra los verdugos de su historia, y los ubica en su propio cuerpo y en su mente; y por medio de este recurso crea la fantasía de que se puede librar de ellos. Por lo tanto, la muerte es vivida como una auténtica liberación, o como una venganza hacia los perseguidores.

El suicida tiene el siguiente pensamiento: *No es justo que sea yo quien cargue con esta culpa. Ya que ustedes no me han comprendido, ni me han ayudado a librarme de ella, me mato para que ustedes sean quienes ahora deban cargarla.* La realidad es que el suicidio, en efecto, generará culpa en los cercanos, pero no solucionará el que no hayas aprendido a defenderte. Como te estarás dando cuenta, el acto de lastimarnos para castigar a alguien más, no resuelve nada.

Es esencial que aprendas a expresar tu enojo en forma abierta y directa; lo cual no significa, necesariamente, lastimar a los demás. No debes irte al otro extremo al pensar que el sentirte enojado te da el derecho de herir o insultar a quienes te han hecho daño. Sería un acto vil de venganza el comportarte de la misma manera que sufriste, con las personas que te han lastimado. No queremos que un suicida para sanar se convierta en un asesino. Lo que realmente necesitas es aprender a liberarte del enojo, entender tu historia compasivamente, y reconciliarte con ella. Es fundamental que trabajes para dejar atrás los fantasmas que te persiguen y no te dejan estar en paz -si yo lo he conseguido, a través de un proceso personal, seguramente tú puedes lograrlo también.

El primer paso para liberarte es aceptar que estás enojado y que tienes derecho a estarlo. El aceptar tu enojo implica conocerlo; y para lograrlo, forzosamente tienes que remontarte a los patrones y marcos de referencia con los que fuiste educado, para lograr comprender más a fondo el origen de este sentimiento que has reprimido y que te está haciendo daño. Por ejemplo: en algunas familias como la mía, la expresión del enojo siempre ha sido prohibida; pero en otras, la ira no sólo es permitida, sino que es fomentada a manera de violencia. En ninguno de estos casos extremos se logran comportamientos asertivos, porque cuando los niños son educados a temerle a su propio enojo como si fuera un tipo de monstruo del que hay que huir, es cuando el enojo se convierte en un enemigo. En este tipo de familias disfuncionales, cuando se experimenta un sentimiento de enojo, automáticamente se convierte en culpa, ya que sentimos que lo que está pasando con nosotros está "mal"; y por lo mismo, merecemos castigo. En cambio, en las familias funcionales, el enojo es aceptado como un sentimiento que es natural y necesario en la solución de conflictos. En ellas, se ponen límites en la forma, pero no en el fondo o en el origen de este sentimiento; es decir, que se permite el enojo, pero con límites de no agresión intrafamiliar. En este tipo de familias, el enojo no es un enemigo, es un sentimiento más que convive en la dinámica familiar.

A lo largo de mis años como terapeuta he conocido personas que, cuando sienten y experimentan enojo, creen que están rayando en la locura; o bien, que a la menor sensación de estar molestos o intolerantes, sienten que van a perder el control, y que van a lastimar a los demás; y entonces, una vez más, se sienten culpables. Y he observado que con este tipo de comportamientos es muy frecuente que, lo que se aprende a través del tiempo para manejar los impulsos agresivos, sea el lastimarse a sí mismos.

También el manejo del enojo, a nivel social, es importante de revisar porque es un factor que influye en nuestro comportamiento; y además, me parece muy interesante por lo confuso y lo contradictorio que es. Hablemos, por ejemplo, de cómo está totalmente aceptado el que un jugador de fútbol se enoje en un partido, y que pegue de gritos cuando considera injusta una falta que señala el árbitro. Asimismo, en las películas de héroes es admitido que el protagonista golpeé, ahorque y dispare a los "malos", o a cualquiera que se lo "merezca". En las caricaturas, también es aceptable que alguien llegue a la ira, y lastime a otro para desquitarse. Sin embargo, en la vida diaria, la muestra de enojo no está socialmente permitida; y esto se debe a que aprendemos, y luego enseñamos que una vez que estamos enojados, necesariamente tenemos que hacer algo agresivo. Odiamos la violencia, pero la buscamos en los deportes, en las películas y en los programas de televisión; y estamos convencidos de que el enojo vehemente nos llevará, forzosamente, a hacer algo destructivo.

Esto no necesita ser así: el enojo es necesario…, la violencia es reprochable. El enojo es natural, pero lastimarse para producirse dolor a uno mismo o a alguien más, es enfermo. Necesitamos aprender a reconocer el enojo, a validarlo, a sentirlo y a expresarlo sanamente; respetando a los demás y a nosotros mismos, sin llegar a la ira, sin llegar a la violencia, y sin llegar al abuso físico o emocional.

En tu caso particular es probable que, de la misma manera que me pasaba a mí hace unos años, no conozcas muy bien tu propio enojo (de dónde viene, hacia quién va dirigido, qué hacer con él). Es fundamental trabajar con él, porque el enojo que no se expresa se convierte en una bola de nieve que se puede convertir en una avalancha…., y ¿quién deberá pagar los platos rotos? Por supuesto que tú. Y exactamente ese es el ciclo que necesitamos romper: el manejo enfermo del enojo. Necesitamos aprender a aceptar este sentimiento, igual que lo hacemos con la alegría, con la tristeza, con el miedo; y aprender a expresarlo sin castigar a los demás, y sin ser nuestro propio verdugo.

Tengo un paciente universitario, Juan Carlos, que viene a consulta porque tiene problemas de "manejo de ira". Después de vivir serios problemas con su agresión hacia los demás, él decidió que para evitar pegarle a los maestros o a sus papás cuando estuviera enojado, le pegaría a la pared hasta sacar toda la cólera que sentía. En efecto, golpear una pared resultaba mejor negocio que golpear a su papá; sin embargo, al preguntarle qué tan seguido hacía eso, me contestó: *Más o menos dos veces a la semana. ¿¡Dos veces a la semana...!? ¿¡Y no te has lastimado!?* -pregunté asombrado. *Sí, de hecho me he roto los nudillos dos veces, y tres dedos de la mano* -contestó sonriendo. ¡No, no, no, no...! Eso no es un manejo sano del enojo. Golpear una pared en el caso de Juan Carlos no es funcional, ya que sigue siendo retroflectivo: no lastima a nadie, pero se hace daño a sí mismo.

En las sesiones de terapia con Juan Carlos, hemos trabajado que puede golpear el colchón de su cama, apretar un cojín hasta estrangularlo, y hasta se compró una pera de box para golpearla y expresar esa energía proveniente del enojo. Gracias a esto, el joven ha conseguido no hacerse más daño, y no lastimar a los demás. Esta ha sido una buena solución para la expresión de su enojo y su catarsis. Estas medidas han permitido solucionar lo urgente: evitar que Juan Carlos se siguiera haciendo daño. Habiendo logrado lo urgente, nos hemos puesto a trabajar en lo más importante: la exploración y análisis de la fuente de su ira, del problema real, que ha sido el que ha generado estas reacciones violentas en el comportamiento cotidiano de Juan Carlos.

De la misma manera que Juan Carlos pudo expresar su ira de una forma más segura y conveniente, para cada uno de nosotros existe una forma de manejar sanamente esta emoción, dependiendo del matiz de nuestros enojos y de nuestra personalidad. Pero es importante encontrar esta forma de desahogo, ya que la ira puede ser nuestra aliada si dejamos de evitarla, y la canalizamos de una manera constructiva.

Para conseguirlo, necesitas primero ir reconociendo tus emociones, y cómo se sienten en tu cuerpo. Necesitas ir identificando si lo que sientes en el pecho es realmente coraje, o si es más bien tristeza; si lo que sientes en el estómago es rabia, o es miedo; si lo que sientes en la garganta es ansiedad, o más bien es impotencia. Cuando logramos identificar lo que sentimos y lo aceptamos, podemos darle una salida congruente y sana a nuestras emociones.

Existen diferentes tipos o escuelas de psicoterapia; y en general, todas buscan lo mismo: mejorar la calidad de vida del paciente, mediante la liberación del dolor emocional; y conseguir, a través de la conciencia, el enfoque correcto para la atención de sus propias necesidades. Por ejemplo, una técnica de psicoterapia Gestalt para trabajar el resentimiento hacia el padre, es invitar al paciente a pegarle a un cojín que lo represente; para poder, de esta manera, liberarlo del enojo antes de que se debilite e incurra en la retroflexión -que expliqué anteriormente-; o bien, antes de que recurra a la violencia. En sesiones grupales, se le invita a que escoja a otro miembro del grupo, que jugará el papel del padre, para que le pueda expresar su enojo, y todo el resentimiento que ha guardado contra él.

Así que, si logras conocer y entender tu enojo, si aprendes a reconocer qué síntomas te está generando esta emoción tan poderosa, podrás perderle el miedo para no permitir más que te controle; y de esta forma, serás capaz de utilizar esta energía para planear un proyecto constructivo de vida y modificar tus patrones de relación.

Para terminar, te pido que recuerdes esto: enojarse es natural, es sano. Enojarse con nosotros mismos y con los demás, es normal. Pero el regresar este enojo hacia ti, de manera destructiva, no es normal, no es sano y no es constructivo.

Así que antes de quitarte la vida para demostrar cuán "enojado" estás con los demás, considera que tu suicidio no habrá generado nada, no habrá contribuido a nada, no habrá cambiado nada. Estoy de acuerdo en que valides tu enojo y lo demuestres, pero... ¿tiene que ser necesariamente quitándote la vida? Sinceramente, espero que no.

VACÍO EXISTENCIAL

La ideación suicida, generalmente, está en estrecha relación con el vacío existencial. Quien está considerando suicidarse, ha perdido la esperanza de que algo "bueno" puede estar por venir; es decir, que ha perdido el sentido vital y está experimentando una gran desesperanza. Y por eso quiero platicarte en este capítulo, a profundidad, lo que es y lo que representa el "vacío existencial".

Realmente quisiera saber algo de tu vida. Quisiera conocer tu género, tu historia de vida; pues seguramente así podría ayudarte mucho más. Si tan sólo conociera tu edad, podría enfocarme con más detalle a tu crisis específica de desarrollo; podría ser más empático. Pero ya que no puedo hacerlo, te hablaré como si tuvieras cualquier edad, te hablaré como lo que eres: un ser humano sufriendo, y nada más.

Yo tengo casi cuarenta... No soy un sabio, pero sé algo de lo que es ser niño, adolescente, adulto joven, y ser un "señor". Sé lo que es enamorarse, y sufrir después por ello; sé lo que es tener responsabilidades laborales; sé lo que es estar casado, y atravesar por crisis matrimoniales; sé lo que es pagar una hipoteca a 20 años, para tener un lugar pequeño donde vivir; sé lo que es haber tenido éxito, y también lo que significa haber fracasado en proyectos. Sé cómo se siente el júbilo y la depresión, el amor y la pérdida, la amistad y la traición. Sé lo que es vivir en una ciudad peligrosa, sé lo que es haber sido secuestrado, sé lo que es acompañar a alguien a morir. No he experimentado la vejez, no he estado enfermo crónicamente, no he enviudado, no he sufrido dolor crónico, no he estado nunca cerca de morir; sin embargo, me he sentido solo y sin rumbo, y he sentido deseos de morir. Por todo esto que he vivido, que me ha marcado y que me ha enseñado, creo que puedo ponerme en tus zapatos para entender cómo se siente ese vacío en tu existencia, ese hueco en el alma que parece no llenarse con nada, que te desconecta de la vida, y que te convierte en un muerto en vida.

Pero..., ¿qué es el vacío existencial? Heidegger (1889-1976), ya había hablado de la falta de sentido vital, definiéndolo como "anonadamiento", para describir cuando una persona experimenta "la nada", y percibe únicamente la "inhospitabilidad del mundo". La Asociación Mexicana de Alternativas en Psicología (2009), define el vacío existencial como: "La sensación de falta de sentido en la vida, de tedio, de no saber para qué se vive; lo cual, lleva al aislamiento y al deterioro de la relación del individuo, con la familia y con la sociedad". El fundador de la Logoterapia, Víktor Frankl (1905-1997), visualiza el vacío existencial como: "La pérdida del sentimiento de que la vida es significativa. La experiencia de una vaciedad íntima, y de un desierto que se alberga dentro de sí. Un sentimiento de vacío interior y de absurdidad de la vida, una incapacidad para sentir a las cosas y a los seres".

La realidad es que el vacío de la existencia suele relacionarse con frustraciones en forma continua, e incapacidad para concretar propósitos individuales. Esto se debe, en gran medida, a la realización de actividades rutinarias que dejan poco espacio a la creatividad; y sobre todo, a la falta de afecto enriquecedor en las relaciones interpersonales. La falta de sentido vital va de la mano con estados de angustia, momentos de alteración, tensión o ansiedad; sin que haya, necesariamente, algo que los provoque. Así, la persona afectada se siente en peligro, se siente constantemente preocupada y sola; y ha perdido la motivación y el interés por lo que ocurre a su alrededor, al presentar períodos depresivos y una visión de la vida negativa y catastrófica.

El vacío existencial no es un fenómeno particular; es decir, que no sólo te ha ocurrido a ti, sino que una buena parte de la población mundial lo experimenta. Con esto no quiero implicar que "consuelo de muchos es consuelo de tontos"; pero, debido a la gran despersonalización que generan las grandes sociedades industrializadas actuales, que se han hecho dependientes de la tecnología, el ser humano, frecuentemente, se encuentra experimentando este sentimiento de pérdida del sentido en su vida, en el cual tiene la sensación de que la vida no vale la pena de ser vivida. Estamos educados a que lo más importante es producir, y vivimos en ciudades donde hay poca identidad individual, y donde las manifestaciones culturales y artísticas han perdido valor para ser sustituidas por una mercadotecnia consumista. Nos hemos convertido en autómatas del trabajo. Buscamos tener dinero para comprar artículos que nos permitan pertenecer a una sociedad vacía, donde parecería que "nada es suficiente". Vivimos rodeados de gente, e irónicamente, nos sentimos solos.

Este distanciamiento afectivo de las relaciones humanas actuales genera, cada vez más en las personas, una desconfianza creciente en los demás. El problema mayor es que al "no poder confiar en el ser humano", la persona desarrolla la creencia de que tampoco puede confiar en sí misma; y esta idea provoca que la persona se sumerja en una espiral de soledad. En estos círculos viciosos de sentimientos y creencias nocivos, a mayor soledad, mayor frustración, mayor desesperanza, mayor desconexión de la vida; y, por consecuencia, mayor sensación de incapacidad para enfrentar lo que nos demanda nuestro medio ambiente, lo que nos lleva a sentirnos profundamente perdidos. Esto se manifiesta en que la persona ya no busca actuar y realizarse en su día a día, en que deja de anhelar metas, y en que no es capaz de percibir la posibilidad de que su vida cotidiana trascenderá hacia sentimientos de gozo y plenitud.

La conformación de un sentido de vida pleno, va de la mano con el valor de pertenencia que tenga el individuo con los grupos sociales en los que interactúe, con el planteamiento asertivo de un proyecto de vida, y con la significación y satisfacción que experimente en las actividades que realice en su día a día. Pero en una realidad cultural cada vez más plural y competitiva, no sólo es cada vez más difícil definir un proyecto de vida, sino que cada vez es más complicado llevarlo a cabo. Además, las sociedades modernas, cada vez más individualistas, generan dinámicas sociales impersonales; donde el contacto humano se desvanece, y en ocasiones se anula por completo. Un ejemplo de esto es el uso generalizado del internet (uso del e-mail, los "chats" y las redes sociales, como el facebook y el twitter). Así que hoy en día, en gran medida, el contacto social se ha convertido en un contacto virtual; el cual inhibe el contacto físico real entre dos seres humanos. Y es por esto comprensible, que el origen del vacío existencial, necesariamente, vaya de la mano con una desvinculación del individuo de su medio social. Tal como Durkheim comentó: "Cuando la persona se individualiza más allá de cierto punto, si se separa demasiado de los demás seres o cosas, se encuentra incomunicado de las fuentes mismas de las que normalmente debería alimentarse". Por lo tanto, una vida sin arraigo social, que es la principal fuente de fecundación del ser humano, genera necesariamente, una vida sin sentido.

Cada vez es más común que escuche en mi consultorio frases como: *"Me siento vacío..."*, *"Me siento anestesiado..."*, *"No sé a dónde voy..."*, *"Tengo muchas cosas que hacer, y a pesar de ello me siento insatisfecho..."*, *"Me siento profundamente solo..."*. Y estas confesiones me han llevado a profundizar en lo que frecuentemente aflige al ser humano de hoy; y me he dado cuenta que ese sentimiento de soledad generado por el vacío y la falta de significado en la vida, es el lugar de donde surge la ideación suicida. Así es, la soledad provoca que la gente empiece a pensar que la muerte puede ser mejor que la vida; y es esta soledad devastadora, la que puede convertirse en nuestra asesina.

Pero en este análisis, es importante diferenciar entre "sentirse solo" y "vivir en soledad". Vivir en soledad tiene que ver con la carencia de compañía, que no necesariamente implica el sentirse solo. Por ejemplo, en este momento estoy escribiendo este capítulo en una terraza de un hotel en Tepoztlán, no hay absolutamente nadie conmigo, y me siento tranquilo, confiado, y disfrutando de mi propia compañía. Por el otro lado, en otros momentos he estado rodeado de gente, en comidas familiares o reuniones sociales, y me he sentido totalmente solo y sin apoyo. No debemos confundir el "estar solo"..., el estar sin compañía, con el "sentirse solo"..., sentirse aislado y desamparado.

Mucha gente con la que he trabajado no tolera estar sola, sin compañía; y lo confunde con sentir soledad. Esto tiene que ver con que el sentimiento de soledad constituye una experiencia básicamente subjetiva; ya que hay personas que pueden sentirse solas aun estando en compañía; y personas que estando solas, sin compañía, no sienten la soledad.

Actualmente, estoy trabajando con Alfredo, un hombre de 29 años que está enfrentando un proceso de divorcio. Alfredo se mudó del hogar conyugal a un departamento, en el momento de la separación; y me reporta que cuando se separó de su mujer -hace aproximadamente 8 meses-, no toleraba estar solo ni un minuto. Los primeros meses, nunca cenaba solo en su nuevo departamento, y procuraba salir a cenar todos los días; salía a bares, y buscaba constantemente acostarse con diferentes mujeres, a las cuales no quería volver a ver. Todo esto le generó una sensación de vacío y soledad. *No tolero estar solo en mi casa...* –afirmó cuando le pregunté qué era lo que lo motivaba a buscar este tipo de aventuras. *¿Tan mala compañía te consideras para ti mismo?* —pregunté después de escucharlo un buen rato.

Conforme hemos ido trabajando en terapia, hemos ido desenmascarando el hecho de que él nunca se ha considerado un hombre interesante, divertido o valioso. Siempre ha tenido un bajo concepto de sí mismo, y no se imagina que alguien quiera pasar tiempo con él, si no hay sexo de por medio. Riéndose conmigo, descubrió que siente que es mejor estar acompañado por alguien, aunque sólo sea por sexo, que sentirse totalmente solo. Gracias al proceso terapéutico, Alfredo se ha dado cuenta de que realmente no disfruta estos encuentros sexuales, y de que se han ido convirtiendo en un ciclo vicioso: después de que ocurren se siente más solo; pero como no tolera estar consigo mismo en su departamento, busca más encuentros de este tipo; y así sucesivamente. Alfredo ha sacrificado su autoestima por buscar compañía; para al final, conseguir sentirse cada vez más devaluado y sin sentido vital.

Ciertos factores que influyen, de manera importante, para que se manifieste en nosotros y nos haga sufrir este angustioso sentimiento de soledad, es que no estemos satisfechos con nosotros mismos, que no nos sintamos valiosos con lo que somos y con lo que hacemos, y que no hayamos aprendido a "mirarnos" y a disfrutarnos.

Hace poco, Alfredo tuvo la tarea terapéutica de viajar solo. *¿Estás loco?* -preguntó cuando se lo sugerí... *¡Me la voy a pasar deprimido y aburrido esos seis días en la playa!* -argumentó, ante mi insistencia de que intentara disfrutarse a sí mismo, y gozar de esta oportunidad. La tarea implicaba "no ligarse a nadie", y buscar pasarla bien consigo mismo. Así que, finalmente, Alfredo se fue en un VTP a una playa, por seis noches. Cuando regresó estaba asombrado con lo bien que la había pasado. No sólo sobrevivió a la soledad del viaje, sino que logró no sentirse solo, y disfrutar de las puestas de sol, de los paseos por la playa y de las noches estrelladas.

Al paso de las sesiones, Alfredo ha ido descubriendo su valía, y se ha ido dando cuenta de que es una excelente compañía. Ahora, disfruta cenar en casa y pasar tardes escuchando música y leyendo en su balcón; e irónicamente, aunque hay varias mujeres interesadas en salir con él seriamente, quiere tomarse un tiempo para elaborar el duelo de su matrimonio, y para disfrutar más tiempo consigo mismo. El punto importante del caso de Alfredo es el siguiente: el verdadero enemigo no es el estar solo, sino el miedo que nos genera la soledad. Estoy convencido que gran parte de la receta para recobrar nuestro sentido vital, y para darle significación a nuestra existencia, es hacer conciencia de que podemos ser una gran compañía para nosotros mismos.

Y hablando de este asunto tan profundo de la soledad, te pido a ti que analices si sientes un vacío existencial: revisa si no le encuentras sentido a tu vida y si, al igual que Alfredo y muchos otros, te sientes profundamente solo. Si es así, necesitas aprender a mirarte y a disfrutar el estar contigo mismo. Hasta que identifiques y aceptes que eres único e irrrepetible, y que eres valioso; hasta que contactes con tus cualidades y logres realizar actividades que te signifiquen y te hagan sentir satisfecho, descubrirás que estar solo no es lo terrible que pensabas.

Otro factor importante que puede contribuir a generar un vacío existencial, es el vivir a través de los demás. Es común, por ejemplo, que a las "mamás de tiempo completo" les suceda que, después de dedicarse a cuidar de su hogar y vivir únicamente para sus hijos y su marido, un día abran los ojos y se enfrenten a una gran sensación de vacío, y de falta de sentido en su vida. Y esto les sucede cuando descubren que sus hijos ya no las necesitan, y que tienen un marido que comparte muy poco tiempo con ellas.

El estudio más profundo en este tema del vacío existencial o pérdida de ese maravilloso sentimiento de que nuestra vida tiene un significado, fue realizado por el Dr. Víktor Frankl, quien en 1963 definió estos síntomas como *neurosis noógena* o neurosis causada por problemas de tipo espiritual: "conflictos de conciencia, colisión de valores y sensación de carencia de sentido"; para ser tratados por la Logoterapia (3a escuela vienesa de psicoterapia), que fue creada por este médico eminente a partir de sus experiencias en campos de concentración nazis.

Y nos dice Frankl que la persona llega a manifestar este vacío interior con un aburrimiento de la cotidianidad, y con un hastío y pesadumbre de la propia rutina; o bien, con sentimientos de angustia o ansiedad ante la necesidad de tapar la soledad con múltiples ocupaciones laborales, familiares y sociales. "Considero el ritmo acelerado de la vida actual como un intento de automedicación, aunque inútil, de la frustración existencial. Cuanto más desconoce el hombre el objetivo de su vida, más trepidante ritmo da a su existencia", Frankl. Para él, una de las principales razones que generan estos sentimientos, es la necesidad actual de la persona de cumplir con las expectativas de la sociedad, sacrificando sus necesidades y deseos.

Y continúa Frankl diciéndonos que el sentido no se puede fabricar: "El sentido de la vida no se da, sino que cada quien debe descubrirlo desde su individualidad irrepetible; por lo tanto, la búsqueda del sentido es la esencia de la existencia". Y este descubrimiento, implica percibir una posibilidad desde el trasfondo de la realidad; es decir, no podemos cambiar la realidad, pero podemos cambiar la percepción que tenemos de ella. Y al percibir nuestra existencia de una manera diferente, en la gran mayoría de los casos, podemos darle un propósito a la misma; o sea, que logramos descubrir el sentido de cada situación, y captar el aprendizaje que ésta nos brinda. No hay situación alguna, por dura que ésta sea, en que la vida no ofrezca una posibilidad de sentido, así como no existe persona a la que la vida no le haya impuesto algún tipo de dolor emocional.

Según Frankl, aunque el hombre está condicionado por factores biológicos, psicológicos y sociales, tiene la posibilidad de ser libre para determinar y elegir qué postura y qué actitud tomará ante estos elementos condicionantes. Es decir, que somos libres y responsables para decidir qué hacemos con lo que nos pasa…, cómo actuamos ante nuestra realidad de vida; ya que, a las circunstancias que nos rodean, no las podemos controlar.

Así es, tenemos que entender que es muy frecuente que no podamos controlar las circunstancias externas. Es muy común que los pacientes lleguen enojados a terapia porque algo no ha salido como ellos quieren (una relación de pareja, un trabajo, un hijo, el reconocimiento laboral). La realidad es que la vida no siempre sale como uno la planea… Por más esfuerzos que hagamos para controlar las variables de la vida, rara vez el resultado es igual a lo que habíamos esperado. Cada semana, sin exagerar, me llama por lo menos un padre de familia quejándose de su hijo adolescente: *"Es que yo quiero que se corte el pelo, porque parece hippie.", "No me parece el novio que escogió, y quisiera que la ayudaras a terminar con él.", "No nos parece que sea músico, quisiéramos para él una carrera más formal.", "Después de tantos años de llevarla al ballet, quiere dejarlo; y queremos una terapia para que se dé cuenta de que está en un error.", "Mi hija se quiere hacer un tatuaje, y quiero que la convenzas de lo contrario.", "Acabamos de descubrir que nuestro hijo es homosexual, y te pedimos que le ayudes a darse cuenta de que eso está mal.".* Cada semana, les explico que no puedo transformar a su hijo y manipularlo para que cumpla con sus expectativas. El que un hijo no sea exactamente como lo imaginamos y como lo deseamos no significa que tenga un problema emocional; al contrario, significa que es único, irrepetible, y que necesita encontrar su lugar en el mundo con su propia naturaleza. El arte está en aprender a conciliar la educación de los padres, con la total aceptación de la esencia y decisiones de vida de los hijos. No podemos controlarlo todo y a todos para cumplir nuestras propias expectativas, pues depender de que los demás satisfagan nuestras necesidades es limitar la libertad de ellos y la nuestra.

Y a este respecto del control que queremos ejercer sobre las personas y circunstancias que nos rodean, quiero resaltar lo que nos sucede frecuentemente: al no salir las cosas como esperamos, terminamos frustrados, con enojo, con insatisfacción, y a veces hasta con miedo, pues nos sentimos inseguros al no poder llevar el mando; y entonces, nos vivimos preguntándonos el "¿porqué?" de lo que estamos viviendo. Esta pregunta que brota naturalmente en circunstancias adversas, al final no nos da ninguna respuesta ni nos conduce a ningún lugar, y sólo nos lleva a experimentar sentimientos que nos dañan. Entonces, es necesario que la transformemos en otra pregunta profunda y trascendente: "¿para qué?"..., "*¿Para qué me está pasando esto...?*"; pregunta esencial que nos permitirá y ayudará a aceptar que no estamos en control de muchas de las variables a nuestro alrededor, pero que sí podemos elegir libremente una actitud positiva frente a lo que nos sucede, y aprender de la realidad que no podemos cambiar.

Hace dos años trabajé con Karla, una mamá primeriza cuyo bebé nació ciego. El impacto de la noticia hizo que su vida se volviera totalmente disfuncional. *Yo quería un bebé normal, no un discapacitado* –afirmó cuando le pregunté cómo se sentía con respecto a su hijo. "*Yo me imaginaba algo totalmente diferente... ¿qué hice mal para merecer esto?*". Karla vivía como un castigo el que su hijo hubiera nacido sin el nervio óptico propiamente desarrollado. *¿Por qué a mí me tocó vivir esta tragedia?* –preguntaba frecuentemente. *¿Y por qué no?* –le respondí una vez, con firmeza; y Karla me miró con recelo. "*¿Por qué tú tenías que ser totalmente invulnerable a que tu hijo tuviera un problema congénito?*" "*¿El que tu hijo sea ciego te impide amarlo y aceptarlo?*". Durante un proceso terapéutico breve, Karla descubrió que ella, hasta ese punto, había deseado un hijo para que éste cumpliera con sus expectativas, y no para amarlo incondicionalmente.

El que Karla buscara la respuesta al "¿porqué?" de que hubiera tenido un hijo ciego, sólo le había generado resentimientos y sentimientos de vergüenza y desamparo, que la alejaban de disfrutar su maternidad. Cuando empezó a aceptar la realidad y la esencia de su bebé, cuando pudo desviar su mirada hacia el "¿para qué había tenido un hijo ciego?", pudo encontrarle un sentido a lo que estaba viviendo, y logró disfrutar plenamente de la experiencia de ser madre. *"Tuve un hijo maravilloso con una discapacidad visual; para amarlo profundamente, para aceptarlo tal y como es, y para acompañarlo a ver con el corazón lo que no puede ver con los ojos..."*. Cuando escuché a Karla decir eso, me sentí tan conmovido que lloré con ella. Enfrente de mí estaba una mujer que estaba dispuesta a gozar de su maternidad, aunque ésta no fuera como ella la había planeado.

La libertad, entonces, se manifiesta en nuestra lectura de la vida, y en nuestra elección de cómo enfrentarla. La felicidad no radica en la perfección o en que la vida nos ofrezca exactamente lo que le hemos pedido, sino en nuestra capacidad de encontrar un sentido, un "¿para qué?" constructivo y positivo. Es necesario que tengamos claro que cada situación, por difícil que parezca, nos ofrece algo nuevo y significativo que aprender. Recapitulando, la búsqueda de sentido vital implica, tanto la aceptación de nuestra realidad, como el cambio radical de la actitud que hasta ese momento hemos tomado ante ella. Necesitamos aprender a encontrarle un sentido a nuestro dolor, a nuestras pérdidas, al hecho de que la vida no sale siempre como lo esperamos. El gran filósofo Nietsche tenía razón al decir: "Aquel que tiene un "porqué" vivir, pese a la adversidad resistirá, porque se puede enfrentar a todos los "cómos".

Y volviendo a mi plática contigo, todo esto va encaminado a enfocarnos en tu situación actual. Sé que estás viviendo una experiencia de mucho dolor y sufrimiento, al grado de estar considerando el suicidio; y es por eso, que estoy seguro de que, además de sentirte solo, estás experimentando un gran vacío existencial.

¿Y cómo hallamos el sentido en nuestra existencia? Frankl pone un énfasis especial en el tema de los Valores; ya que según su teoría: "Son éstos los que impulsan al hombre a encontrar el sentido en las diversas situaciones a las que se enfrenta. Los valores llaman la atención y orientan la intención de la persona que los percibe", y son de tres tipos:

☐ Valores de Experiencia.- Son los que permiten a la persona recibir regalos gratuitos de los otros seres humanos, del mundo, del cosmos y, si es creyente, del Todopoderoso. En su libro "El hombre en busca del sentido" (1963), Frankl relata que, en ocasiones, el único motor para seguir adelante en los campos de concentración era esperar un bello atardecer. Así, es totalmente válido encontrar un sentido al gozar de ciertas experiencias estéticas, como disfrutar de una obra de arte, de una buena película o de las maravillas naturales. De igual manera, podemos encontrar un sentido en un abrazo de alguien que amamos, o al gozar de la compañía de un buen amigo.

- Valores de Creación.- Son aquellos con los que el hombre le responde a la vida, a través de su propia conducta y actuación; dándose al mundo en forma de trabajo, servicio y ofreciendo a los demás sus actos de amor, de creación o transformación; o sea, es darnos creando. Esto se lleva a cabo mediante los propios proyectos; o mejor dicho, comprometiéndonos responsablemente con nuestro proyecto de vida. Incluye también el brindarle apoyo a un ser querido, hacer algo para mejorar nuestro medio ambiente o sublimar nuestras necesidades y ser generosos con los demás. Dentro de los campos de concentración, Frankl encontraba un sentido vital al apoyar a quienes estaban deprimidos o desesperados; y lo hacía brindándole una escucha activa a quien sufría. Este valor de creación le permitía seguir adelante a pesar de la adversidad.

- Valores de Actitud.- Se refieren a la actitud que la persona necesita tomar ante situaciones de tragedia, para dar sentido al dolor inevitable que se le presenta, al enfrentar dignamente su sufrimiento. Implican la aceptación de la realidad, para ser capaz de darle un sentido positivo al sufrimiento. Dentro de los valores actitudinales se encuentran la compasión, la valentía y el sentido del humor. Frankl explica que, "cuando el hombre se enfrenta a una situación dolorosa que es incapaz de alterar, a través de sus actitudes de valor, autoestima y dignidad se le puede revelar el sentido más profundo". En su libro, brinda un bello ejemplo de este tipo de búsqueda de sentido vital: un paciente, cuya esposa había muerto en los campos, se sentía triste y desolado. Frankl le preguntó: *¿Si usted hubiera muerto antes que ella, cómo cree que ella se sentiría?* El paciente contestó que seguramente hubiera sido extremadamente difícil para ella; a lo cual, Frankl puntualizó que, al haber muerto ella primero, él la había liberado del gran sufrimiento que ahora él experimentaba. Esta perspectiva diferente de la realidad le dio sentido a la pena y el dolor de este paciente, al darse cuenta de que le había ahorrado a su esposa el gran sufrimiento de su propia muerte.

¿Cuándo, en qué ocasiones y con qué elementos te sentiste interiormente lleno, interesado y fascinado, en algún momento de tu vida? Creo que si trabajas para descubrir las cosas y situaciones que te han sido significativas y valiosas, podrás empezar a caminar hacia otros horizontes de salud. Recuerda que el Dr. Frankl explicó que "la motivación fundamental del hombre en su existir es la búsqueda y el descubrimiento de un sentido para la propia vida, y son los valores los que lo guiarán hacia la realización apropiada de su ser".

Por último, los valores experienciales, creativos y actitudinales son necesarios en la búsqueda de una vida con significado; pero Frankl señala que la manera más poderosa de encontrarle sentido a la existencia es a través del suprasentido, que es aquel que te impulsa a creer, por medio de la fe, que existe un sentido último en la vida; es decir, que existe un Ser Supremo que nos dio la vida y nos guía en el camino. El suprasentido implica agradecer al Ser Supremo todo lo que experimentamos, lo agradable y lo doloroso, ya que todo es parte de un plan divino y perfecto que está diseñado específicamente para cada uno de nosotros. Por lo tanto, Víktor Frankl definitivamente repudia el suicidio, ya que pone fin a este plan perfecto.

Ahora que estás sufriendo, y que te encuentras solo y deprimido, quizás sea un buen momento para buscar lo que puedes aprender de esta situación difícil, al dejar de culpar a los demás o a ti mismo de lo que estás viviendo, al analizar las cosas valiosas que rodean tu vida, y al preguntarte el "¿para qué?" de lo que estás experimentando. De esta manera, estarás eligiendo vivir tu dolor con fortaleza y dignidad, y estarás caminando hacia el descubrimiento de momentos significativos que te impulsen hacia la salud.

Al final, recuerda que no podemos cambiar la realidad, y sólo podemos cambiar lo que hacemos con ella.

Y así lo hizo Víktor Frankl: a pesar de haber estado a punto del exterminio, cuando fue liberado y pudo continuar con su camino empezando desde cero, pudo aceptar lo que le había sucedido y afirmó que, después de todo, "la vida es digna de ser vivida". El "¿para qué?" fundamental que realizó con los valores de actitud, fue que logró trascender todo ese dolor en la creación de una psicoterapia más humanizada, llena de amor y de sentido: la Logoterapia. La frase principal que explica y representa toda su teoría logoterapéutica es: "Sí a la vida, a pesar de todo".

La tesis fundamental de esta "Terapia de la Bondad" es: "En cualquier situación en que se encuentre el individuo, lo mismo cuándo se está sano, enfermo o cerca de la muerte, la vida ofrece posibilidades de sentido. Y tener un sentido para la vida es un requisito para la salud mental. El sentido es algo personal e intransferible que debe de ser descubierto por cada uno de nosotros, y lo más maravilloso es que nunca es tarde para descubrirlo. El sentido está, existe, y tu tarea es solamente encontrarlo" Frankl.

No importa cuánto evitemos a la muerte, que ésta llegará; y llegará como necesite llegar. Sin la existencia de la muerte, la vida no tendría sentido.

La muerte es una realidad que provee de sentido a la vida. Si la vida fuera eterna, si no tuviera un final, las experiencias y las acciones podrían posponerse continuamente; y no habría ninguna consecuencia al dejar los proyectos para después, ya que siempre existiría la oportunidad de realizarlos. De esta forma, si la muerte no existiera, el hombre no sentiría la necesidad de responsabilizarse por sus acciones y por su vida. Por lo tanto, la limitación temporal de la vida humana, no es sólo una característica esencial de la misma, sino un factor real que le puede dar significado. Vas a morir, es un hecho, pero no es necesario que lo hagas en este momento.

Entonces, la responsabilidad de la vida sólo puede entenderse en términos de temporalidad y de unicidad. Cuando una persona comprende y acepta que el día que está viviendo en ese momento es único en la historia del universo, y que además es finito, entonces puede aceptar su responsabilidad al existir ese día. Cuando la persona comprende y acepta que su vida es única y finita, puede responsabilizarse de su conducta.

"La vida no pierde su significado con la muerte, ya que el valor de la existencia no se mide por el tiempo que ha madurado, sino por los frutos que ha conseguido". (Frankl 1963)

La vida no encuentra su sentido en la aparente perpetuidad de la raza humana, sino en cada momento de la existencia de cada individuo. Cada momento es infinito en el momento en que se convierte en pasado, pues en ese instante, es "pasado eternamente". Ahí radica su importancia, en que cada momento es eterno, sin importar si es recordado o no... Es eterno, es inmutable. Es por eso que Frankl insiste en valorar cada momento de vida, sea agradable o doloroso. Cada momento de tu vida, incluso este dolor tan grande que estás viviendo, será eterno, será eternamente perfecto.

Si Frankl pudo encontrar un sentido vital..., tú y yo lo podemos conseguir. Si él pudo sobreponerse a una etapa sumamente crítica y dolorosa, tanto tú como yo lo podemos hacer.

El suicidio es rechazar el plan perfecto..., el plan maestro que la vida tiene para ti. ¿Y si mejor intentas encontrar ese "¿para qué?" del que habla Frankl? No pierdes nada, y puedes ganar mucho.

10

¿DEMASIADO DESESPERANZADO PARA CONFIAR?

Cuenta la conocida leyenda de la mitología griega que los dioses, celosos de la belleza de Pandora, una princesa de la antigua Grecia, le regalaron una hermosa y misteriosa caja, advirtiéndole que jamás debería ser abierta. Un buen día, la curiosidad y la tentación pudieron más que Pandora, e impulsivamente abrió la tapa para ver su contenido, liberando al mundo todos los bienes y todos los males capaces de contaminar al mundo con desgracias que contenía la caja. Sin embargo, Pandora pudo cerrar la caja justo antes de que se escapara también la esperanza, que es el único valor que hace soportables las numerosas penalidades de la vida.

No les faltaba razón a los hombres de la antigua Grecia al valorar tanto la esperanza, dentro de este mito. Este sentimiento no es una ilusión ingenua, no es un alivio pasajero al dolor, es más bien: "La certeza de que uno puede, con la ayuda que sea precisa, superar las dificultades". Nietzche expresó algo cierto sobre ella: "La esperanza es un estimulante vital muy superior a la suerte."

Pero desafortunadamente, existe un sentimiento también muy humano, que sucede cuando pierdes la esperanza, y del cual es necesario hablar: la desesperanza. Ésta es una enfermedad del espíritu que supone siempre un desgarro interior, pues está enfocada a la destrucción de los anhelos propios de nuestra naturaleza. La desesperanza es la percepción definitiva de una imposibilidad de logro; suscitada por una resignación forzada, y por el abandono de la ambición y de los sueños.

Es importante no confundir la desesperanza con la decepción o con la desesperación, pues no son lo mismo; aunque pueden estar asociadas, la decepción es la percepción de una expectativa defraudada, y la desesperación es la pérdida de la paciencia y la paz.

Como Humanidad, nos hemos enfrentado a situaciones profundamente críticas y desalentadoras, que han generado un tipo de "desesperanza colectiva". Como resultado de las dos guerras mundiales, después de que Europa se vio colapsada por los estragos de la violencia, surgió una línea de pensamiento que reaccionaba ante un período de crisis de conciencia, a nivel social y cultural. Esta nueva filosofía, llamada *Existencialismo,* muestra la temporalidad de la existencia humana, la inexistencia de un poder trascendental que proteja al hombre, la incapacidad para tener control sobre las variables de la vida y la importancia de la individualidad sobre la colectividad, ya que ni los gobiernos, ni las organizaciones religiosas, ni las organizaciones sociales lograron detener la masacre de la guerra. Los existencialistas afirmaban que el hombre es un ser "arrojado bruscamente al mundo", señalando así el sentir europeo de aquellos años de depresión y vacío, de hogares destruidos, de hambruna y de familias en duelo y pena.

En términos simples, el Existencialismo es una filosofía que parte de la idea de que el hombre existe; y de ahí, cada individuo, pasa su vida cambiando su esencia y su naturaleza, dependiendo de cómo se relaciona con el mundo. El existencialismo propone la búsqueda de uno mismo y el significado de la vida, a través del libre albedrío y del ser plenamente responsable de las decisiones personales, sin la ayuda de leyes, reglas étnicas, tradiciones o religiones. Esta filosofía parte de la idea de que la vida humana no estará de ninguna manera completa ni será jamás enteramente satisfactoria, debido al sufrimiento y a las pérdidas que todo ser humano enfrentará. Toma en cuenta la falta de perfección, de poder y de control que cada uno de nosotros tiene sobre su vida. Para el Existencialismo la vida no es óptimamente satisfactoria, pero siempre tiene un significado, y cada uno de nosotros necesita encontrar el propio significado mediante la búsqueda del verdadero Yo. Destaca que el juicio de una persona, hacia sí misma, es el factor determinante para darle significado a la propia existencia; y esto se da mediante la percepción de la propia vida.

De todos los sentimientos que puedes estar experimentando en este momento de dolor: tristeza, miedo, enojo, depresión, confusión, soledad, impotencia, fatiga, etc., nada me preocupa más que la desesperanza. Y esto se debe a que ningún sentimiento te pone tan en riesgo suicida como éste. Sentirse sin esperanza es tener la convicción de que, suceda lo que suceda, la realidad seguirá siendo negra y dolorosa. De este sentimiento, de esta creencia, de esta total desgana, es que los pensamientos suicidas toman fuerza, se robustecen y se convierten finalmente en un proyecto, en un plan suicida. Si en este momento te sientes demasiado desesperanzado como para confiar en que algo puede mejorar, no quiero debatirte, no pretendo convencerte de lo contrario..., así te sientes y no lo juzgo; pero estoy muy preocupado por ti. Cómo quisiera poder darte una inyección de esperanza o sugerirte una lectura que curara tu sentimiento de desolación, de forma inmediata; pero esto no es posible, ya que el transmitir esperanza de un ser humano a otro es un proceso lento y tardado. Y como no tengo ningún secreto mágico contra tu desesperanza quisiera, al menos, compartir contigo lo que he aprendido, en mis años como terapeuta, acerca de este sentimiento tan devastador.

Sentir desesperanza no necesariamente implica estar deprimido; es decir, que muchas personas deprimidas la experimentan, pero no siempre están asociados. Y lo difícil de esta experiencia es que no se resuelve tratándola como a la depresión. La desesperanza es el común denominador en los que eligen el suicidio como opción, y es un sentimiento tan poderoso, que puede anular a todos los demás. Cuando el individuo se siente desesperanzado, frecuentemente se pregunta: *¿Qué gano estando vivo? ¿Para qué seguir adelante si todo seguirá estando siempre mal?* La interpretación negativa de los hechos del pasado, la sensación de impotencia para enfrentar el futuro, y las emociones negativas que se alimentan entre sí crecen como malas hierbas, y convierten a la persona en un enfermo crónico emocional. Como puedes ver, la desesperanza no es un estado de ánimo pasajero, sino una percepción derrotista sobre la vida, en su totalidad.

Para entender más a fondo el sentimiento de desesperanza, es útil que me apoye en las investigaciones y los trabajos que han realizado otros filósofos y psicólogos acerca del tema.

Como ha señalado Josef Pieper, la pérdida de la esperanza suele tener su raíz en la falta de grandeza de ánimo y en la falta de humildad. La grandeza de ánimo permite a los hombres decidirse por la mejor disposición, de todas los posibles, e impulsa a todas las demás virtudes. La humildad, el hecho de asumir que no todo tendrá que ser negativo por siempre, permite que la elijamos y que se construya una realización auténtica con una elección positiva de un estado de ánimo. Así afirma: "Que el hombre se tenga por lo que realmente es". La esperanza lleva de modo natural a la magnanimidad del espíritu, y la humildad protege todo ese proceso, de manera que no sea saboteado por el decaimiento del estado de ánimo.

No se llega a la desesperanza de modo repentino, sino por una paulatina dejadez de nosotros mismos; que a su vez, conduce a una tristeza que paraliza, que descorazona y que refuerza de nuevo la propia dejadez; creando un círculo vicioso de donde es muy difícil salir. Por lo tanto, la desesperanza se convierte en un estilo de vida, en una tendencia a inferir negativamente sobre las causas, consecuencias e implicaciones que tienen los sucesos vitales para cada uno de nosotros.

La desesperanza se caracteriza por una tendencia del individuo a explicar los sucesos negativos externos a él, a partir de causas internas; es decir, que asume que "todo lo negativo que sucede a su alrededor es su responsabilidad", y suele adelantarse a consecuencias negativas que no han ocurrido, y concluir que si dichos sucesos negativos han tenido lugar, eso significa que algo falla en él mismo. La persona que vive con base en la desesperanza, piensa que los problemas no tienen solución, y que las consecuencias de los sucesos negativos son inevitables, permanentes, y que afectarán a todos los ámbitos de la vida.

Aarón Beck y Martin Seligman, hablan de la "desesperanza aprendida", que significa que las personas, al ir acumulando experiencias de fracaso, al intentar cambiar su realidad y no lograrlo, terminan por aprender, y después por creer, que no importa qué hagan para mejorar, fracasarán en la búsqueda del control de sus vidas. Por lo tanto, si no hay esperanza de tener algo de control de las variables en su vida, caen eventualmente en un estado depresivo asociado a una sensación de falta de capacidad de tener éxito en la propia vida, que se conoce como desesperanza.

La desesperanza aprendida fue bautizada por el filósofo Nietzche como "la enfermedad del alma moderna". Se presenta cuando la persona tiene la sensación de que ha sido "apaleada" una y otra vez por la vida; y entonces elabora la creencia de que "las peores cosas sólo le suceden a ella", y que no hay nada que pueda hacer para prevenirlas. La desesperanza aprendida implica haber intentado resolver situaciones críticas, y haber fallado; lo cual origina que la persona generalice estas experiencias a todas las posibles situaciones a futuro. Aun personas que han sido exitosas pueden llegar a creer que aunque se esfuercen para alcanzar una meta, no tendrán la suerte necesaria para alcanzarla.

Ya que estás considerando el suicidio, podemos asumir que estás enfermo de esta llamada "desesperanza aprendida", pues sientes que no estás en control de ninguna variable importante de tu vida, estás totalmente desesperanzado y la única salida que vislumbras es la muerte. Quienes sufren de desesperanza aprendida comúnmente se sienten como si fueran víctimas de una maldición, y es probable que tú estés sintiendo lo mismo.

Y para ahondar en este tema fundamental de la desesperanza, creo importante citar a Pedro, un joven arquitecto al cual estoy atendiendo desde hace algunas semanas, quien en una sesión, describió muy bien lo que es sentirse totalmente desesperanzado: *Es como si estuviera maldito* –dijo, apretando los puños. *"Dos de los proyectos más importantes del despacho se cayeron; trato de salir con alguien para tener pareja, y nunca me vuelven a tomar la llamada después de la primera salida; me pongo a dieta, y subo de peso; el domingo fui a dar un paseo en bicicleta, me caí, y me esguince el tobillo… No tiene caso proponerme nada, en todo me va a ir siempre mal"*. Aunque Pedro no lo supiera, cumplía con todos los patrones necesarios para diagnosticarle "desesperanza aprendida". Me contó que, pesar de que en los últimos años ha tratado de poner en orden su vida, su experiencia le ha enseñado que fracasará; y entonces, como mecanismo de defensa, y para disminuir su rechazo a la frustración, se protege de la siguiente manera: *"Ahora, cuando presento un proyecto, sé que no lo van a comprar. Lo sé aun antes de que lo presente"*.

De alguna manera Pedro tiene razón, ya que después de experimentar una serie importante de fracasos, cada vez le es más fácil adelantarse a su propio futuro: una gran suma de fracasos. La predicción más segura, de la cual no hay duda, es saber que fracasará otra vez. Y así, una vez que Pedro predice sus propios fracasos, se protege de sentirse decepcionado otra vez. *La última vez que presenté el proyecto de una remodelación a un hotel del centro, le dije al dueño que entendería que no considerara la propuesta del despacho* -me comentó. *¿O sea que tú tomaste la decisión por él, aun antes de que la* *evaluara, asumiendo que tu proyecto no valía?* –pregunté con firmeza. *Era obvio, seguro que no lo iba a considerar seriamente* –contestó, convencido de ello. *Entonces... ¿para qué se lo presentaste si sabías de antemano que lo iba a rechazar? ¿No es un poco masoquista de tu parte?* –pregunté, con cierta ironía. *"Es mi trabajo, lo presento porque de eso vivo; pero siempre es mejor dar por hecho que te van a rechazar, y entonces ya no te afecta tanto"*. De esta manera, Pedro cumple sus fantasías de derrota. Esta es la psicología de la desesperanza aprendida; y la verdad, la mentalidad de un perdedor.

En el pasado, Pedro no era un perdedor; o más bien, no se sentía un perdedor: salió con honores de la preparatoria y estudió Arquitectura en una universidad reconocida, carrera que terminó con mención honorífica; fue vicepresidente de la sociedad de alumnos de su universidad; trabajó con éxito en dos despachos reconocidos, antes de asociarse y abrir el propio; organizó un grupo musical, donde tocaba la batería, y con el cual llegó a tener presentaciones exitosas; ha ayudado a su madre, económicamente, desde que tenía 24 años; tuvo una relación estable con una chica por cuatro años; ha participado en cuatro triatlones; y tiene un grupo de amigos unido, al cual pertenece desde hace más de 15 años. En resumen, Pedro ha experimentado lo que es tener logros; y pudo, en su momento, ser lo que en términos generales llamamos una persona funcional y exitosa; sin embargo, hoy no logra ver esto, y sólo ve que su vida está destinada a ser vivida desde la frustración y el fracaso. Y aquí está *la clave* de lo que pasa con Pedro: que no ha conseguido *últimamente* nada de lo que él considera exitoso; que un fracaso le ha seguido al otro; y consecuentemente, en el plazo de ocho meses, ha concluido que está condenado a fracasar.

Los seres humanos tenemos la capacidad de reescribir nuestra propia historia de vida. Lo hacemos todo el tiempo, al recordar nuestro pasado según nuestras propias necesidades, por ejemplo: recordamos con dulzura nuestro primer amor, recordamos con orgullo cuando tuvimos éxito en alguna competencia escolar, recordamos con cierto nivel de heroísmo cuando logramos que alguna chica guapa nos hiciera caso, recordamos cuando un profesor "nos reprobó injustamente", por no haberle caído bien. Probablemente, estos sucesos no fueron necesariamente así, pero así es como nos conviene recordarlos, para poder reescribir nuestra historia en base a nuestras propias necesidades. Pero hay que tener claro que nos convendrá hacerlo, siempre y cuando sólo sean pequeñas distorsiones que nos ayuden a encontrar explicaciones lógicas a lo que nos sucede; y que la manera como las recordemos no le haga daño a nadie, empezando por nosotros mismos.

Pero hasta ahora sólo he nombrado situaciones que nos dejan recuerdos afortunados; sin embargo, ¿qué es lo que sucede cuando hemos acumulado pérdidas, fracasos y desencantos en la última etapa de vida? ¿Qué pasa cuando no hemos tenido control de lo que nos sucede aunque lo hayamos intentado? Sucede que llegamos a la conclusión de que somos unos perdedores; pero como podemos reescribir nuestra historia y elegimos libremente cómo hacerlo, tenemos la capacidad de revisar y entender que no siempre lo hemos sido. Y entonces, podemos concluir que el hecho de que hayamos tenido pérdidas y fracasos en los últimos meses, no significa que *hayamos nacido perdedores*; porque además, nadie nace siendo un perdedor, eso no existe.

Lo que en realidad sucede no es que seamos perdedores, sino es que estamos viviendo precisamente con un sentimiento de desesperanza aprendida, como lo he venido explicando; y es necesario que lo revises porque, al igual que Pedro, puede ser que consciente o inconscientemente, tú te estés encargando de autosabotearte para asegurar tus propios fracasos y etiquetarte como perdedor. Pero, ¿por qué etiquetarnos de esta manera? Porque es más fácil autonombrarnos perdedores; porque así, lógica o ilógicamente nadie espera NADA de quienes han nacido perdedores; porque los nacidos perdedores no esperan NADA de los demás, y lo nacidos perdedores no necesitan "preocuparse" del reconocimiento y amor de los demás..., y esto es más cómodo. Un nacido para perder, por definición, no confía y no espera nada de la vida, porque el hacerlo significaría que sueña con un mejor mañana. Y todos sabemos que los nacidos perdedores no merecen mejores mañana; ya que después de todo, han nacido para fracasar. Si hubiera una frase que distinguiera al "Club de los Desesperanzados", sería: "Nacidos para Perder".

Sin embargo, el creernos "nacidos para perder", implica pagar un precio muy caro, que es el precio de vivir en un gran nivel de desesperanza. Con este sentimiento autodestructivo, no sólo empezamos a vivir en la profecía autocumplidora de que "siempre fracasaremos", sino que tenemos que invertir toda nuestra energía para mantener esta identidad. No nos podemos permitir ninguna sensación o percepción de que algo está mejorando; porque eso sería traicionar la identidad adoptada..., la etiqueta adquirida, que nos conduce, finalmente, al punto de desear intensamente morir.

Definitivamente, si sientes que has nacido para perder, tienes una historia donde seguramente tus padres reforzaban tus fracasos, rara vez reconocían tus logros, y frecuentemente, ante ellos sentías que: "Nunca eras lo suficientemente bueno, y nunca lo podrías ser". Quien siente que ha nacido para perder, ha caído en la trampa de pensamiento que dice: "Desde un comienzo no había nada que hacer; por lo tanto, no hay nada que hacer en un futuro para mejorar ninguna situación".

Como se trata de un error de pensamiento, de un engaño de la percepción, para romper el círculo vicioso de la desesperanza aprendida necesitamos enseñarnos a reescribir nuestra historia, y a ser justos con lo que nos ha salido muy mal; pero también con lo que no nos ha salido tan mal, y con lo que nos ha salido bien: ¿te acuerdas cuando aprendiste a andar en bicicleta?, ¿recuerdas el problema que representaba el lograr que ese aparato mecánico rodara en sólo dos ruedas?, ¿recuerdas que te caíste, que sentiste miedo, pero que finalmente, después de muchos intentos, lograste avanzar y romper la barrera de la angustia, hasta disfrutarlo? Sí, seguro te caíste, seguro te raspaste la rodilla y algún codo; y sí, en tus primeros intentos, estabas más tiempo en el suelo de lo que estabas en el aire. Pero poco a poco encontraste el balance, y paulatinamente fuiste descubriendo que necesitabas seguir pedaleando y avanzando para evitar caer al suelo. Y después, como si la magia existiera, lograste ir en línea recta, en vez de avanzar en curvas endebles. Pasaste de sobarte los raspones a sentirte el "Rey del Universo". Este sentimiento..., el sentirnos exitosos, es lo más hermoso que podemos aprender: es tener el poder, es autocontrol, es tener la capacidad de tener un problema entre las manos, y lograr dejarlo atrás. Quizás valga la pena que recuerdes esta positiva experiencia de aprender a andar en bicicleta, ahora que te sientes desesperanzado, y que crees que no hay posibilidad de volver a experimentar el éxito: pasaste por muchos sentimientos negativos, hubo muchos intentos fallidos; sin embargo, el hecho de haber caído, el dolor físico, el sufrimiento y la inestabilidad, no te detuvieron para conseguir tener el control de la bicicleta.

Esto mismo sucede con todo lo que hacemos por primera vez, o con lo que nos cuesta trabajo hacer. Es totalmente humano tropezar y fallar, es normal caernos, pero no podemos permitir que nuestros miedos gobiernen nuestra vida. Es el miedo el que nos dicta que "no podemos resolver un problema", que "todo está perdido y no hay nada que hacer". Pero existe un antídoto contra del miedo, y es intentar una y otra vez, es enfrentarnos a los retos, y dejar de evadirlos. El miedo nos paraliza, y sólo podemos romper esta parálisis poniéndonos de pie y volviéndolo a intentar, así como lo hicimos con la bicicleta. El verdadero reto es volver a enfrentar las situaciones críticas que estamos viviendo, asumiendo que existe la remota posibilidad de que esta vez podamos tener éxito. Necesitamos aprender a enfocar nuestra energía, nuestros pensamientos y nuestras acciones en la posibilidad de éxito, y no en la certidumbre del fracaso.

Ahora viene la parte difícil: ¿cómo salir de la desesperanza aprendida? Sé que en realidad no existe la magia. No hay "medicina contra el dolor emocional", y hoy entiendo que no existen los "duelos express", que no puedo elaborar mis crisis sin trabajo personal, que el sufrimiento dentro de la vida es inevitable, y que depende de mí el encontrarle un sentido para poder superarlo y trascender. Pero si alguna vez inventaran una medicina para eliminar un sentimiento de la faz de la tierra, si inventaran una técnica para quitar de golpe una experiencia humana, ojalá fuera la medicina para curar *la desesperanza*.

Mientras tanto, yo sí conozco una forma que puede ser una opción muy efectiva para empezar a superar este sentimiento devastador, y te la quiero transmitir: una amiga terapeuta cognitivo-conductual, Liz, me enseñó una gran técnica para tener siempre un día valioso, al lograr algo significativo, algo poderoso antes del desayuno. Lo estoy intentando, y si logro llevarlo a cabo, no importa cuán malo sea mi día, que siempre puedo voltear hacia la mañana, y visualizar que logré algo significativo; y así nunca percibo mi día como una pérdida o desperdicio. Llevo cinco meses haciéndolo, y me ha funcionado. Antes de desayunar -¡y vaya que desayuno temprano!-, o hago ejercicio, o medito, o escribo algunas líneas de este libro, o avanzo algunas hojas del libro que esté leyendo. Entonces, cuando he tenido un día frustrante, cuando he sentido que mi día fue terrible, me acuerdo de lo que logré antes de desayunar, y mi día adquiere otra perspectiva.

Esta técnica de Liz de "antes del desayuno", tiene dos componentes terapéuticos importantes: el primero es asumir un reto pequeño, y cumplirlo -que puede ser lavar el coche, hacer algo de ejercicio, pegarle un botón a una camisa, leer un capítulo de un libro o contestar un correo a un amigo. No tiene que ser algo importante o monumental, sólo necesita ser completado; y cuando se hace, la sensación es que se tiene el poder de lograr, de terminar, de conseguir. El segundo componente es que, al final del día, o bien cuando sentimos que los demonios de nuestra historia nos perseguirán por siempre con sus trinches ardientes, se puede mirar hacia atrás para reconocer ese pequeño logro hecho realidad, y para decirnos: "¡No tuve un día en vano, logré algo productivo!

Liz compartió conmigo un pequeño antídoto contra la desesperanza que, al final, no es tan pequeño; porque al lograr algo sencillo, algo viable, algo que hemos completado, la sensación de control regresa a nosotros, y podemos sentir otra vez la capacidad de conseguir objetivos. Lograr cosas pequeñas, devuelve el poder a nuestra vida. Ahora sabes que hay algo que puedes hacer con tu sensación de total desesperanza. Deseo de todo corazón que lo lleves a cabo. Inténtalo, la sensación de ahogo puede terminar. A continuación, te doy una guía sencilla para que hagas pruebes esta técnica para la desesperanza:

- Ponte una meta pequeña para mañana. Lo que sea estará bien: ordena un cajón, baña a tu perro, contesta ese correo pendiente, haz esa cita que necesitas con el dentista, aspira tu coche, ve a cortarte el pelo, llama a tu mejor amigo y platica con él. El único requisito para esto, es que sea una meta pequeña que sea posible de ser completada; no importa si es algo que ya has hecho antes trescientas veces.
- Al día siguiente, ¡llévala a cabo! No lo dudes, no lo pospongas, no te saboteeas evitando conseguirla. No tienes que terminar con el conflicto árabe-israelí, no tienes que encontrar un nuevo trabajo o arreglar tu crisis matrimonial, sólo tienes que lavar el coche. Así de simple, pero lógralo.
- Después de haberlo logrado, recompénsate por haberlo conseguido. No mañana, no el fin de semana, no cuando llegue la quincena, recompénsate en ese momento. Seguramente ya no estás acostumbrado a hacerlo, pero recompénsate. Esto significa decirte algo positivo a ti mismo, significa sentirte merecedor de ir a tomar el café que te gusta o prepararte algo rico de cenar. Recompénsate, es importante como parte de la estrategia de este plan.
- Así es que, desde hoy, ponte metas para mañana, y mañana para pasado, y pasado para el día siguiente… En menos de lo que imaginas, habrás logrado limpiar la casa, habrás puesto en orden tus finanzas, habrás recuperado las amistades que habías descuidado, habrás terminado esa novela inconclusa o tendrás una buena condición física.
- Al final de cada día, no importa cuán miserable te sientas, fuérzate a recordar que conseguiste, aunque sea, una pequeña meta. De esa

manera, no importa todo lo que haya estado mal durante el día, habrás conseguido algo significativo, por pequeño que sea. Será cierto y te hará sentir mejor, te lo aseguro.

Así es como se cura la desesperanza: con pequeñas metas que somos capaces de conseguir. Así se sana esa sensación de que nada mejorará: demostrándonos con pequeñas situaciones que no estamos condenados al fracaso por siempre. Una vez que te sientas capaz de resolver los pequeños problemas, créeme que los grandes empezarán a encogerse. Esto sucederá, no porque realmente se hagan más pequeños, sino porque tú no serás la persona desesperanzada y descorazonada que eras hace apenas unas semanas. Y si continúas resolviendo los pequeños y los medianos problemas, llegará el día en que puedas darle un verdadero "knock out" a los grandes.

He trabajado con personas que viven, como tú, en la total desesperanza; y como sé que no aceptan fácilmente ninguna sugerencia porque piensan que fracasarán en el intento, te pido que antes de que descartes por completo esta sugerencia -que seguramente te parecerá simple, torpe e inútil-, sólo aceptes y reconozcas que, por lo menos, ¡terminaste este capítulo! Lo lograste a pesar de que no lo hiciste para probarte nada, a pesar de que no lo hiciste para intentar curar tu desesperanza. Acabas de conseguir y completar una pequeña meta; y eso, mí querido lector, es tener algo de control en tu vida. ¡Acabaste el capítulo del libro que estás leyendo!

Por lo tanto, date cuenta de que no importa cuán pequeña sea la meta, el terminarla implica algo de autocontrol, que es lo que necesitas recuperar para salir de la espiral autodestructiva de la desesperanza. Reconocer las pequeñas metas implica superar la sensación fatalista de que las cosas nunca podrán mejorar, y comprender que se trata sólo de una percepción distorsionada, y no de una realidad. Implica asumir y comprobar que todo pasa, todo termina; y que cada día es nuevo y está lleno de potencial y posibilidades.

Lo más importante es que, cuando logramos ir resolviendo pequeños problemas, nos reeducamos a entender que lo que vemos como un "problema", es en realidad una situación desagradable que estamos capacitados para superar.

Tal vez te ayude saber que la gran mayoría de los pacientes desesperanzados, descorazonados y desconectados de su propio poder, con quienes he trabajado, han logrado asistir a sus citas conmigo; y este acto pequeño, esta realidad que muchas veces no son capaces de reconocer -no importa lo que digan sus palabras de desaliento y desesperanza-, me dan prueba de que algo dentro de sí mismos confía en que quizás las cosas sí podrán mejorar en el futuro.

De corazón te deseo que te des la oportunidad de intentarlo. Si funciona para mí, podría funcionar para ti. El simple hecho de que consideres hacerlo ayudará a que funcione; ya que cuando hagas algo, cuando empieces a planear algo en pro de tu beneficio, cuando pienses en la posibilidad de algo positivo para tu vida…, empezarás a sentir tu fuerza, pensarás con más poder, actuarás con más seguridad, y empezarás entonces a dar los pequeños, pero grandes pasos, para salir de la desesperanza.

¡Oye!, por cierto…, matarte no entra dentro de los retos que debas completar.

11

NO LO HAGAS POR ELLOS...

Los antiguos griegos tenían un problema: Los dioses habían mirado hacia abajo, desde el Olimpo, su mundo etéreo, para fijarse en lo que hacían los humanos; y entonces..., habían decidido regular al mundo. Y como estos dioses tan especiales tenían emociones, pasiones y defectos humanos, pero también tenían poderes sobrehumanos, a partir de ahí, empezaron a hacer y deshacer a placer, para controlar la vida terrena. Qué terrible fue para los griegos darse cuenta de que sus vidas dependían del estado de ánimo de los dioses: si no estaban satisfechos con algo de lo que sucedía allá abajo, tenían el poder de castigar. No tenían que ser justos, no tenían que ser compasivos, no tenían que tener la razón; de hecho, podían ser totalmente irracionales, injustos y vengativos, y tenían el poder de tomar represalias a su antojo. Los griegos estaban, entonces, a merced de los berrinches y los estados de ánimo de sus dioses; y lo impredecible de las acciones caprichosas de éstos generaba miedo, ansiedad y confusión entre los mortales.

Narro aquí la situación injusta y preocupante que vivían los griegos, de acuerdo a su mitología, para hacer una analogía con lo que frecuentemente sucede en muchas familias del mundo de hoy. Y es que este mismo tipo de relación se llega a establecer cuando existe un padre tóxico en un sistema familiar. Con este término me refiero a un padre impredecible, irracional e inmaduro; que se asemeja a "un dios griego", ante los ojos de un hijo. Él puede decidir lo que sea, y puede destruir lo que sea, sin que el hijo pueda protegerse a sí mismo. Al igual que los dioses, un padre tóxico toma decisiones con base a pasiones y "berrinches", que pueden tener secuelas en la vida de sus hijos.

Cuando somos niños, nuestros padres lo son todo para nosotros. Literalmente, nuestra estabilidad emocional depende de ellos, al cien por ciento. Creemos que sin ellos nos encontraremos solos, sin ningún tipo de cuidado, sin amor, viviendo un estado constante de miedo; y estamos conscientes de que dependemos de ellos, totalmente, ya que son los proveedores de básicamente todo lo que necesitamos.

Al igual que los antiguos griegos vivían a merced de sus míticos dioses, los niños están a merced de sus padres; y como nadie los juzga, nadie los castiga, y nadie los controla, tienen el poder de tomar decisiones sobre sus hijos. Pero éstas no tienen que ser justas, no tienen que ser compasivas, no tienen que ser racionales; simplemente, son impuestas por las padres, quienes tienen el control y el poder sobre ellos.

Los hijos, aprendemos a vivir bajo las reglas de nuestros padres y a recibir su legado, sea como sea. Y ya que como hijos estamos bajo su mando, aprendemos a creer que ellos son perfectos y que "alcanzan a ver lo que nosotros no vemos". Así, en la medida en que creemos que nuestros padres hacen lo correcto, que toman las decisiones adecuadas, y que saben lo que están haciendo -aunque nosotros no lo entendamos-, nos sentimos protegidos. No importa lo que hagan o dejen de hacer, lo justos o injustos que sean, lo sano o lo enfermo de su comunicación, la compasión o la rudeza con la que nos hablen, creemos fielmente que son perfectos; y si no fuera así, nos sentiríamos totalmente perdidos y sin rumbo. Por lo tanto, ellos lo hacen bien, ellos son buenos, y nuestro papel en la ecuación es asumir, sin cuestionar, las decisiones que toman. El depender de nuestros padres, al comienzo de la vida, es algo inevitable.

Los que tienen la fortuna de tener padres relativamente sanos, tendrán la oportunidad de ir formando una adecuada autoestima, un autoconcepto de valía y seguridad, aprenderán a tener claridad en lo que se espera de ellos; y por lo tanto, podrán anticiparse, de cierta manera, a las reacciones emocionales que su comportamiento provoque en sus padres.

Pero los que no tuvimos tal fortuna, y crecimos en familias disfuncionales -donde alguno de los padres, o ambos, son tóxicos-, tenemos un doble trabajo que hacer para fortalecer nuestra autoestima y sentirnos capaces de ser amados y respetados. Los del segundo grupo, tenemos mayor probabilidad de tener conductas autodestructivas, y una mayor tendencia a hacernos daño, ya que aprendimos que merecíamos ser constantemente castigados y rechazados.

Hay una realidad: el niño es egocéntrico por naturaleza. Esto no significa que sea egoísta, sino que entiende que todo lo que sucede a su alrededor tiene que ver con él y con sus acciones; y es hasta los 7 años, cuando ya es capaz de desvincular lo que sucede en el mundo de sus propias acciones. Entonces, en esta edad en que el niño piensa que todo está relacionado con él, se vive como responsable de todo lo que pasa cerca de su entorno, por ejemplo: si el padre llega contento y de buen humor de trabajar, seguramente es porque "él se sacó una estrellita en el kínder"; y si llega de malas o enojado, seguramente es porque él "no se comió el espagueti, y lo escondió debajo del sillón". Lo que sucede es que el pensamiento mágico del niño se mezcla con la realidad, y no es capaz de entender que los sentimientos de sus padres pueden estar vinculados a algo más que no sea su propio comportamiento. Y entonces ¿qué sucede?, que al igual que los antiguos griegos, el niño busca todas las maneras posibles de tener "contentos" a sus "dioses"..., a sus padres. Pero como éstos son inconsistentes en sus afectos, impredecibles e irracionales, y presentan comportamientos erráticos, infantiles e impulsivos, convierten a su hijo en el blanco de sus agresiones, y le dan dobles mensajes en su comunicación; entonces, el niño se siente confundido, temeroso, inseguro, culpable y devaluado.

La realidad es que los padres no son perfectos y muchas veces se equivocan, lo cual genera dolor en los hijos; pero es fundamental que estén conscientes de que el rol más importante que la naturaleza les ha regalado como padres, es el de proveer de amor y seguridad a su hijo. Cuando un padre sano se equivoca, asume su error, y sabe pedir perdón. Así, el hijo aprende que equivocarse es algo natural, y aprende a perdonar y a perdonarse. No importa cuán enojado, frustrado o triste se encuentre, un padre necesita proveer seguridad, y ésta no implica negar lo que siente; al contrario, es importante que un hijo conozca los sentimientos de sus padres, pues así aprenderá a expresar los propios. Lo que un padre nunca debe permitirse es desquitar sus disgustos con sus hijos, y siempre debe dejar claro, con acciones, que el amor no está condicionado a ningún estado de ánimo. El amor debe ser total e incondicional, no importa los otros sentimientos que existan de por medio.

Siempre he creído que sólo aquellos que tienen verdadera vocación de padres deberían poder reproducirse. Los demás deberíamos nacer infértiles o "vasectomizados", ya que es increíble cómo, un padre tóxico, puede marcar negativamente la vida de un ser humano. La salud de una familia radica, en gran medida, en la salud de quienes la fundaron, de quienes decidieron formarla.

Para la formación de una familia, la naturaleza siempre hace que se atraigan seres de la misma especie; por ejemplo: siempre vamos a encontrar a un conejo con otro conejo; es decir, nunca vamos a encontrar a un conejo que se relacione, en pareja, con un mapache o con una jirafa. Lo mismo sucede con los seres humanos: una persona se relaciona en pareja con alguien que tiene, más o menos, su mismo nivel de autoestima, de comunicación, de inteligencia, de salud emocional. "Un conejo está con otro conejo", así que si los "conejos" son medianamente sanos, crearán una familia de "conejos" medianamente sana; pero si los "conejos" son enfermos, crearán una familia enferma de "conejos" con baja autoestima, sin capacidad de comunicarse emocionalmente, y con miedo y con culpa.

Una familia funciona como un sistema abierto, donde existe una interacción constante entre cada uno de sus miembros; y como es un sistema completo, el comportamiento de cada miembro tiene influencia y estímulo en la vida de los demás. Por lo tanto, un cambio en el comportamiento de uno de los integrantes de la familia, produce cambios en los demás miembros. No existe la familia perfecta, pero existen familias medianamente funcionales y familias disfuncionales.

La función más importante de la familia es que representa gran parte de la base o el cimiento para la estabilidad y la adecuada autoestima de un ser humano.

En una familia funcional, se genera una adecuada autoestima y seguridad entre sus miembros; mientras, en una familia disfuncional, en donde se presenta un comportamiento inadecuado o inmaduro de parte de uno de los padres o de ambos, se inhibe el crecimiento de la individualidad y de la capacidad de relacionarse sanamente entre los miembros de ese sistema familiar. Entonces, en una familia funcional se promueve la sanidad espiritual y emocional de cada uno de sus miembros; mientras que, en una disfuncional, se promueve en ellos la culpa, el miedo, la irracionalidad y el sentimiento de desamparo.

En toda familia hay reglas, y los miembros las crean; particularmente, los padres. Y como la familia es un sistema vivo, en el caso de una familia funcional, estas reglas se van modificando de acuerdo a los cambios que los miembros van experimentando.

Veamos las diferencias entre una familia funcional y una que no lo es. Una familia funcional, una familia sana, funciona de la siguiente manera:

- Las reglas son congruentes, racionales, y se adaptan a las necesidades reales de la familia.
- Existe la expresión abierta de las necesidades básicas y de los afectos de los miembros.
- Las diferencias individuales, tanto en la forma de pensar y actuar, como en las necesidades de cada uno de los miembros, pueden ser aceptadas.
- Los conflictos son vividos, únicamente, como diferencia de opiniones entre los miembros, y no amenazan la estabilidad familiar.
- Tanto los conflictos como los acuerdos, se expresan en forma libre, abierta, y desde las emociones.
- Los mensajes verbales y no verbales son congruentes.
- Existen límites claros en los roles y en las manifestaciones emocionales de los miembros.
- Se promueven la individualidad y el respeto entre los integrantes.
- Los padres funcionan como un equipo junto con sus hijos, lo que promueve que se relacionen en términos de afecto y apoyo mutuo.
- Existe un nivel balanceado entre el proceso de dar y recibir, ya que es tan importante recibir del sistema familiar, como cuidar de él.
- La lealtad hacia el sistema es primordial.
- En una familia sana, cada miembro goza de su propio espacio -físico y psicológico-, y esta independencia nutre al sistema familiar.
- Cuando algún miembro tiene un problema, se pide ayuda al sistema, y la familia puede pedir ayuda al exterior.

Creo que si todas las familias fueran medianamente funcionales, los seres humanos viviríamos en armonía y toleraríamos las diferencias de los demás. Desgraciadamente, somos muchos los que fuimos criados por padres tóxicos, en familias disfuncionales que lastimaron nuestro autoconcepto y nuestra relación con el mundo.

Una familia disfuncional funciona de la siguiente manera:

- El padre tóxico es el origen principal de la disfuncionalidad.

- Las reglas se establecen a partir de los caprichos irracionales de los padres.
- Se imponen reglas rígidas que no permiten ni la manifestación afectiva de sus miembros, ni la expresión de sus necesidades.
- La paz se mantiene a expensas de la individualidad de cualquiera de sus miembros.
- Se prohíbe la expresión abierta de las necesidades básicas y de los afectos de los miembros, pues es amenazante para el sistema.
- Al no existir el espacio físico y psicológico individual para cada uno de los miembros, se generan círculos viciosos donde no se permite la ayuda del exterior.
- Los conflictos se perciben como un reto a la autoridad y como un riesgo a la estabilidad; por lo que se evitan, se niegan, se reprimen, y se esconden dentro y fuera del sistema. En estas familias, generalmente, se actúa y se vive como "si no pasara nada".
- Frecuentemente, uno de los esposos se somete al otro; lo cual alimenta, en toda la familia, el miedo al abandono y la poca valía del individuo. Con este ejemplo de los padres, los hijos aprenden a ser tiranos, o bien a someterse a los deseos de los demás.
- Hay incongruencia entre la comunicación verbal y la no verbal, pues se presentan contradicciones constantes entre lo que se dice y el comportamiento de los miembros; particularmente, de los padres.

    - Los padres no actúan como un equipo, sino que generan alianzas entre sus hijos, provocando que éstos se ataquen entre sí. Esto promueve las relaciones agresivas, de competencia y de separación entre los hermanos.
    - Se aprende que no hay un balance en el proceso de dar y recibir dentro del sistema; lo que causa que los miembros aprendan a no sentirse merecedores de afecto y estabilidad por parte del medio, o a ser egoístas y centrados en sí mismos.

- La lealtad al sistema deja de ser un valor.

    - La dependencia se vuelve excesiva, pues la autonomía de los miembros se limita grandemente.
    - La protección o la disciplina se tornan excesivas; y los padres provocan -directa o indirectamente-, una disfunción en los hijos.

- Los padres involucran a los hijos en los conflictos parentales; y cada padre "trata de jalar" al hijo hacia su lado, logrando que la alianza con alguno de ellos sea permanente. Esta situación, impulsa al padre a crear una relación posesiva y de "pareja" con el hijo, donde éste pierde su individualidad; y además genera, en el otro padre, resentimiento, culpa y miedo, así como altos niveles de dependencia.

- Los hijos se vuelven el blanco de la agresión de los padres.

Entonces, los padres tóxicos generan familias disfuncionales; que se identifican, básicamente, por cuatro características:

- Amalgagamiento de la familia.- "Amalgamar" significa entremezclar o asociarse en forma de simbiosis. Esta característica es contraria a la individualidad. Una familia amalgamada es una familia en donde no existe respeto al individuo; y en la cual, los padres pueden entrometerse en la vida de los hijos, decidiéndolo todo. Es exactamente lo contrario de "confiar y dejar vivir en plenitud". Este patrón de conducta disfuncional, impide la formación de una personalidad sana; ya que inhibe el espacio vital físico, psicológico y espiritual de la persona.

El concepto de "estar juntos" por obligación y no por gusto, es diferente al concepto de una "unión familiar", en donde existe apoyo y respeto al espacio y a las necesidades individuales.

El extremo de esta característica, disfuncional y muy dañina también, es la indiferencia, en donde no hay ningún contacto emocional. Es importante acotar, que este comportamiento suele manifestarse en los estratos sociales muy bajos o muy altos.

- Rigidez.- Consiste en el establecimiento de reglas que no admiten posibilidad de cambio; y que se imponen arbitrariamente para todos los miembros de la familia, exceptuando, probablemente, a quien las impuso.

Algunas de las consecuencias de la rigidez son: la rebeldía contra todo y contra todos, la frustración, el resentimiento y la incapacidad de elaborar un criterio flexible, de acuerdo a las circunstancias.

Debemos estar conscientes de que los hijos son como los cinco dedos de una mano, los cuales a pesar de pertenecer a la misma extremidad, son diferentes entre sí; por lo que sería absurdo pretender que un mismo anillo le quedara a todos los dedos por igual: a uno le quedaría bien, a otro no le entraría, y a otro más le quedaría flojo.

El extremo contrario de este comportamiento, igualmente patológico, es la falta de establecimiento de límites. Esta conducta también es destructiva pues, al no ofrecer ningún tipo de contención emocional y de orientación y apoyo, genera en un hijo la sensación de no ser querido.

- Sobreprotección.- Es la generación de dependencia, hasta terminar por "lisiar" emocionalmente a la persona. La sobreprotección es la equívoca actitud de pretender resolver todos los problemas del sistema familiar, al basarse en la creencia de que *"sólo yo tengo la capacidad para hacerlo"*.

Es muy dañino rescatar a un hijo de cualquier contratiempo y estar continuamente sobre él, indicándole lo que debe o no debe hacer. Al no permitirle resolver lo que se le presenta, se le quita la oportunidad de aprender a resolver sus problemas a través de sus experiencias negativas (errores), y a bastarse por sí mismo con sus propios recursos, sin que tener que depender siempre de los padres.

Este proceder, generalmente, brinda al padre o la madre ciertas "ganancias secundarias"; ya que mientras el hijo depende de ellos, satisfacen la necesidad de sentirse útiles.

Este patrón disfuncional no permite que el ser humano se desarrolle en su totalidad, ya que le impide vivir ciertas experiencias necesarias y desarrollar sus capacidades y autoestima. Al mismo tiempo, fomenta en la persona la inseguridad ante la vida y los problemas que ella conlleva; al impedir el desarrollo del instinto de agresión, necesario para saber luchar, defenderse y competir. Y peor aún, la sobreprotección genera en el hijo miedo, inseguridad y una gran sensación de inadecuación en el mundo, al sentir que no tiene la posibilidad de sobrevivir por sí mismo en el mundo.

El polo opuesto a este patrón es el "soltar totalmente" a un hijo, antes de que adquiera las herramientas necesarias para luchar y defenderse en el mundo.

- Evitación del conflicto.- Es la característica más importante, por ser la más dañina; al grado de que, aun existiendo las otras características disfuncionales, si la familia pudiera hablar del conflicto y de lo que siente, si pudiera discutir su problemática, y si existiera en su interior una correcta comunicación emocional, sin restricciones verbales, esa familia podría salir adelante de una manera sana.

En una familia que se evita hablar de los conflictos, no existen enfrentamientos y no se habla de las situaciones dolorosas; razón por la que no se ventilan los problemas reales. Este mutismo genera una carga emocional que se convierte en una "bomba de tiempo", la cual termina por explotar en el momento menos esperado. Es como si hubiera un "dragón en la sala", y todos vivieran la tensión de su existencia, pero nadie se atreviera a hablar de él. La realidad es que al sentir la presencia del dragón, todos experimentan una gran tensión, pero actúan como si "todo estuviera bien". Se habla de temas intrascendentes o se vive un gran silencio, pero nadie se atreve a manifestar lo que está amenazando la integridad de la familia... Todos fingen no ver al dragón. Llega a suceder que cuando un hijo pequeño pregunta la verdad sobre "el dragón", se le oculta la verdad, y se le enseña a evadir y a negar la realidad. Consecuentemente, el niño genera la creencia de que *"mi percepción acerca de la realidad está equivocada"*; y por lo tanto, aprende a ignorarla o a buscar soluciones con bases falsas o irreales.

Las consecuencias de no hablar de los problemas profundos, de los secretos, del dolor emocional es que, al reducirse la comunicación entre los miembros de la familia, se evita la intimidad entre ellos, se distancian cada vez más y se convierten en extraños entre sí.

El extremo de esta característica es el cinismo, que consiste en mencionar los temas con crudeza y sin empatía, sin un deseo verdadero de buscar una solución. En este comportamiento, no se toma en cuenta la edad de los hijos, al darles información que no pueden manejar.

El proceso de ir creando nuestra propia individualidad e ir separándonos de los padres, alcanza su pico más alto en la adolescencia, donde abiertamente confrontamos los valores, los gustos y la autoridad parental. Éste es un proceso normal y natural.

En una familia razonablemente estable, los padres permiten que sus hijos vayan eligiendo su propio camino, y toleran la ansiedad de que "no siempre cumplan las propias expectativas". De esta manera, fomentan que el adolescente vaya "encontrando su camino en el mundo", toleran la crisis de adolescencia, permiten y propician su autonomía y brindan apoyo y estabilidad emocional con límites razonables.

Los padres tóxicos no son tan tolerantes: ellos perciben el proceso de adquisición de individualidad y autonomía de los hijos como una rebelión y como un ataque personal; por lo que responden al proceso de búsqueda de identidad, por parte de los hijos, reforzando su dependencia, minimizándolos, humillándolos y sometiéndolos. Esta actitud, llega a generar en los hijos sentimientos profundamente destructivos y dolorosos. Claro que los padres actúan creyendo que hacen lo que es "mejor" para ellos, y se justifican con la idea de que están "forjando su carácter" o "enseñándoles a lidiar con la realidad de la vida". Sin embargo, esta constante represión es, en realidad, un arsenal de sentimientos negativos, una constante amenaza a la autoestima de sus hijos y un sabotaje constante al proceso natural y sano de adquisición de independencia e identidad propias. No importa cuánta razón crean que tienen este tipo de padres tóxicos, de cualquier manera, el "yo" de sus hijos se lastima en exceso, propiciando en ellos relaciones enfermizas y destructivas.

El hijo de padre tóxico está a merced del yugo del padre, y no es capaz de liberarse del "dios griego que todo lo decide"; por lo tanto, llega a perder la esperanza de construir por sí mismo una vida mejor. Asimismo, aprende a que cualquier intento de autonomía será interpretado como una falta grave, y que habrá una consecuencia importante; por lo que acaba eligiendo una de dos opciones: someterse a los deseos del padre, o rebelarse contra él de manera tóxica y autodestructiva. De cualquier manera, el miedo constante a la represalia se arraiga en el cuerpo y en el alma del hijo; y ante cada situación de conflicto, aun cuando el niño se haya convertido en un adulto, este miedo lo paralizará y lo llevará a enfrentarlo de manera enferma.

El dominio de un padre tóxico hace que la autoestima del hijo disminuya y que su dependencia emocional aumente; y con esto, el joven se inventa la creencia de que no puede sobrevivir solo en el mundo.

Desgraciadamente, como las conductas enfermizas de los padres se mezclan con el amor y la sensación de lealtad que los hijos tienen hacia ellos, en el fondo, el niño y el adolescente sienten la necesidad de justificar la conducta de sus progenitores, y asumen frecuentemente la responsabilidad de sus comportamientos, a pesar de ser altamente destructivos. No importa cuán tóxico sea el padre, su hijo necesitará defenderlo. Entonces, a pesar de que a cierto nivel el niño entienda que su padre se está equivocando profundamente, lo justificará o actuará "como si no hubiera pasado nada".

Resumiendo, los hijos de padres tóxicos crecemos con estas dos doctrinas totalmente aprendidas:

- *"No valgo, no soy lo suficientemente bueno".*
- *"Soy débil, fracasaré, y nunca lograré que mis padres estén orgullosos de mí".*

Estas creencias son tan poderosas que se mantienen en el interior de la persona, aun cuando la edad adulta haya llegado; y están tan interiorizadas, que difícilmente el hijo de padres tóxicos podrá vivir su edad adulta con plenitud.

He conocido varios padres y madres que solicitan "terapia para sus hijos", sin reconocer que son ellos quienes la necesitan. Hoy en día, rara vez acepto a un adolescente en terapia; ya que tristemente, me he ido dando cuenta de que cuando son parte de un sistema familiar disfuncional, los padres esperan que el proceso terapéutico oriente la voluntad, la individualidad y el desarrollo de la personalidad de sus hijos, hacia las expectativas que ellos tienen. No desean que sean capaces de tomar sus propias decisiones, o que tengan la capacidad de estar en desacuerdo con el holón parental. Así es como he conocido muchos padres que siguen siendo "adolescentes", creyendo que pueden educar a otros adolescentes: actúan de manera egoísta y manipuladora; y generalmente, ven por sus propios intereses y no por los intereses de sus hijos. Y una de las cosas más graves que me he encontrado en mi vida de terapeuta, es el hecho de que muchos padres culpan a sus hijos de su propia infelicidad; peso que llega a ser insoportable de cargar para cualquier hijo.

Susan Forward, en su libro, "Toxic Parents", divide a los padres tóxicos en 6 grupos:

a. Los padres inadecuados.- Sólo se concentran en sus propios problemas, con lo que provocan que sus hijos se conviertan en "mini adultos", que desde muy pequeños los cuidan.
b. Padres controladores.- Utilizan la culpa, la manipulación y la sobreprotección para tener pleno control de la vida de sus hijos.
c. Los alcohólicos o adictos.- Generan un ambiente de tensión emocional por el abuso de sustancias, aunado a la negación de la enfermedad. Tienen cambios de estado de ánimo caóticos, y sus adicciones les dejan muy poca energía para cumplir adecuadamente su rol de padres.
d. Los abusadores verbales.- Utilizan groserías o "motes" despectivos para dirigirse a sus hijos. Son sarcásticos, y desmoralizan a sus hijos mediante una devaluación constante hacia ellos.
e. Los abusadores físicos.- Son incapaces de controlar sus impulsos, especialmente la ira, y constantemente responsabilizan a sus hijos de su propio ingobernable comportamiento.
f. Los abusadores sexuales.- Abiertamente han sexualizado con sus hijos o son altamente seductores; lo que produce una gran confusión en el niño y destruye lo más sagrado que tiene: la inocencia.

No es justo que un hijo cargue con la inmadurez, la irresponsabilidad y el egoísmo de un padre; pero el que sea injusto no lo hace imposible, y esto es lo que sucede en las familias tóxicas: los hijos cargan con el legado de culpa, miedo y dolor que les han inculcado sus padres.

Lo que es importante aclarar es que, aunque un hijo se sienta plenamente responsable de la infelicidad de sus padres, no tiene que asumir como propios sus errores, y no tiene que seguir justificando el que le hayan hecho la vida miserable.

Para resumir, un padre tóxico termina por acabar con la estabilidad emocional y con la posibilidad de ser feliz de un hijo: *"Ya que no valgo nada y soy débil, merezco morir";* y esto es lo que puede generar o fomentar el pensamiento suicida del joven. Pero la realidad nos dice que el que un hijo se mate no les devolverá la felicidad a sus padres. Así es que puedes estar seguro de que, el que tú te suicides, no les quitará a tus padres el esquema de infelicidad y amargura que han elegido.

Hace un tiempo, trabajé con José Luis, un joven de 24 años que acudió a terapia por un episodio depresivo grave, con alto riesgo suicida. José Luis era un joven que estaba terminando su segunda carrera universitaria con honores, había creado una fundación para niños de la calle, hacía ejercicio regularmente, tenía una relación de pareja estable, trabajaba, y además era exitoso socialmente.

José Luis tenía el pensamiento obsesivo de "ser un fracasado en la vida". *¿Pero, cómo puedes ser un "fracasado", si apenas tienes 24 años y ya tienes dos carreras profesionales? ¿Quién te ha hecho creer que a los 24 años puedes haberte asegurado el fracaso de toda una vida?* -pregunté intrigado. En efecto, José Luis venía de una familia disfuncional, con un padre altamente violento, que los devaluaba a todo momento. Al analizar qué tipo de padre tóxico tenía José Luis, descubrimos que era un padre inadecuado, controlador, alcohólico, abusador verbal y físico... ¡tenía un padre muy tóxico!

A pesar de tener un hijo exitoso, el padre de José Luis se encargaba, frecuentemente, de compararse con su hijo para enfatizar lo "poco capacitado" que estaba el joven para la vida. En un momento crítico donde José Luis fue asaltado y perdió su trabajo, su padre, lejos de brindarle apoyo o comprensión, lo humilló haciéndole ver cuán perdido estaba para enfrentar sus problemas. A raíz de este trato de constante devaluación, José Luis cayó en una crisis importante que lo llevó a un cuadro depresivo mayor, y en el que estuvo cerca de quitarse la vida.

Durante su tratamiento terapéutico, José Luis entendió que su padre era sumamente tóxico. Se dio cuenta de que siempre tenía expectativas irreales de perfección sobre él y sus hermanos, y que "hiciera lo que hiciera", nunca iba a obtener su reconocimiento. Pero sobre todo, aprendió a ignorar los juicios que su padre hacía acerca de él. Fue un proceso largo, pero finalmente logró quitar de su sistema de creencias el "no sentirse valioso ni merecedor de la felicidad".

Romper con estos patrones es un trabajo complejo, ya que se requiere de un sentimiento de compasión por la propia historia, y de aprender a reconocer los propios logros. Y además, no es fácil porque un padre tóxico envenena, y lleva tiempo eliminar este veneno para ser capaz de caminar hacia la libertad y la felicidad.

Ahora, quisiera pedirte que revisáramos el tipo de sistema familiar al que perteneces, y que muy posiblemente ha sido un factor determinante en el sufrimiento que te aqueja, el cual te ha llevado a pensar en suicidarte. Te pido que reconozcas si tu familia de origen es disfuncional, y que explores la toxicidad en alguno de tus padres, o tal vez en ambos -ya que "los conejos permanecen juntos". Si es así, revisa si has aprendido a autocastigarte, a callar lo que sientes, a sentir que no vales la pena y que no mereces nada bueno en tu vida. Tal vez, poco a poco fuiste aprendiendo que merecías algo "tan malo", que sólo se equipararía con la muerte; y probablemente hoy sientas que fallaste a las expectativas de tus padres, de tal manera, que mereces dejar de existir.

Para terminar, y sin saber cuál será tu decisión final, permíteme recordarte que, desde el momento en que abriste los ojos a este mundo, desde el día en que naciste, ¡tienes el derecho a la vida! Tienes el mismo derecho a vivir que cualquier otra persona; aunque ésta haya tenido padres nutritivos y familias funcionales. Y nadie, absolutamente nadie, ni siquiera "los dioses griegos" o tus padres tóxicos, te lo pueden quitar.

A pesar de que no se te haya valorado, amado y respetado, tienes el derecho a vivir y a luchar por tu bienestar. Y si te enseñaron lo contrario, necesitas asumir, creer y aceptar que "eres sumamente valioso y puedes aprender a ser feliz". Si muchos hemos podido sanar las heridas que nos causaron nuestros padres tóxicos, tú lo puedes lograr también.

Así que piensa que, si te estás quitando la vida para "pagar" la infelicidad de tus padres, no lo hagas por ellos; pues te aseguro que hagas lo que hagas, infelices se quedarán. Y si te estás quitando la vida para que finalmente te quieran, no lo hagas; pues seguirán sin quererte, de todos modos.

Tú no eres culpable de lo que viviste en la infancia, pero puedes hacer algo para cambiar tu adultez.

Tienes el derecho a vivir…, no te prives de él.

12

CRECERÁS, TE LO PROMETO, CRECERÁS...

Las estadísticas no mienten: el suicidio en adolescentes, principalmente hombres, ha aumentado en más del 650% en nuestro país, desde 1990. E n México, el suicidio es la segunda causa de muerte entre los jóvenes, después de los accidentes automovilísticos.

Las principales causas para el suicidio de jóvenes son las dinámicas familiares tóxicas, que terminan por generar problemas en sus relaciones interpersonales; tales como los problemas en la socialización, en el área amorosa o cuando son víctimas de "bullying" -que significa ser molestado y acosado por el grupo social al que se pertenece.

Si eres adolescente y estás leyendo este capítulo, estoy preocupado por ti. Sé que estás en riesgo y que te sientes sumamente presionado y perdido. Sé que estás en crisis, que te abruman los problemas que estás experimentando, y que no encuentras salida. Posiblemente, es la primera vez que te enfrentas a la crudeza de la vida; y seguramente, te sientes indefenso y desamparado. Eres apenas un adolescente, y crees que la vida es únicamente sufrimiento. Sé que estás enojado y dolido. Por eso, para mí, este capítulo es el más importante de todo el libro.

La adolescencia es, por mucho, la crisis más difícil que he tenido en mi vida; y realmente, hubiera deseado que alguien me hiciera sentir comprendido, contenido y apoyado. Estás considerando quitarte la vida, y es algo que importa. A mí me importa, aun sin conocerte, porque valoro tu vida; y como sé que hay un sinfín de experiencias valiosas que te quedan por vivir, haré lo que esté en mis manos para detenerte, y para convencerte de que no te quites la vida. El suicidio, siempre es una "solución definitiva a un problema temporal".

Ya que para mí es tan importante lo que estás sintiendo en este momento, lo primero que quiero es acercarme a ti para compartirte mis sentimientos, para hablarte de mí y para contarte cómo me libré de quitarme la vida, cuando tenía tu edad. No creas que voy a hablarte de un caso terapéutico más; sino que voy a hablarte con el corazón en la mano, de la crisis que yo viví, y de lo duro que fue vivirla cuando era adolescente.

Para empezar, se supone que nuestra familia es el ámbito al cual podríamos acudir cuando nos sentimos hartos de la vida, y donde nos deberíamos sentir escuchados, respetados y amados incondicionalmente. Cuando el mundo está en contra de nosotros y nos sentimos amenazados, nuestra propia familia debería ser el espacio donde encontráramos apoyo y comprensión. Las familias deberían funcionar así, pero desgraciadamente no todas actúan de esa manera. Como ya revisamos en el capítulo anterior, es muy probable que, si estás considerando el suicidio, al igual que mi familia, la tuya también sea una familia disfuncional. Pues a mí también me tocó crecer en una familia tóxica y ¡vaya que tuve ideación suicida!, ¡vaya que quise dejar de existir!

Normalmente, un adolescente que siente ese sinsentido, ese desamparo, esa falta de conexión con la vida, vive en una familia disfuncional. Como ya lo vimos, en una familia "no sana" no hay cercanía emocional entre los miembros, no hay un verdadero apoyo para los hijos, no hay capacidad de individualidad; y por lo tanto, éstos se llegan a sentir totalmente solos. Pues así era mi familia, y muchas veces me sentí totalmente perdido y confundido. Mi vida familiar estaba llena de violencia y abuso físico y verbal. Mis papás eran sumamente rígidos, exigentes y perfeccionistas; y vivíamos con niveles muy altos de agresión verbal y física. Mi papá era sumamente explosivo e hiriente, por ejemplo: el que no hubiera queso en la casa, o el que no estuvieran frías las cervezas que le gustaban para cenar, podían disparar en él una furia irracional, una violencia que a mí siempre me paralizaba. Lo odiaba con toda mi alma. Apenas oía la puerta eléctrica en la noche -señal de que había llegado-, me sentía paralizado de miedo, y con ganas de estar lejos... muy lejos de todo.

Recuerdo, con toda claridad, un día de mi vida en familia, siendo adolescente: yo tenía como 17 años, me habían entregado calificaciones en el colegio, y me había ido "mal" en esa ocasión, pues había sacado 6 en Matemáticas y 7 en Química. Estudiaba en un colegio religioso, estricto, con muy buen nivel académico; de aquellos colegios de "la vieja escuela". Siempre era de los cinco más aplicados del salón; o sea, que era de los "nerds"..., de los "ñoños" -y no te lo platico para presumirte, sino para que entiendas el nivel de angustia que yo vivía ante la exigencia irracional de perfección, por las calificaciones, que existía en mi casa. Pues resulta que, en esta ocasión, me había ido "mal" ante la visión de mis papás. No había reprobado cinco materias, no; no me habían expulsado, no; ni siquiera había reprobado ¡una! materia; sino que, simplemente, me había sacado un 6 en Geometría Analítica y un 7 en Química. A pesar de estas calificaciones, mi promedio general era de 8.9..., pero no era perfecto; era "mediocre" ante los ojos de mis papás. Para ellos, nada era suficiente; nunca las calificaciones eran motivo de reconocimiento. No importa cuánto me esforzara y cuántas "ganas le echara", siempre había un sermón de por medio, en el cuál acababa sintiéndome mediocre por no haber sacado el primer lugar del salón.

Pues nunca olvidaré este día que te narro, cuando venía regresando de nadar y mi mamá me había prestado su coche -yo nadaba casi diario porque tengo un problema de escoliosis, y era el tratamiento sugerido. Venía manejando y sintiéndome abatido. Tenía que entregar las calificaciones, y sabía que un conflicto enorme se desataría esa noche. Llegué a la casa y estaba paralizado. No quería salir del coche, a pesar de estar ya estacionado en la cochera de la casa. Me sentía totalmente desamparado, y muy "estúpido" por ocasionar conflictos en mi casa. Me sentía un total fracasado. Tenía 17 años, y estaba atrapado en un sistema familiar donde parecía que "nada era suficiente"; con un padre al que le temía desde lo más profundo de mi ser, por lo violento que era cuando algo no "era perfecto" -aventaba cosas, gritaba, le pegaba a las puertas y las rompía-; una madre rígida y exigente, que nunca puso ningún límite a la violencia de mi padre; y un hermano menor, al que adorándolo por sobre todas las cosas, sentía que no lo podía proteger.

Recuerdo, como si hubiera sido ayer, el estar metido en ese coche café, deseando con todas mis ganas morir. Faltaban dos horas para que llegara mi papá, y tenía que entregar esas calificaciones. Nada tenía sentido, no había nada que me pudiera liberar. Sentía una profunda desesperanza, y estaba paralizado de miedo. Sabía que la violencia tomaría una vez más las riendas de la casa; que mi mamá no haría nada más que quedarse callada, y tal vez servirle otra cerveza a mi papá; y que mi hermano y yo seríamos el blanco de toda su agresión. Además, y para aumentar mi angustia, mi hermano, siendo verdaderamente brillante y con calificaciones impecables, "por mi culpa" pagaría los platos rotos de mi mediocridad. Escribo estas líneas, y vuelvo a sentir el nudo en la garganta y la angustia que sentí en esa tarde, y muchas otras más. Ya no podía más. En ese momento, desee con todas mis fuerzas morir. Me recuerdo imaginando que subía a la biblioteca donde mi papá tenía su colección de armas, que tomaba una escopeta calibre 12, iba al armario donde tenía los cartuchos, la cargaba, me la llevaba a la boca y terminaba con ese sufrimiento. Lo imaginaba y sentía miedo; pero al mismo tiempo, sentía paz. No quería seguir ahí, no tenía escapatoria; ya que únicamente tenía 17 años, y era totalmente dependiente de mis papás. En verdad eran tiempo difíciles. Pasaban los minutos, y lo único que deseaba era terminar con mi vida. Mientras todo esto pasaba por mi mente, recuerdo que imaginé que me topaba con la lámpara de Aladino, y que el genio me otorgaba un deseo: *Deseo tener 25 años, y ya no vivir aquí... Deseo tener 25 años, y estar lejos de este lugar...* -una y otra vez lo repetí...

No recuerdo la magnitud de la violencia de ese día, aunque recuerdo que mi padre me repitió, por lo menos 15 veces, lo mediocre y lo fracasado que era; y que me "arrastraría en la mierda" para pedirle ayuda. Pero lo importante es que, los años pasaron, y ahora estoy muy cerca de cumplir 40...; y no..., gracias a Dios, nunca me he tenido que arrastrar para pedirle nada. Hoy me doy cuenta de que el genio de la lámpara existió, y que me trasladó de ese lugar de sufrimiento y dolor a donde estoy parado hoy en día. Sólo era cuestión de tiempo, sólo era cuestión de esperar y crecer. Ya soy "grande", vivo mi propia vida, y elijo no vivirla con violencia y maltrato. Vivo un matrimonio donde lo único que está prohibido es el abuso y la violencia; vivo tranquilo..., me puedo relajar.

¿Qué te quiero decir con todo esto? Que finalmente el tiempo pasó y dejé de ser adolescente. Que crecí y pude hacerme cargo de mí, responsablemente; y un día pude, al fin, tomar las riendas de mi vida. ¿A qué voy con todo esto? A contarte que, en ese momento, en aquel coche, a los 17 años, parecía que mi vida estaba terminada. Sin embargo, el infierno que vivía en mi casa terminó, cumplí los 25 años, los 30 y los 35; y estando cerca de los 40, te puedo asegurar que, aunque no he tenido una vida perfecta, aquí y ahora me siento dueño de mi vida, y me siento en paz. Ya no tengo miedo, y ahora sé que soy una persona valiosa. Ya no me paralizo ante una puerta eléctrica, ya puedo elegir cuando ya no quiero estar en una reunión donde se abusa del alcohol; y sobre todo, ya puedo decir lo que siento y dar mi punto de vista, sin miedo al rechazo y a la crítica. El infierno de vivir con violencia intrafamiliar terminó.

Entonces, en verdad sé lo que es ser adolescente y vivir en un sistema familiar donde los sentimientos principales son el miedo, la soledad y la desesperación. Desde esos tiempos de tanto sufrimiento, ya han pasado 22 años. Crecí y todo pasó. Como ya te lo he dicho: todo termina por pasar. Lo bueno de lo malo es que pasa... siempre.

Si eres adolescente y estás viviendo algo similar a lo que yo viví, si eres víctima de abuso verbal o físico, si vives en una familia que lastima, seguramente sientes que no hay nada que pueda mejorar tu situación, que estás condenado a sufrir por siempre, y que el único camino a seguir es el suicidio. Soy el vivo ejemplo de que no tiene que ser así. Algo de lo que me siento orgulloso es de haber seguido adelante y de no haberme dado un tiro, ese día, con aquella escopeta. Han pasado muchos años, y me han sucedido muchas cosas maravillosas en el transcurso. En aquellos momentos terribles no veía la salida, estaba metido en "la cubeta", tenía la visión "del cangrejo", y sentía una total desesperanza; sin embargo, permití que mi vida siguiera adelante, y crecí..., crecí hasta poder transformar mi realidad.

Quitarme la vida hubiera implicado el negarme la oportunidad de experimentar, que la vida puede ser algo diferente a la angustia que vivía en mi familia de origen. Hoy, tantos años después, te puedo decir que valió la pena soportar el maltrato y la desesperación. No es algo que recuerdo con alegría, pero definitivamente me ayudó a tener claro lo que nunca quiero volver a vivir.

Lo más importante de este asunto de las familias disfuncionales, se sabe que ésta es la principal razón por la que un adolescente decide quitarse la vida. Está comprobado, es un hecho, es una realidad. Aunque el adolescente se lo atribuya a problemas amorosos o de socialización, la realidad es que si tuviera una familia sólida, y un sistema familiar donde refugiarse, encontraría el apoyo que tanto necesita y podría superar las crisis emocionales por las que atraviesa.

En la gran mayoría de los casos donde hay intentos suicidas en adolescentes, se experimenta algún tipo significativo de maltrato y abuso, a nivel familiar, que generalmente es causado por parte de alguno de los padres, a quien le llamamos "tóxico" -como ya lo explicamos anteriormente. Con esta violencia habitual, se van perdiendo en la familia: la dignidad, los valores, el respeto, la conexión con el mundo y con la vida; y se diluyen los derechos de los miembros. Pero peor aún, como estas dinámicas de agresión y maltrato se viven cotidianamente en este tipo de familias, el miedo y la sensación de indefensión que se generan en los miembros, pueden llegar a "neutralizarse"; es decir, que estas situaciones arbitrarias e injustas se tornan tan usuales y reiteradas, que los miembros aprenden a vivirlas como algo natural, y sobre todo, como algo merecido: *"No merezco ser feliz", "No merezco que me traten bien", "No merezco ser amado, ya que soy mediocre"*. Y nuevamente, ya que terminas por creértelo, acabas por percibir que la vida no vale la pena y que estás destinado a sufrir "hasta que te mueras".

En una familia donde hay violencia, las conductas de maltrato nunca son sancionadas, y quienes maltratan se consideran con el pleno derecho de hacerlo. Rara vez se reconoce el error por parte del abusador, y simplemente el hijo se "adapta" a vivir con una baja autoestima. Después de un evento violento, la familia en general, actúa como si no hubiera pasado nada; y paradójicamente, la víctima es quien se acerca al agresor en "son de paz". De esta manera, cuando tus padres son violentos como lo fue el mío, te acostumbras a que te hablen con groserías, a que se burlen de ti, a que te insulten o a que te golpeen.

El maltrato físico, que se presenta en este tipo de familias, es terrible porque deja huellas en el cuerpo; pero el maltrato verbal y psicológico, deja heridas emocionales para toda la vida. Y más aún, quienes viven este tipo de relación familiar, tienen reticencia a denunciar lo que ocurre, por miedo a las consecuencias, y por una ingenua esperanza de que un cambio espontáneo suceda en quien agrede. Por lo tanto, el niño o el adolescente que vive en un sistema donde hay violencia, vive en tensión constante, justifica al padre abusador, e inconscientemente aprende a hacerse responsable de la errática conducta de sus padres. Nunca tiene tranquilidad, nunca se siente en paz. El hijo que vive en un sistema de este tipo, experimenta un "aplastamiento psíquico"; es decir, que sus emociones y capacidades terminan por anularse, que vive con baja autoestima, con falta de sentido vital, y con desesperanza y miedo a la vida. Pierde la creencia de que podrá obtener lo que desea de la vida, y aprende a que sus sueños nunca se alcanzarán; por lo que empieza a auto sabotearse, a actuar de manera autodestructiva; y refuerza su creencia de su poca valía, al ir "echando a perder" su vida por medio del alcohol, de la falta de responsabilidad o dejando las cosas a la mitad. El extremo y consecuencia fatal de esta conducta, y por lo tanto, de la creencia en que la vida únicamente significará sufrimiento y fracasos, es el suicidio.

Pero, ¿por qué el maltrato persiste? Porque el vivir atemorizado por las represalias, por los golpes, por la posible pérdida del sustento económico, por los constantes castigos y la manipulación emocional, por parte del maltratador, generan un estado general de confusión y desorganización en el hijo, llegando a experimentar gran culpa por la situación. El adolescente se percibe a sí mismo como caótico, problemático, y como el que origina los problemas familiares.

La violencia intrafamiliar genera una gran situación de vulnerabilidad de los hijos ante los padres, ya que claramente tienen menos recursos (emocionales, económicos y de lenguaje) para defenderse de las figuras de autoridad, a las que temen profundamente.

Sé lo que es estar ahí, inmerso en un sistema donde lo único constante es la desaprobación, el maltrato y el abuso –físico y verbal-; pero también he experimentado lo maravilloso que es poder dejar esa etapa atrás. Y también sé que no te va a gustar lo que voy a decir, pero el tiempo, y el trabajo personal de autoayuda que hagas, ayudará a sanarte. Sé que no te gusta porque implica que en este momento de tu vida no es mucho lo que puedes hacer para cambiar la manera en la que vives. Pero por muy difícil que sea tu dinámica familiar, por muy devaluadores y abusivos que sean tus padres, si permites que tu vida siga su curso natural, y llevas a cabo ciertas tareas que yo te enseñaré, crecerás y llegarás a la adultez; y por lo tanto, estarás más capacitado para elegir, de forma sana y constructiva, cómo vas a vivir tu futuro, tu propia vida. Es fundamental que lleves a cabo una labor interior para que trabajes en resolver las heridas emocionales de la infancia; pues si éstas no se sanan, el llegar a la edad adulta no será suficiente.

Es importante que sepas que, aunque vivas en un ambiente hostil y agresivo, no eres responsable en lo absoluto de las carencias emocionales de tus padres. No eres responsable de los problemas económicos, no eres responsable de la mala relación de pareja que tienen, no eres responsable de su infelicidad y no eres responsable del trato indigno e injusto que tienen hacia ti. Tampoco eres responsable de su enojo, de su miedo, de su resentimiento y de su cobardía. No eres merecedor del maltrato que vives, y no eres responsable de modificarlo. Crecerás, te lo prometo, como crecí yo, como crecieron muchos pacientes que he tenido en terapia; y entonces, podrás modificar tu vida de raíz.

Cuando se vive en un ambiente violento, los dos ejes fundamentales de salud psicológica de la persona, se lastiman:

1.- El primero es la capacidad de "realización", que consiste en "poder hacer lo que se quiere, y poder renunciar a lo que no se desea; de manera que se adquiera una sensación gradual de potencia, de placer". Yo recuerdo que en esa época de mi vida de la que te he hablado, lo que yo deseaba parecía valer muy poco, y era imposible decir que no a las exigencias de mis papás. Lo único importante era seguir las reglas y callar cuando éstas eran injustas. Tenía que callar para no generar reacciones de violencia, aunque en el fondo supiera que no tenían razón. Cuando te encuentras en esta situación, en la medida en que se pierde la sensación de potencia y control, se incrementen la frustración, la irritabilidad, la desesperación y la desesperanza.

2.- El segundo eje de salud que se ve afectado es la satisfacción afectiva, que es "la capacidad de establecer relaciones sociales sanas, duraderas, nutritivas y profundas". En la medida que una persona genera una adecuada red de apoyo social, la autoestima se fortalece, se logran expresar adecuadamente los sentimientos, se pide ayuda, y se genera la capacidad de dar y recibir amor. Quienes viven con violencia intrafamiliar, pierden la capacidad de confiar en los demás, se aíslan, y viven en soledad su dolor. Yo recuerdo que éramos "la familia perfecta", los hijos que a todo decíamos que "sí", que nunca nos quejábamos de lo que pasaba en casa, que nunca nos oponíamos a las exigencias irracionales de nuestros papás. Éramos los hijos que se vestían de "cuadritos y mocasines", los "hijos perfectos"; pero con la soledad más intensa que he sentido en casi 40 años de vida. Aquel día en el coche de mi mamá, recuerdo haber sentido la soledad más profunda de mi historia.

En todo esto, hay algo que es importante dejar claro: la configuración de un grupo no es lo que explica totalmente su disfuncionalidad, es decir, el que cierto tipo de gente se reúna y se interrelacione no explica que su relación sea enferma necesariamente; y no podemos cargarle toda la responsabilidad de nuestras decisiones, o nuestra patología, a nuestra familia de origen. Si tú y yo hubiéramos crecido en una familia más sana, hubiéramos tenido que luchar menos, todo hubiera sido mucho más fácil, hubiéramos tenido que enfrentarnos a las situaciones estresantes que se enfrentan los demás adolescentes, sin la presión de tener que acoplarnos a la violencia familiar, sin tener el estrés adicional de vivir con uno o más abusadores; sin embargo, esa fue mi realidad, como hoy es la tuya, y somos responsables al 100% de lo que haremos con nuestra vida, con lo que queramos construir en un futuro, a pesar de nuestros padres.

Te comparto que, al final de mi vida en mi hogar de origen, definitivamente valió la pena atravesar por todo aquel sufrimiento, porque me vi fortalecido para ser capaz de tomar la decisión de convertirme en un hombre que merece ser feliz, y que merece ser tratado con respeto y dignidad; y además algo esencial, me convertí en una persona que ha decidido no tratar a sus seres queridos de la misma manera.

En un futuro, si así lo decides, podrás encargarte de que los integrantes de tu familia, empezando por tu pareja, vivan en armonía y respeto; y lograrás que se sientan con posibilidades de realización y con la capacidad para relacionarse con los demás, de manera sana, expresándose y mostrando afecto y empatía. Si sigues adelante, como espero que lo hagas, tendrás las herramientas para manejar emociones de todo tipo, resolverás problemas sin culpa, te comunicarás adecuadamente, cambiarás lo que no funciona, y enfrentarás la vida de manera sana. Pero para llegar a todo esto, es necesario que resuelvas lo que actualmente vives, para que aprendas lo que es un esquema sano, y cuentes con una posición sólida e independiente ante la vida. Cuando lo logres, serás un adulto que podrá enfrentar la vida responsablemente, al contar con habilidades emocionales adecuadas. Eso es justamente lo que yo he intentado lograr desde que soy adolescente, y ahora te puedo decir que finalmente lo he conseguido. Una vez más, si yo pude atravesar por esa etapa tan dura de dolor, tu puedes hacer lo mismo.

El maltrato familiar o violencia intrafamiliar puede tener varios matices. Entre ellos están:

• Lesiones físicas graves.- Fracturas de huesos, hemorragias, lesiones internas, quemaduras, envenenamiento.

- Lesiones físicas menores o sin huella.- No requieren de atención médica y no ponen en peligro la salud física del menor; sin embargo, siguen generándole miedo y sensación de humillación.
- Maltrato emocional.- Existen seis tipos de maltrato emocional:

  - Rechazar.- Implica conductas de abandono. Los padres rechazan las expresiones espontáneas del niño, sus gestos de cariño desaprueban sus iniciativas, y no lo incluyen en las actividades familiares.
  - Aterrorizar.- Se amenaza al niño con un castigo o daño extremo, creando en él una sensación de constante amenaza.
  - Ignorar.- Se refiere a la falta de disponibilidad de los padres para darles tiempo de calidad a sus hijos. El padre está muy preocupado por sí mismo, y es incapaz de responder a las conductas y necesidades del niño.
  - Aislar al menor.- Se priva al niño de las oportunidades que se le presentan para establecer relaciones sociales.
  - Malcriar.- Tiene que ver con la formación del menor en un medio donde prevalecen la falta de valores y principios. Impedir la normal integración del niño a una sociedad congruente a su edad, y fomentar en él conductas de abuso y maltrato hacia otros niños.
  - Maltratar por negligencia.- Se priva al niño de los cuidados básicos, aun teniendo los medios económicos; y se posterga o descuida la atención de la salud, de la educación y de la protección del menor.

d) Maltrato sexual.- Desgraciadamente, el maltrato puede llegar a ser sexual. Si eres o has sido víctima de abuso sexual, definitivamente tu pureza fue arrancada; y necesitarás asimilar que nadie tenía el derecho de quitarte la capacidad de vivir con inocencia y naturalidad, tu infancia y pubertad.

En general, el abuso sexual es predominantemente masculino, para ejercer control sobre las mujeres que se tienen alrededor. Para mantener este control, los hombres necesitan un vehículo por medio del cual la mujer pueda ser castigada, puesta "en orden", y subordinada en términos de control y autoridad. Desafortunadamente, es difícil que una mujer sepa defenderse, ya que el proceso de abuso sexual empieza en la infancia y sigue hasta la edad adulta.

Definitivamente, los estudios realizados a nivel internacional, concluyen que las agresiones sexuales perpetuadas contra un niño impactan gravemente su mundo interno, destruyendo la vida emocional y espiritual de la víctima. Estas agresiones producen en la vida del la víctima serios trastornos sexuales, depresiones profundas, problemas interpersonales y traumas que pueden ser permanentes e irreversibles. En casos extremos -y éste puede ser tu caso-, pueden llevar a una persona a desear quitarse la vida. Esto se debe a que quienes han sido abusados verbal, física o psicológicamente, desarrollan emociones muy perjudiciales, como: desesperanza, baja autoestima, vergüenza, culpa e ira, etc.; que van acompañadas de una inhabilidad total para manejarlas. En el caso de la ira, los varones tienden a manejarla hacia el exterior, siendo agresivos hacia otras personas; mientras que las mujeres tienden a dirigirla hacia ellas mismas, envolviéndose frecuentemente en círculos viciosos autodestructivos, mutilándose (síndrome de automutilación), o con continuos intentos fallidos de suicidio (retroflexión).

Además, quien ha sufrido violencia familiar, tiene una gran dificultad para confiar; lo cual, entorpece en gran medida el proceso de sanación, pues frecuentemente, aunque encuentre a la persona indicada para intentar una relación íntima o una relación terapéutica, la víctima está tan lastimada, que inevitablemente genera una coraza para protegerse de un posible nuevo dolor emocional.

Desafortunadamente, también se ha comprobado que, en la gran mayoría de los casos, quienes han sido golpeados y abusados física y verbalmente, maltratarán a sus hijos en la infancia y adolescencia (65% de los casos). Y es que, aquellos padres que fueron maltratados en la infancia, perciben como justos los castigos implementados, o no perciben la desproporción que hay entre la falta cometida y la respuesta violenta. Estos padres, generalmente, justifican su conducta con las siguientes "razones": problemas económicos, problemas en el trabajo, en la pareja o en la propia familia. Sólo muy pocos padres abusadores piden perdón, lo cual es lo más doloroso de la dinámica violenta, pues no se reconoce el error por parte del transgresor y la víctima guarda resentimientos y sentimientos crónicos de enojo, que después expresará de manera retroflectiva a sus hijos -como se explicó anteriormente. En la gran mayoría de los casos, como los padres están a favor del castigo como medida de disciplina, aunque sientan remordimiento por haber abusado de sus hijos, no lo harán saber y lo postergarán.

Otra consecuencia que se ha observado, es que quienes sufren maltrato en la infancia o en la adolescencia, como aprenden a aguantar y a callar, establecen relaciones abusivas más adelante, con sus parejas o con sus hijos; y un gran porcentaje siguen permitiendo el abuso verbal, físico o sexual, incluso en la edad adulta. Además, quienes sufren abuso en la infancia desarrollan desarreglos de orden sexual, ya que no aprenden que el amor es algo que se disfruta, y que debe tener un balance en el dar y el recibir.

Quienes crecimos en una familia disfuncional, necesitamos aprender a relacionarnos en pareja, de manera sana; pues como nos formamos en una familia donde no existía el respeto y la comprensión, en la gran mayoría de los casos, nos relacionamos torpemente y responsabilizamos a los demás de nuestras carencias.

No importa el tipo de abuso que hayas sufrido en la infancia o que estás experimentando actualmente, hay huellas emocionales que necesitarás sanar. Ya sea el maltrato físico, que daña la integridad física de la persona; o el maltrato psicológico, que se refiere a toda aquella palabra, gesto o hecho que tienen por objeto humillar, devaluar, avergonzar y dañar la dignidad de la víctima; ambos dejarán huellas significativas para toda la vida. Entre las dos, la violencia psicológica es mucho más difícil de identificar; y por lo tanto de validar, ya que sucede únicamente dentro del grupo familiar. La violencia sexual es toda manifestación de abuso de poder en la integridad sexual de las personas; y se lleva a cabo, desde la imposición de desnudarse en contra de la voluntad del sujeto, hasta penetraciones anales o vaginales.

Como ya lo sabemos, cuando eres adolescente y estás inmerso en una familia violenta, pierdes los derechos más fundamentales que necesita ejercer un ser humano para tener una vida digna. No obstante, aunque creas que no mereces ser feliz y que no podrás modificar tu vida, te prometo que crecerás. Crecerás y podrás construir una vida digna. En una familia tóxica, se pierde la individualidad y la importancia de la integridad de los miembros se desvanece; pero cuando creces, tienes la oportunidad de volverte a forjar y empezar a vivir con valores congruentes con el amor y el respeto.

Es muy importante recordarte que tienes derechos que mereces ejercer. Tus padres no los ejercen, no los respetan, pero es importante que los tengas presentes:

- Tienes derecho a vivir.
- Tienes derecho a que te traten con respeto.

- Tienes derecho a no asumir la responsabilidad de los problemas de tus padres, ni su mal comportamiento.
- Tienes derecho a enojarte.
- Tienes derecho a "decir no".
  Tienes derecho a cometer errores, sin que te agredan por ello.
- Tienes derecho a experimentar y expresar tus propios sentimientos, a tener tus propias convicciones y a que se respeten tus opiniones.
- Tienes derecho a aprender de tus errores y a cambiar las conductas que te han hecho daño.
- Tienes derecho a aprender a cuidarte y a romper los patrones destructivos de tu familia.
- Tienes derecho a pedir ayuda emocional.
- Tienes derecho a vivir sin violencia, a rechazar las críticas no constructivas y los tratos injustos.
- Tienes derecho a vivir plenamente tu preferencia sexual y a sentirte orgulloso de ella.

Sé que parece lejano el que puedas ejercerlos completamente; sin embargo, la decisión de poderlos construir y ejercerlos algún día, está en ti.

Desde hace algunos meses trabajo con Julián. Él tiene 18 años, y tuvo un intento fallido de suicidio: la soga con la que trató de ahorcarse se zafó, y sólo se rompió la muñeca cuando cayó al suelo. El padre llegó al hospital con algunas copas encima diciendo que *"Julián era un manipulador, y que si hubiera querido matarse lo hubiera hecho correctamente"*. La madre insistía que Julián sólo estaba tratando de llamar la atención, y que en el fondo *"nunca había querido morirse"*; pero Julián tenía una marca profunda en el cuello, y en sus ojos se veían desesperanza y depresión. *Fue un accidente* -insistían sus padres. *"Cuando lleguemos a la casa, hablaremos con él, y todo se aclarará".* El médico de urgencias le sugirió que tomara algunas sesiones de psicoterapia, los padres de Julián aceptaron, y así es como llegó a mi consultorio.

En la primera sesión, dos días después del suceso, Julián sólo pensaba en morirse. *Me quiero morir...* –repetía como autómata. Se sentía solo, vacío y sin rumbo. La razón principal por la que se sentía sin ganas de vivir era porque había terminado con Natalia, su novia desde hacía dos años.

Aunque ambos padres siempre han amado a Julián, han creado una dinámica disfuncional y agresiva en casa: el padre es alcohólico, y la madre obsesiva de la limpieza; y coexisten en el hogar, siempre peleando. Durante las sesiones, Julián me explicó que su novia Natalia lo había terminado, y que con ello su vida se había convertido en un infierno. Natalia era la única que lo escuchaba, que lo quería, que lo apoyaba. Natalia había hablado con Julián, varias veces, tratándole de decir que no soportaba la idea de que fumara marihuana, que bebiera en exceso y que no tuviera compromiso con el colegio. Finalmente, después de una borrachera en una fiesta, donde Julián acabó vomitando e insultándola, Natalia decidió terminar la relación con él. Al día siguiente, Julián intentó realmente quitarse la vida. Estaba deprimido y desesperanzado; y siendo hijo único, se sentía sin apoyo y sin rumbo. No toleraba las peleas de sus padres, y había volcado toda su necesidad de afecto en Natalia.

Estos casos suceden constantemente, cuando el adolescente no tiene una familia funcional: todos sus deseos y necesidades insatisfechas se depositan en una persona, generalmente, en "el primer amor"; y así, se genera una relación codependiente, donde la estabilidad del adolescente se deposita en la persona con la que se relaciona afectivamente. Esto no es justo para nadie, pues nadie puede ser responsable de nuestros sentimientos, así como tampoco podemos ser responsables de los sentimientos de los demás. Gracias a la terapia y a su trabajo personal, Julián ha ido aprendiendo a responsabilizarse de su propia vida, a no ser parte de las dinámicas destructivas de sus padres, se ha ido comprometiendo a no repetir los patrones neuróticos de relación de sus padres (alcoholismo, abuso verbal y falta de autocuidado); y ahora, en agosto, se mudará a Monterrey para estudiar Ingeniería Agrícola. Julián ha tomado las riendas de su vida, y necesita ser firme y constante; pero ha incorporado a su vida el derecho a buscar su felicidad. Por el momento no tiene pareja, pero está consciente de que él es el único responsable de su autocuidado y su éxito en la vida.

Al igual que Julián, he trabajado con varios adolescentes que depositan en sus parejas toda la responsabilidad de su estabilidad y su felicidad. Esto sucede frecuentemente en las familias disfuncionales, porque todo el apoyo, la comprensión y el amor que no se obtiene dentro de la casa, se busca de manera demandante en el exterior. Los "conejos" que se unieron tuvieron "conejitos", y como pertenecen a una familia disfuncional, buscan aferrarse a quienes les ofrecen algo de estabilidad emocional. Esto pasa porque estos "conejitos" no han desarrollado las herramientas emocionales necesarias para relacionarse de manera sana; se relacionan con un irracional miedo al abandono, y están dispuestos a casi todo para evitar que sus parejas se alejen.

Un adolescente que sufre violencia familiar, vive con una gran sensación de vacío emocional, el cual busca llenar con el primer amor. Y ésta la segunda razón por la que un adolescente puede decidir quitarse la vida: una decepción amorosa.

Tal vez acabas de terminar una relación amorosa; y por lo mismo, tal vez te sientas aún más solo y desconcertado. Pero debes saber que no puedes amar si primero no aprendes a amarte a ti mismo. No puedes otorgar algo que no has encontrado para ti. Una relación de pareja no funcionará mientras no aprendas a estar solo y a construirte una realidad de solidez emocional. Terminar una relación es doloroso, no cabe duda; sin embargo, es necesario que aprendas de ello y le des perspectiva al asunto. Créeme que esto no es el fin del mundo, pues allá afuera habrá alguien que esté dispuesto a amarte, tal cual eres, sin que exista una relación de maltrato o de sufrimiento constante de por medio.

Sé que sientes que tu vida se está desintegrando; sin embargo, pronto crecerás. Comprométete contigo, con tu proceso hacia la salud, con tu futuro, con tu cuerpo y con tu mente. Dale un sentido positivo al sufrimiento, identifica lo que no te gusta de tu vida y sé firme en no repetirlo. Transforma lo negativo en algo nutritivo y constructivo, sé paciente; y te lo prometo, crecerás y podrás dejar esta etapa de vida atrás. Tienes derecho a transformar tu vida, no lo olvides.

Crecerás, te lo prometo.

13

CRUZANDO UN PUENTE ESTRECHO, CON LAS AGUJETAS DESAMARRADAS.

La razón por la que decidí incluir este capítulo, es porque me parece fundamental que hablemos del tema del alcohol y las drogas, en este momento tan delicado por el que estás pasando. Y es que, si estás considerando quitarte la vida, es probable que estés abusando del alcohol o de alguna otra droga -o medicamento controlado, como pastillas para dormir o benzodiacepinas-; y es apremiante que te haga ver que "¡estás cruzando un puente estrecho, con las agujetas desamarradas!". Y con esto no estoy afirmando que el alcohol conduzca al suicidio o viceversa, sino que tienen una relación sumamente estrecha. Digamos que son primos hermanos en un proceso autodestructivo.

El gran riesgo que nos presentan el alcohol y las drogas, es que son poderosos y maravillosos a la vez. Si no lo fueran, no los estaría usando la cantidad de personas que los consumen, y no serían la primera industria del mundo. Estas sustancias adictivas y peligrosas, tienen un efecto agradable dentro del cuerpo; y tienen el poder de transformar, por lo menos durante un corto tiempo, lo que sentimos. Pueden cambiar nuestro estado de ánimo, pueden relajarnos como nadie lo puede hacer; y con la suficiente dosis de lo que nos gusta, podemos reír, podemos olvidar nuestro dolor, podemos creer que disolvemos los problemas que nos aquejan, podemos sentirnos los dueños del mundo, podemos creer que podemos ser felices otra vez.

Lejos de lo que imaginas, no te voy a dar una conferencia de por qué no deberías estar abusando del alcohol o de las drogas; ni te voy a aburrir con el daño que hace al cuerpo y a las redes neuronales. Ni te volveré a decir que daña cualquier órgano que toca, desde la lengua hasta el intestino grueso. No te voy a explicar cómo termina con el hígado; y por lo tanto, con la vida. Eso ya lo sabes. Al igual que yo, tú has escuchado hasta el cansancio: "El alcohol y las drogas destruyen". No me arriesgaría a que dejaras de leer este libro por el rechazo a escuchar lo que seguramente no quieres oír. Simplemente pretendo señalar la relación tan cercana que existe entre el suicidio, el alcohol y las drogas. La mezcla entre alcohol/drogas con ideación y conductas suicidas, normalmente termina siendo fatal.

Usaré indistintamente el término alcohol y droga, partiendo de la base que ambas son drogas; sin embargo, aclaremos que en nuestro país, el alcohol "es la droga de preferencia" de la población en general: festejamos con alcohol, hacemos política con alcohol, "ahogamos las penas" con alcohol, nos divertimos con alcohol; hasta terminar, como lo veremos, violentándonos con él.

No existe una estadística totalmente certera; sin embargo, según la Organización Mundial de la Salud (OMS), el Instituto Nacional de Salud Pública (INSP), la Organización Panamericana de la Salud (OPS) y el Servicio Médico Forense, durante el año 2009, en México:

- 4 de cada 10 personas que intentaron suicidarse en nuestro país (44%), lo hicieron bajo el influjo del alcohol.
- En 7 de cada 10 suicidios consumados (77%), la víctima estaba intoxicada con alcohol.
- En 5 de cada 10 homicidios, la víctima estaba alcoholizada.
- 7 de cada 10 asesinos (74%), cometió el crimen bajo los efectos del alcohol o alguna otra droga.

En nuestro país:

- Los accidentes automovilísticos son la primera causa de muerte.

- Los accidentes de tránsito han aumentado 600% en 15 años, y representan la 4a causa de muerte (36 mil personas muertas cada año, 98 al día, 4 cada hora, 1 cada 15 minutos).
- Cada año se reportan un promedio de 400 mil accidentes de tránsito (1,095 cada día, 45 cada hora, al menos 1 cada 1.8 minutos).
- El 60% de los accidentes de tránsito mortales, están relacionados con el abuso del alcohol (se encontró en las víctimas un alto índice del líquido en la sangre). El 54% de estos percances ocurrieron en jueves, viernes o sábado.
- Por cada muerto en accidente de tránsito, más de 2 personas adicionales quedan discapacitadas (90 mil al año, 246 por día, 10 cada hora, 1 cada 7.5 minutos).
- En 9 de cada 10 accidentes, donde están involucradas personas alcoholizadas, hay algún tipo de daño físico para los afectados (piloto, copiloto, pasajeros o terceros), tales como conductores de otros vehículos y peatones.
- 1 de cada 5 personas (21%), que ingresa a los servicios de urgencia, tiene alcohol en la sangre; prácticamente el doble que en Estados Unidos.
- Entre las personas que llegaron a los hospitales por traumatismos y lesiones graves, el 27% de los hombres y el 4% de las mujeres tenían alcohol en sangre.
- En el 10% de los fallecimientos por accidentes de trabajo, el afectado estaba intoxicado con alcohol.
- La principal causa de violencia contra las mujeres, es el exceso en el consumo de alcohol (en 6 de cada 10 casos de mujeres violentadas, su pareja o ambos, estaban alcoholizados).
- El 10% del gasto en salud pública, se destina a algún padecimiento originado por el alcohol.
- Las pérdidas por choques representan hasta el 2% del Producto Interno Bruto.

En el Distrito Federal, según el Servicio Médico Forense, cerca de 950 personas murieron bajo intoxicación etílica (sobredosis de alcohol), en el año 2009. Fueron dos personas al día (1 cada 12 horas).

Conclusión: el alcohol y las drogas se relacionan íntimamente con la muerte, no con la vida.

Por todos estos datos, es que este capítulo y el anterior tienen tanta relación. Es un hecho preocupante que el alcoholismo entre los adolescentes se ha elevado profundamente; y con ello, los intentos de suicidio.

¿Por qué sucede lo anterior? ¿Por qué hay una relación tan cercana entre el alcohol y la muerte? La razón es sencilla: el alcohol es un depresor del sistema nervioso, y lo primero que deprime es el autocontrol.

Es por eso que, cuando estamos alcoholizados, nos atrevemos a "decir o hacer" lo que nunca haríamos si estuviéramos sobrios. Nos sentimos "el alma de la fiesta" y nos desinhibimos hasta el punto de cantar, bailar y reír, sin control. Sin embargo, también se desinhibe nuestro contacto con la realidad y la capacidad de medir las consecuencias de nuestros actos. Por eso, en la gran mayoría de los casos donde hay ideación y comportamiento suicida, el sujeto se atreve a llevarlo a cabo. Esto no significa que sin alcohol no habría suicidios; sino que, en muchos suicidios, hay alcohol de por medio.

En este momento, al estar escribiendo, me vienen a la mente por lo menos 10 casos de pacientes con los que he trabajado, que eran familiares o amigos de personas que cometieron suicidio; y en casi todos ellos, quien se había suicidado estaba intoxicado con alcohol. Mi propia estadística, como especialista en tanatología y psicotrauma, es que en 9 de cada 10 casos de suicidio, estuvo involucrado el alcohol.

Aunque la decisión de quitarse la vida, normalmente es un proceso que toma 9 meses, en promedio, el estar alcoholizado puede ser el "disparador" para llevarlo a cabo.

Además, el alcohol y las drogas producen estados de ánimo maravillosos; sin embargo, existe un precio importante a pagar: el síndrome de abstinencia o "cruda", que necesariamente trae consigo un estado depresivo y altos niveles de ansiedad.

El alcohol deprime y si estamos hablando de que, en este momento, te sientes en crisis, angustiado y deprimido; aunque su efecto a corto plazo parezca demostrar lo contrario, tu organismo se sentirá aún más deprimido después de haber abusado del alcohol.

Mientras escribo estas líneas, me llegan varios casos a la mente; pero recuerdo, sobre todo el que te voy a contar: hace tres años trabajé con el mejor amigo y con la exnovia de Pancho -un adolescente de 16 años, que se suicidó colgándose de una hamaca. El evento fue terriblemente traumático, porque Pancho y cinco amigos más estaban de fin de semana en el rancho de uno de ellos -el que fue mi paciente. Era de noche, casi todos habían bebido de más, como casi cualquier grupo de adolescentes; y Pancho estaba pasando por un momento crítico porque había sido expulsado del colegio y su ex novia –la que también fue mi paciente-, tenía ya un nuevo novio. Esa noche, Pancho se alejó de donde estaban sus amigos, y les mandó un mensaje de texto, despidiéndose -algunos de ellos estaban en el rancho, y no tenían señal de red-; y se ahorcó con la hamaca en la que, algunas horas antes, había estado acostado.

Uno de los amigos estaba a punto de dormirse, cuando se dio cuenta de la ausencia de su amigo; salió a buscarlo, y lo encontró colgado. Se originó un caos y un pánico colectivo.

En las sesiones de terapia que les di al amigo y a la exnovia, para sanar el duelo y el trauma, ambos me aseguraron que Pancho nunca había comentado nada acerca de estar pensando quitarse la vida, y nunca había hablado de sentirse deprimido o en crisis; pero lo que sí hicieron conciencia, y con mucho hincapié, fue que en los últimos meses, su manera de beber se había incrementado de manera significativa. Aquella noche en el rancho, Pancho se alcoholizó y se quitó la vida; marcando para siempre a todos aquellos que estaban ahí: eran cinco adolescentes que se tuvieron que enfrentar a una situación terrible, al tener que lidiar con el hecho de haberlo encontrado muerto; al tener que llamar a las autoridades; al ver el cuerpo hinchado y azul de su amigo; y al enfrentarse a serios interrogatorios.

Éste es uno de los casos más traumáticos con los que he trabajado. La verdad, haciendo un recuento del caso, estoy convencido de que mis dos pacientes tenían razón: Pancho no se hubiera quitado la vida si no hubiera estado alcoholizado. La verdad, creo que estaba buscando llamar la atención de sus amigos, y mandó el mensaje pensando que lo leerían e irían a rescatarlo. Pero nunca midió las consecuencias de subirse al árbol, de donde colgaba la hamaca, y de darle vueltas al cuello; ni se dio cuenta de que al dar el paso, su vida terminaría. No estuve ahí, pero todo indica que Pancho no quería morir...;

sólo estaba en crisis, y necesitaba afecto y cariño de sus amigos; pero estaba intoxicado con alcohol, y por eso murió ahorcado. Al final de cuentas, hubo un suicidio de por medio de un joven que tenía toda la vida por delante. Este duelo fue terriblemente doloroso para su familia, sus amigos y su ex novia; ya que todos coinciden en que, "quien lo mató", en realidad fue el alcohol.

Pero lo que es necesario aclarar en este caso, es que el hecho de que todos creamos que en el fondo Pancho no quería morir, sino que el alcohol lo llevó a tener una conducta tan destructiva, no quita el hecho de que Pancho murió por su propia mano.

Algo parecido sucedió con Ady, una joven de 25 años sumamente exitosa, estudiante de dos carreras, cuyo novio de la misma edad se suicidó la noche en que terminaron la relación. Ese mismo día, Ady decidió salir a bailar con un grupo de amigos. El hermano del novio, quien se llamaba Genaro, la vio de la mano con otro chavo, y se lo hizo saber a su hermano. Genaro, al igual que Pancho, había aumentado considerablemente su manera de beber en los últimos meses; y esa noche, estaba totalmente intoxicado con alcohol. Entró a su recámara, mandó un mensaje de texto a Ady, responsabilizándola de su muerte, y después se ahorcó. Ady ya estaba dormida y había apagado su celular. Cuando despertó y prendió su teléfono, descubrió el mensaje que Genaro le había mandado, pero ni siquiera en ese momento imaginó que se hubiera quitado la vida. Fue hasta la tarde de ese mismo día, que se enteró de la muerte de su exnovio, con el que se había relacionado por casi tres años. El hermano de Genaro lo había descubierto después del medio día.

Ady llegó a consulta terriblemente afectada por el hecho de que, el que había sido su novio por los últimos tres años, ya no vivía. ¿Te imaginas el estado de shock con el que Ady vivió el evento?, ¿la culpa y la carga que experimentó al sentirse responsable de su muerte? Fueron meses terribles para ella. Además, llegó sumamente dolida a consulta porque la familia de Genaro, al leer el mensaje de texto que quedó en su celular, la había culpado por su muerte. Por esta razón, ella no pudo asistir al sepelio, ni a las misas que siguieron.

Lo importante de todo esto, es que Ady asegura que Genaro, aunque estaba deprimido y con poca motivación en su vida laboral y escolar -cursaba el séptimo semestre universitario, sin mucho interés-, nunca hubiera intentado quitarse la vida si no hubiera estado intoxicado por el alcohol. Le creo. Al igual que para la exnovia de Pancho, para Ady fue sumamente doloroso y frustrante aceptar que su exnovio se había quitado la vida en una borrachera. Así de simple, así de crudo…, en una borrachera.

Como puedes constatar, tener pensamientos suicidas y beber alcohol se relacionan frecuentemente, y son muy peligrosos. Al beber alcohol, y deprimirse el autocontrol de la persona y el sentido común, el suicida materializa sus fantasías de muerte. El alcohol no disminuye los pensamientos suicidas; al contrario, los potencializa.

En mi práctica como terapeuta he observado que, en general, los pensamientos autodestructivos -desde la automutilación hasta el suicidio-, son en cierta medida controlables, mientras no existan alcohol o drogas de por medio. Aun con tratamiento psicológico, la persona que ha sido víctima de ideación suicida, cuando abusa del alcohol o de las drogas, llega a repetir los mismos pensamientos. Es como un CD al que se le vuelve a pulsar "play". No importa cuánto trabajo personal haya tenido la persona, cuando hay alcohol de por medio y se abusa de él, los pensamientos y conductas autodestructivos se activan. Lo que es sumamente grave, es que cuando estamos intoxicados no medimos que una decisión puede ser definitiva, y nos podemos dejar llevar más fácilmente por los impulsos de muerte.

Actualmente, estoy trabajando con Jorge, un adolescente de 18 años cuyo hermano se suicidó aventándose de la azotea del edificio donde viven. Es un caso similar al de Pancho y Genaro: Rodrigo regresó de una fiesta con sus amigos, subió a fumar a la azotea, mandó un mensaje de texto a sus amigos, despidiéndose, y cayó de un piso 16. Nuevamente, además de todo el dolor de la pérdida, existe en Jorge la duda de si realmente su hermano había deseado desde antes morir, o simplemente fue un impulso fomentado por el abuso de alcohol.

La estadística es muy simple: las personas que usan alcohol o drogas son mucho más susceptibles de consumar un suicidio. De hecho, es el principal factor de riesgo cuando existe ideación suicida.

El suicidio y el alcoholismo son enfermedades comorbes; es decir, que se presentan juntas aunque una no pueda explicar a la otra. La comorbilidad es la existencia de dos padecimientos que se presentan juntos, pero que no son explicables uno a través del otro. De esta manera, estas dos enfermedades autodestructivas van de la mano. Hoy sabemos que, los pensamientos suicidas sumados a las drogas, en algún momento, terminan en un suicidio consumado.

Estoy trabajando con Alejandra, una joven de 27 años, arquitecta, alcohólica en recuperación; que hace 7 meses tuvo una recaída, y con ella un intento suicida. *Cuando comenzaba a emborracharme, me sentía muy bien, me sentía la reina de la primavera* -comentó Alejandra. *"Sentía que todos los problemas en mi vida eran pequeños, y que se alejaban como por arte de magia; sin embargo, conforme la noche avanzaba y la cruda llegaba, empezaba el infierno, regresaba la angustia, la depresión, y empezaba a pensar en el suicidio nuevamente".* Alejandra llegó conmigo todavía con las muñecas vendadas, después de haber intentado quitarse la vida. *¿Qué fue lo último que pensaste, antes de tomar el "exacto" con el cual te lastimaste?* -pregunté, intrigado. *Pensé... ¡al carajo todo y todos!, las cosas nunca van a mejorar. Ni siquiera puedo estar sobria* –confesó, con un nudo en la garganta y con lágrimas en los ojos. *Al carajo todo y todos* –repetí para mis adentros. Eso es lo que sucede cuando se mezclan el alcohol y un pensamiento suicida.

Este caso que te narro, es el ejemplo de un pensamiento negativo que frecuentemente llega cuando el efecto del alcohol o la droga empiezan a pasar, para darle cabida a la "cruda"; y como frecuentemente decimos: a "la cruda realidad". *¿Estabas borracha cuando tomaste el "exacto"?* –pregunté, casi sabiendo la respuesta. *Por supuesto que lo estaba, nunca me hubiera atrevido a cortarme de esa manera si hubiera estado sobria* -afirmó.

Ahora Alejandra se encuentra sobria, medicada contra la depresión, y acaba de abrir su propio despacho de arquitectura.

Muchos de los pensamientos y comportamientos suicidas, y el estar "jugando" con cuchillos, pistolas, pastillas y sogas, pueden mantenerse en control temporal, al estar sobrios...; al evitar el uso de alcohol y drogas.

Nuevamente, cuando bebemos en exceso suceden dos cosas:

1.- Perdemos el control de nuestros pensamientos y acciones.
2.- Perdemos el miedo y el respeto que sentíamos por algo.

El alcohol es como un solvente que puede disolver el miedo. Tenerle miedo a la muerte es sano, es una respuesta natural de supervivencia, que se ve disuelta por completo cuando hay alcohol de por medio.

El alcoholismo es una enfermedad que distorsiona nuestra capacidad de percibir el mundo. Es por eso que la Organización Mundial de la Salud, define la enfermedad de la adicción como un desequilibrio físico, mental y social.

Creo que es importante que identifiques tu relación con el alcohol o con la droga de tu preferencia, para que sepamos dónde estamos parados. No quisiera que dieras un paso en estos momentos de tu vida, con las agujetas desamarradas.

Para entender si eres una persona adicta a una substancia (alcohol o drogas), se deben reconocer tres puntos muy importantes, que son:

1. Compulsión.- *"No puedo dejar de... fumar..., beber..., usar cierta substancia".*
2. Pérdida del autocontrol.
3. Necesidad de seguir consumiendo (dependencia).

La enfermedad tiene las siguientes manifestaciones:

- Primaria.- Satisfacer la adicción se convierte en la única meta en la vida.
- Progresiva.- La cantidad de substancia consumida por el adicto no permanece en el mismo nivel, sino que va aumentando. Lo mismo sucede con los síntomas asociados a esta enfermedad.
- Crónica.- La persona puede detener su uso, pero nunca será capaz de usar la droga de una forma controlada o normal.
- Fatal.- El uso continuo de una droga, por un adicto, lo conducirá a la muerte. Esto debido al incremento de la tolerancia, a alguna sobredosis o a un suicidio consumado.

Las fases por las que pasa una persona antes de desarrollar la enfermedad, son las siguientes:

1. Uso.- La persona empieza por usar la substancia de manera ocasional, sin presentar pérdida de control o abuso de la misma.

Ejemplo: - Tomar una copa de vino a la hora de la comida.
- Fumar sólo en ciertas ocasiones.
- Haber usado la mariguana, en algunos momentos, durante la Adolescencia.

2. Abuso.- Existe un patrón de consumo desadaptativo, que consiste en usar continuamente una substancia psicoactiva, para obtener un efecto deseado. Es cuando le damos al cuerpo más substancia de la que éste es capaz de eliminar, sin ningún síntoma asociado, todavía.

Ejemplo: - Una borrachera, en la cual hay cruda al día siguiente.
- Uso continuo de droga.
- Fumar diariamente.

3. Dependencia.- Se presentan un conjunto de signos y síntomas de orden cognitivo-conductual y fisiológico, que evidencian la pérdida de control de la persona sobre el uso de cualquier substancia psicoactiva. Se sigue utilizando la substancia, a pesar de los efectos negativos en el organismo. El usuario incrementa las cantidades y emplea el mayor tiempo posible en consumir, en recuperarse del síndrome de supresión para después, volver a consumir la substancia.

Por lo tanto, una persona adicta se ve inmersa en el siguiente círculo vicioso:

- Dependencia a la substancia.- Ya se explicó.
- Síndrome de Abstinencia.- Conjunto de síntomas y signos que se producen como consecuencia de la reducción o interrupción en la administración de una substancia psicoactiva, después de un tiempo de uso prolongado. Es la "cruda" o "resaca". La persona necesita volver a consumir la droga para sentirse temporalmente mejor.
- Tolerancia.- El organismo se va acostumbrando al uso de la substancia, y para que el individuo alcance el estado deseado, tiene que ir consumiendo cada vez más cantidad de droga; sin embargo, llega un punto en el cual el organismo pierde su capacidad de adaptación, y el individuo se intoxica con muy poca cantidad de droga. A pesar de esto, no deja de consumirla aun cuando experimente síntomas desagradables.
- Intoxicación.- Estado agudo o crónico, que se experimenta como consecuencia de la ingestión de una substancia psicoactiva, que

produce reacciones físicas, psicológicas y sociales, asociadas a niveles determinados de abuso de la droga, en el torrente sanguíneo.

Desgraciadamente, una persona no abusa del alcohol o de las drogas por las razones correctas. Al igual que Pancho, Genaro y Alejandra, quien comienza por abusar del alcohol o una droga, es por las siguientes razones:

- La persona experimenta una profunda soledad.
- Necesita huir de la realidad.
- Se siente desadaptada.
- Necesita buscar, desesperadamente, la aceptación de los demás.
- Necesita del reconocimiento o de la atención de los demás.
- Está inmersa en un círculo de vida autodestructivo.

Y aquí es donde entra el riesgo. Si estás abusando de drogas o alcohol con frecuencia, es porque no estás en equilibrio, porque no hay salud en tu personalidad. Si te emborrachas para llegar a un cierto estado de ánimo, al que sólo puedes llegar por medio del alcohol, estás alterando tu "ya alterada" bioquímica cerebral. Y jugar con la bioquímica cerebral es como jugar con nitroglicerina: tarde o temprano termina por explotar. Lo que es determinante es que, si estás en riesgo de cometer suicidio, al exponerte al alcohol disminuyes exponencialmente tus oportunidades de seguir vivo y de transformar tu vida.

Ya que estamos tratando de entender todo este caos en el que se ha convertido tu vida, y como estamos buscando que, conscientemente, elijas lo que es mejor para ti -aun cuando decidas el suicidio-, ¿no crees que te mereces decidir con cordura y buen juicio lo que será de tu vida?

Por todo el sufrimiento con el que he trabajado en los últimos años, te deseo de todo corazón, que no te conviertas en parte de una estadística, como las que leíste al principio de este capítulo.

Quiero terminar este capítulo diciéndote lo que le sugiero a mis pacientes en terapia: si vas a terminar con tu vida, si vas a tomar esa última decisión de vida, si vas a definir tu futuro con esa determinación, respétate y hazlo de manera digna. Si vas a dar ese paso, no lo hagas con las agujetas desamarradas...

No en una borrachera...

14

AMORES QUE MATAN.

Romeo y Julieta se quitaron la vida al no poder estar juntos... Famosa novela de Shakesperare, considerada una de las más románticas y apasionadas de la literatura; y de hecho, su obra más leída: "Sin ti no vale la pena vivir...".

En la ópera *Tosca* de Puccini, Floria Tosca se quita la vida; ya que al estar enamorada del pintor y conspirador Cavaradossi, condenado a muerte por sedicioso, es engañada con una supuesta farsa de la ejecución de su amado. Cuando descubre que en realidad fue asesinado, ella se suicida.

De manera similar, en la ópera *Madame Butterfly*, también de Puccini, Cio-Cio San, apodada "Butterfly" por su amado Pinkefton, se casa con este marino, quien la abandona sin saber que está embarazada, con la promesa de regresar. Ella, al final de la ópera, descubre que Pinkefton cumple su promesa; pero de la mano de su verdadera esposa, una americana. Butterfly no lo tolera, y se quita la vida.

Hemos aprendido que el verdadero amor va, necesariamente, de la mano del dolor: uno de los suicidios más famosos de la historia fue el del archiduque Rodolfo, heredero del imperio austro-húngaro (hijo de la emperatriz Sissi y del emperador Francisco José); quien al estar enamorado de una plebeya con quien no podría nunca casarse, se suicida con ella en un chalet de caza, a orillas de un lago. Se les conoce románticamente como "los amantes de Mayerling".

Los dos suicidios por amor, más famosos en México, son: el del poeta Manuel Acuña, en la Escuela de Medicina, dejando un poema conocido como "Nocturno a Rosario"; y el de Antonieta Rivas Mercado, sucedido en la catedral de Notre Dame.

Amores que matan... Amores imposibles que terminan con la vida del que ama. Amantes que deciden terminar con su vida, en lugar de recuperarla.

Siento muchísimo echarle "tierra al pastel" y romper la magia de estas "lindas historias de amor", pero en ninguna de ellas existía amor verdadero. El amor nunca permitirá el renunciar a la propia vida en "favor del amor". Este "amor", que no es amor, se llama codependencia.

Quiero trabajar este capítulo, comentando y describiendo uno de los casos más impactantes, desde el punto de vista de autodestrucción, que he tenido en mi vida profesional; y se trata de un "amor" que terminó por destruir por completo a una persona, la cual no es personaje de una novela o de una ópera de Puccini: Hace tres años aproximadamente, llegó a terapia Valeria, una mujer sudamericana de 32 años, después de haber intentado suicidarse cortándose las venas y e ingiriendo algunas pastillas para dormir. Al revisar su historia, me di cuenta desde la primera sesión, que en realidad ella había realizado un "parasuicidio"; es decir, que había llevado a cabo un falso intento suicida para llamar la atención y evitar el abandono de "Jiménez", como ella lo llamaba. Pronto lo confirmé: no tenía que lidiar con un caso de un posible suicidio, sino con una enfermedad llamada codependencia. Valeria se había intentado "matar" después de que "Jiménez" le comunicara que quería terminar definitivamente la relación, ya que estaba saliendo con otra chica.

Valeria era fotógrafa de profesión, y había conocido a Jiménez, diseñador industrial, en un curso de diseño editorial en Barcelona. Al comenzar su relación en España, Valeria accedió a seguirlo a México para continuar su relación. Ella dejó trabajo y familia en Buenos Aires, pues *se había enamorado perdidamente* de Jiménez y quería estar con él. Así fue como llegaron a vivir a México. La historia de ambos es una "linda historia de amor", excepto por un gran detalle: Jiménez es alcohólico y adicto a la marihuana, y la relación interpersonal con alguien que es adicto sólo puede ser entendida como una relación codependiente, enferma y destructiva.

Para fines prácticos, vamos a partir de la idea de que el codependiente es aquella persona afectada desfavorablemente, al estar involucrada emocional y económicamente con un individuo altamente estresante. Es paradójico que el codependiente describa su relación amorosa como "intensa y apasionada", cuando en realidad es inestable y enfermiza; y esto sucede porque no alcanza a ver esta diferencia, y buscando mantener lo primero, termina por destruir su estructura yoica, al mantener lo segundo. El codependiente cree que ama demasiado, cuando en realidad está atrapado en un amor mal entendido que daña y termina con la propia salud emocional. Un amor codependiente es algo así como "desarrollar una adicción al amor": *"No importa cuánto daño me haga; no importa cuánto me tenga que alejar de mi propio bienestar; no importa cuánto tenga que rechazar mi propio proyecto de vida; elijo renunciar a mí para estar con 'el amor de mi vida'".*

Esta enfermedad confunde el sufrimiento con el amor, ya que el amor verdadero: nutre, protege, se expande, impulsa, genera esperanza, provee de seguridad, permite la individualidad; y en general, fomenta el propio bienestar y el desarrollo de las capacidades de la persona amada. Y contraria al amor sano, la codependencia es una condición psicológica, en la cual el sujeto manifiesta una excesiva e inapropiada preocupación por las dificultades de alguien más.

Entonces, Jiménez era adicto al alcohol, y Valeria era codependiente en su relación con Jiménez. Desde el comienzo, ella buscó de mil maneras que él dejara de beber, que se comprometiera con su profesión, que dejara la marihuana y que se alejara de "las malas amistades" -los dos socios de Jiménez, en el despacho de diseño de muebles que abrió regresando de Barcelona, fumaban marihuana. Poco a poco, Valeria se fue olvidando de sí misma para concentrarse en los problemas de Jiménez. Se dio cuenta de la inestabilidad del despacho y de las demoras con las que entregaban los muebles, por lo que decidió ingresar al despacho con un sueldo muy bajo, para "sacarlo adelante". Desde ese momento, los conflictos entre ellos fueron aumentando. Ella buscaba "impulsarlo", cuando en realidad lo "rescataba y controlaba". En muy poco tiempo, Valeria terminó haciéndose cargo del 80% de los proyectos del despacho, aun cuando era su primera incursión en el mundo del diseño mobiliario. De esta manera, Valeria fue olvidando sus propias necesidades, y cuando Jiménez no respondía como ella esperaba -dejando de beber, buscando más clientes o cobrando los muebles que se entregaban-, se frustraba cada vez más, se sentía deprimida e injustamente tratada, se enojaba y buscaba controlarlo cada vez más.

El codependiente busca generar en el otro, con su constante ayuda, la necesidad de su presencia; y al sentirse necesitado, cree que nunca lo abandonarán.

Y así lo hizo Valeria: se volvió indispensable en la vida de Jiménez. Él la necesitaba para seguir adelante con su vida profesional, pero ella terminó por necesitar que él la necesitara: Valeria lo convirtió en el centro de su vida.

Las súplicas y los reclamos nunca funcionan para que alguien se rehabilite de una adicción; y Valeria presionaba de esta manera, y cada vez más, para que Jiménez dejara de beber. Pero él sólo la llenaba de promesas, pues bebía a escondidas, mentía y descuidaba cada vez más el despacho; ante lo cual, ella se enojaba, buscaba controlarlo, y lo "regañaba".

En cuanto al despacho, ella sacaba adelante las entregas, y seguía trabajando como si fuera socia; pues tenía que cubrir a los tres socios que, por el abuso de la marihuana, iban descuidando cada vez más su propio negocio.

Pasaron ocho meses y Jiménez, a final del año, le avisó a Valeria que se iría de fin de semana con sus socios, por motivos de "trabajo", para hacer la planeación del despacho para el año siguiente -ella no estaba incluida, ya que no era socia. A pesar de ser una falta de reconocimiento a su trabajo, ella lo permitió. El fin de semana de "trabajo" en Puerto Escondido, se convirtió en un fin de semana de excesos. Jiménez regresó a casa cansado, crudo y llegó a dormir. Valeria, al desempacar la ropa sucia de su maleta, encontró un paquete de condones, con uno faltante. Se sintió profundamente enojada y traicionada, despertó a Jiménez y le pidió que se fuera de la casa; sin embargo, la casa era de él, y en una discusión que fue elevando el tono, se insultaron y se golpearon por primera vez. Después de que él pidiera perdón, y le prometiera una vez más que cambiaría, Valeria decidió seguir con la relación.

En una relación de codependencia, es muy común que el sometido o víctima no pueda poner límites; y sencillamente lo perdone todo, a pesar de que la otra persona llegue a herirlo de manera deliberada o definitiva. Esto sucede, porque el codependiente confunde la "obsesión" y "adicción" que siente por el otro, con un intenso "amor" que todo lo puede. Por ende, el codependiente es incapaz de alejarse por sí mismo de una relación enfermiza, por más insana que ésta sea; y es muy común que llegue a pensar que más allá de esa persona, su mundo se acaba, pues "sin el otro no hay razón para vivir".

Después del evento de Puerto Escondido, los pleitos entre Valeria y Jiménez fueron cada vez más intensos y más dolorosos. Jiménez dejó de buscarla sexualmente, y era cada vez más cínico en las aventuras que tenía con otras mujeres. Valeria pasaba del sufrimiento total a ser devaluadora, controladora, y cada vez más agresiva verbalmente: *Eres un huevón, adicto de mierda...* *Sin mí, no eres nada* –me comentó que le gritaba frecuentemente, cuando llegaba borracho a casa.

Jiménez empezó a amenazarla con abandonarla. No le importaba ya el despacho, no le importaba su relación; quería que lo dejaran en libertad, ya que "él podía solo". Valeria, por su creciente codependencia, sintió pavor ante la posible despedida, y buscó embarazarse para que hubiera algo que los uniera de por vida. Sabiendo él no lo deseaba, ella dejó de tomar las píldoras anticonceptivas, y finalmente logró quedar embarazada.

"El amor aborrece todo lo que no es amor." Honoré de Balzac.

Jiménez se enfureció cuando supo la noticia, pues él no quería tener un hijo; y menos cuando su economía estaba tan inestable y su relación de pareja tan desgastada. Le juró a Valeria que se iría de la casa si ella no decidía abortar. Durante las seis semanas que siguieron, él la ignoró, no la tocó, no le dirigió la palabra; y fue en ese momento cuando Valeria llevó a cabo su primer "parasuicidio": tomó ocho pastillas de Lexotán, y mandó a Jiménez un mensaje de texto diciendo: *"La única manera en que me atrevo a abortar, es quitándome la vida"*.

Co = dos. En la codependencia yo te necesito a ti, pero tú necesitas que yo te necesite.

Jiménez rescató a Valeria y la llevó al hospital, fue sometida a un lavado de estómago, y así consiguió lo que necesitaba: que Jiménez prometiera nunca más hacerle daño, y seguir adelante con el embarazo. Así fue como ambos quedaron atrapados en lo que se conoce como el "triángulo dramático de Karpman"

"Triángulo de la Codependencia de Karpman"

VERDUGO

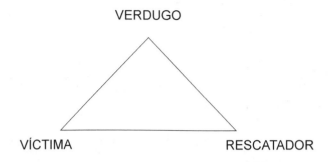

VÍCTIMA   RESCATADOR

Una relación codependiente consiste en:

* Estar centrados, casi totalmente, en otra persona.
* Una negación inconsciente de nuestras verdaderas necesidades y emociones, donde "satisfacemos nuestras necesidades de un modo que realmente no se satisfacen".
* Una continúa obsesión y preocupación por los problemas del otro.

Las dos personas involucradas alternan estos tres roles: verdugo, víctima y rescatador. El verdugo es quien lastima, quien hace daño, quien es injusto con las necesidades del otro, quien castiga con violencia o con agresión pasiva. Normalmente, el verdugo es el adicto que, por su enfermedad, "se lleva entre las patas" al otro. La víctima es quien sufre, quien cede, quien aguanta, quien se ve lastimada por los problemas del otro, quien se queja constantemente. El rescatador es quien mantiene la relación; es quien siente una culpa intensa por el daño que provoca en el otro, y entonces, lo sobreprotege, y lo cuida; y es quien no permite que la relación termine. Lo interesante de todo esto, es que las dos personas involucradas en la relación llegan a ocupar los tres roles.

Jiménez es adicto, y frecuentemente es el verdugo de Valeria; quien a su vez, es su víctima. Sin embargo, ella lo rescata cuidando de él y de su negocio, para convertirse en su verdugo cuando lo agrede y le echa en cara que "es un adicto de mierda". En cambio, cuando Valeria se embarazó, en contra de la voluntad de Jiménez, y le impuso una paternidad que él no deseaba, fue la verdugo de Jiménez; quien ahora se convierte en su víctima, al sufrir y quejarse de lo injusto de su decisión. Jiménez vuelve a ser verdugo y Valeria víctima, cuando él hace evidente que está involucrado sexualmente con otras mujeres, haciéndola sufrir; para después rescatarla ante su supuesto intento suicida.

El triángulo de codependencia de Karpman es un "triángulo vicioso" que no termina; donde ambos integrantes únicamente van alternando los roles, y el supuesto "amor" no es otra cosa que: castigar, aguantar, manipular, sufrir, ceder, agredir, sobreproteger, lastimar, quejarse, exigir, sentir culpa...

Después de que Jiménez prometió no abandonar nunca a Valeria, comenzó a ir a Alcohólicos Anónimos; y gracias a esto, la relación mejoró..., por un rato. Pero poco tiempo después, y a pesar de todos los sucesos, comenzó a salir con una chica de manera más constante; y aunque ya estaba sobrio y Valeria podía estar tranquila en ese sentido, ella descubrió esta nueva infidelidad. Por esta causa, empezó a amenazarlo con dejarlo y con abortar. Estaban ya en la 12a semana del embarazo, y ahora Jiménez estaba muy ilusionado; por lo que ahora fue él quien le suplicó a Valeria que no lo hiciera, que no lo dejara, y le dijo que haría todo lo que fuera necesario para que ella no se aplicara el aborto.

A partir de esta nueva relación con otra mujer, Valeria le dejó de hablar por completo. Seguía haciéndose cargo del despacho, pero no lo volteaba a ver. Jiménez recayó con el alcohol, y antes de tomar carretera hacia Cuernavaca, totalmente borracho, le envió un mensaje de texto a Valeria diciendo: *"Seguramente tú y el bebé estarán mejor sin mí"*. Al leerlo, Valeria llamó por lo menos 30 veces al celular de Jiménez, quien lo apagó todo el fin de semana. Muy desesperada, marcó a Locatel para hacer saber que su novio estaba desaparecido; y por este medio, se enteró en qué hotel estaba hospedado. Al día siguiente, ella se presentó en el hotel de Cuernavaca, para hablar y "arreglar" las cosas con Jiménez.

Verdugo, víctima, rescatador... Verdugo, víctima, rescatador... Verdugo, víctima, rescatador... Un triángulo de dolor y sufrimiento que no termina, que intensifica la conducta neurótica. La persona codependiente piensa que no puede vivir sin su pareja; y se funde con ella hasta el punto de llegar a perder su propia identidad, y a dejar de lado sus propios sueños, sus propias necesidades y su propia vida. Niega la realidad, justificando su actuar en favor de: un "amor intenso", una "vida llena de pasión", un "amor desenfrenado y sin fronteras"; sin darse cuenta de que no hay amor, sino dependencia y adicción.

El codependiente se enamora de repente, como en un estallido, como en un "flechazo"; y confundiendo el deseo con el amor, piensa que tiene delante a la persona ideal. Pero todo se repite: verdugo, víctima, rescatador..., y el juego nunca termina.

Después de regresar de Cuernavaca, se juntaron los reclamos de Valeria por la adicción de Jiménez al alcohol y a la marihuana, y por la relación extramarital que mantenía Jiménez con la otra chica -también codependiente, por supuesto-; lo que provocó que Valeria, en un ataque de ira, confrontara a Jiménez cuando estaba ebrio, y que éste la golpeara por segunda ocasión. Ella se fue de la casa, y prometió "nunca buscarlo"; pero al tercer día en que no obtuvo respuesta por parte de él, llevó a cabo su segundo "parasuicidio": le mandó un mensaje de texto a Jiménez, diciéndole dónde estaba -en la casa de una amiga en común-, se tomó 12 pastillas de Lexotán, y se cortó levemente las venas. Jiménez corrió a rescatarla y la llevó al hospital.

Fue después de ese "intento de suicidio", que Valeria se convirtió en mi paciente; y fue durante esos mismos días que perdió a su bebé (semana 16 de gestación), y que se tuvo que someter a un legrado. Con este evento todo se complicó, pues ahora Jiménez le echaba en cara que por sus "pendejadas" se había muerto su hijo. Ella se encontraba dolida, triste, con culpa, deprimida, confundida; y sobre todo, con miedo al abandono de Jiménez. Entonces, lo que hizo fue enfocarse a "estar bien para él".

El codependiente se deja completamente de lado a sí mismo, para anteponer siempre a su pareja; y claro que de lado ha de quedar también todo sentimiento negativo: la rabia, el resentimiento, el sufrimiento...; ya que son percibidos como una amenaza terrible a perder lo que más se desea y se añora..., lo que significa "toda su vida" y "todo su mundo": su gran "amor".

Así fue como Valeria se convirtió en el blanco de toda la agresión de Jiménez, quien con el argumento de que estaba sumamente dolido e indignado por la pérdida del bebé, debido al "empastillamiento" de Valeria, siguió tratándola cada vez peor. Valeria aguantaba todo, al representar el rol del codependiente que hace todo lo posible por mantener la paz; y como para ello era necesario negar el conflicto y la confrontación, ella jugaba su papel perfectamente, sin darse cuenta de que esto implicaba negar su intimidad. De esta manera, Valeria jugaba a que "todo estaba bien", a que su relación "estaba mejor que nunca", y a que ambos estaban trabajando para tener una mejor relación.

Pero la realidad era que había un gran conflicto entre ambos: Jiménez seguía bebiendo y seguía con la otra relación; y a estas alturas, Valeria prefería hacerse de la "vista gorda".

No es posible tener una relación íntima y sana con quien no podemos discutir un problema o algo que nos enfada. Y al no poderse resolver los conflictos propios de cualquier relación, dado que una de las partes prefiere ignorarlos, ésta sólo se da en un nivel superficial.

Durante las sesiones que siguieron, busqué que Valeria entendiera que mantenía una relación destructiva…, codependiente; donde su integridad se diluía, donde ambos se hacían cada vez más daño; pero ella estaba convencida de que si ella cambiaba y dejaba de ocasionar tantos conflictos, su relación seguiría adelante…; y eso era lo único que realmente le importaba. Como proyecto de vida personal –así lo mencionó–, se propuso cambiar a Jiménez, sacarlo del alcohol, y lograr que se convirtiera en un empresario exitoso. Pero esto, por supuesto, era un reto imposible de cumplir. Ninguno podemos cambiar a nadie. No podemos "rescatar" a nadie. De entrada, lo paradójico es que una persona equilibrada y emocionalmente estable no aceptaría que nadie lo rescatara; entre otras razones, porque ella misma es perfectamente capaz de identificar y resolver sus problemas. Por eso, como bien entendió Karpman: quien rescata termina rescatando víctimas; las cuales no sólo aceptan ser rescatadas, sino que al hacerlo, refuerzan todas las conductas negativas y los comportamientos del codependiente; es decir, que se impulsan mutuamente a representar sus roles de verdugo y víctima.

Durante varias sesiones, intenté que Valeria se preocupara por ella misma, que dejara de depositar toda su energía en Jiménez, que se concentrara en su tratamiento terapéutico y psiquiátrico, y que retomara la fotografía y la relación con su familia en Argentina; sin embargo, todo su interés estaba puesto en rescatar a Jiménez de las adicciones y en mantener su relación de pareja.

No se puede cambiar a las personas. Nadie puede, y Valeria no pudo. Pero además, el hecho de "cuidar" y "rescatar" a Jiménez, no era un deseo de cambiarlo en realidad, sino un intento desenfrenado por escapar de sus propios problemas; y al querer controlarlo, sin darse cuenta, ella se quedaba a merced de él: ella buscaba que fuera a sus juntas de Alcohólicos Anónimos, que siguiera adelante con el negocio, que hiciera ejercicio, que comiera sano, que dejara de fumar; pero él no hacía nada de lo anterior, y seguía consumiendo cada vez más alcohol y más marihuana. Nuevamente, como sucede con todos los codependientes: el controlador (Valeria), pasó a ser controlada por la enfermedad de Jiménez.

Por el otro lado, Jiménez, en su rol cada vez más agravado de "verdugo", tuvo relaciones sexuales con su amante en la casa donde Valeria y él vivían. La otra chica, con el propósito de que la relación de ellos terminara, dejó su ropa interior bajo la almohada de Valeria, con la envoltura rota del condón que habían utilizado. Al enterarse, Valeria tuvo un ataque de histeria y golpeó con fuerza a Jiménez, quien estaba alcoholizado. La golpiza entre ambos fue de tal magnitud, que Valeria tuvo que ingresar al hospital para que le suturaran una herida en la sien y para que le enyesaran el brazo, pues se había roto el radio al caer, por causa de una bofetada.

Lo frustrante de una relación codependiente, es que la adicción por la otra persona llega a tal punto, que ni siquiera algo tan profundo y extremoso como un hueso roto hace que el codependiente reaccione. El evento de violencia física no hizo que Valeria reaccionara: ella quería seguir al lado de Jiménez…; pero resulta que él ya no.

En la última sesión que tuve, antes de que ella decidiera dejar la terapia porque consideraba que *"mis intereses y los de ella no iban en el mismo sentido"*, me aseguró que nunca iba a abandonar a Jiménez. *"Aunque él no lo sepa, me necesita y va a regresar a mí"*. La última sesión que tuvimos fue en el cuarto del hospital, antes de que fuera dada de alta de la fractura. Me despedí de ella respetuosamente.

Cuatro meses después me enteré, por el doctor que me había referido el caso de Valeria, y que es primo segundo de Jiménez, que cuando éste salió del departamento para seguir su vida de pareja con la otra chica, Valeria se había tomado 75 pastillas de Lexotán, mandándole un mensaje a Jiménez para que fuera a rescatarla. Pero él no lo hizo, y Valeria murió… Y sólo así, terminó una relación enfermiza de codependencia que nunca pudo superarse.

Un amor que mata no es amor. Un amor que destruye no es amor. Un amor que denigra no es amor. Un amor enfermizo no es amor…, es codependencia.

La codependencia tiene su origen en la infancia, cuando hay vacíos afectivos en el seno de las familias disfuncionales, y cuando las necesidades de la persona no son satisfechas. Estas carencias le impiden al niño madurar adecuadamente, y se convierte en una persona que no es capaz de adaptarse a las situaciones de la vida adulta, y enfrentarlas de una manera sana y asertiva. Es importante recalcar que en estas familias, en general, existe algún padre tóxico, especialmente alcohólico.

Entonces, cuando las necesidades del niño no fueron satisfechas en su momento y, por consecuencia, las etapas que siguen a la infancia no pueden ser superadas -las crisis de desarrollo de las que hablamos con anterioridad-, el desarrollo del yo auténtico, genuino y real del individuo se detiene, se estanca; y empieza a aparecer un yo falso que surge desde el niño lastimado. Éste es un mecanismo de defensa que ayuda a la persona a sobrevivir y a sobrepasar las experiencias problemáticas que se han vivido desde la infancia; donde ese niño aprende a "servir a los demás", descuidándose a sí mismo y a su dignidad, y desarrollando roles que le permiten sentirse querido y necesitado.

Es importante aclarar, que necesitar a los demás no es necesariamente una señal de codependencia. Cuando queremos, necesitamos del otro. Una cierta interdependencia hacia los demás es sana y hasta necesaria, siempre y cuando la relación nos complemente y nos favorezca en la realización de nuestra persona.

El problema de la codependencia es que la persona vive inmersa en una relación destructiva y enferma. Es por eso que los codependientes aprenden a repetir las mismas conductas ineficaces que utilizaron cuando niños para sentirse aceptados, queridos o importantes. Mediante estas conductas buscan aliviar el dolor y la pena por sentirse abandonados; pero al final, las conductas codependientes lo único que consiguen es favorecer estos sentimientos de sufrimiento y devaluación, y fomentar relaciones donde el miedo al abandono es siempre una constante.

Las mujeres son más vulnerables a convertirse en codependientes, debido a creencias socioculturales que se han fijado en la mentalidad colectiva desde hace siglos, tales como: ellas son el sexo débil, deben estar dispuestas a conformarse con poco, han sido educadas para satisfacer las necesidades de los demás. La sociedad latinoamericana educa a las mujeres para depositar sus vidas en sus parejas..., en sus maridos; y éste es un grave error.

Estoy terminando este tema de los "Amores que Matan", y te quiero preguntar si te sientes identificado, y si crees que "morir por amor" es algo romántico, algo que vale la pena. Por todo lo que te he explicado y descrito, te pido que abras los ojos y te des cuenta de que lo que crees que es amor, no es más que una adicción, y una adicción muy peligrosa: no estás muriendo por amor..., estás decidiendo terminar tu vida por una enfermedad. El adicto está enfermo de las emociones, ya que necesita anestesiarlas pues no puede enfrentarlas y el codependiente de la libertad, ya que no se siente merecedor de una vida sin angustia y sufrimiento, ya que siente que su vida no tiene sentido si no es a través del cuidado del otro.

La dependencia es un estilo de vida, ya que nos acostumbramos a vivir preocupados, obsesionados, ansiosos y temerosos por las conductas y actitudes de los demás, olvidándonos de las nuestras por completo. La única manera para liberarnos de la codependencia es convirtiéndonos en nosotros mismos, con actitudes, opciones y comportamientos libres y creativos. El único camino para salir de este patrón enfermizo es el desprendimiento emocional de los problemas de los demás; aunque sean de nuestros seres más queridos. Este desprendimiento emocional nos lleva a vivir nuestro "aquí y ahora", nuestra propia realidad y a retomar las riendas de nuestra propia vida al mirarnos y escucharnos a nosotros mismos. Desprendimiento es "soltar al amor", es desligarnos mental, emocional y a veces físicamente, de complicaciones no saludables y frecuentemente dolorosas, de la vida de otra persona. El desprendimiento parte del hecho de que cada persona es responsable de sí misma, de que no podemos resolver los problemas ajenos, y de que el preocuparnos u obsesionarnos no ayuda en nada. Todo esto para entender que debemos darle al otro el paquete de sus propias responsabilidades y problemas, los cuales nosotros no podemos resolver. Desprendimiento es permitirle al otro que sea responsable de su propia vida, para así nosotros, responsabilizarnos de la nuestra. Al desprendernos emocionalmente de los problemas de los demás, les permitimos a los otros ser lo que son, y les damos la libertad de crecer y ser responsables. El desprendimiento emocional incluye también aceptar la realidad tal y como es; que quiere decir en gran medida, que debemos asumir el hecho de que no podemos rescatar a los demás.

Aunado a todo esto, en el caso de que una persona posea una fe religiosa, esta certeza contribuirá como un elemento extra, muy efectivo, para apoyar a que esta separación se realice; pues al creer en un poder superior que podrá señalarle el camino adecuado a esa persona con la cual desarrolla una relación patológica, el codependiente podrá separarse sabiendo que hay algo más poderoso que su propio cuidado y control.

El desprendimiento emocional necesita de la aceptación de que eres capaz y merecedor de pensar, vivir y decidir con base a lo que te haga feliz. Requiere de la convicción de que puedes vivir tranquilo en base a tus propias necesidades, y no sólo en base a lo que necesitan los demás. Requiere también que confíes en que puedes conseguir el éxito y vivir con entusiasmo, alegría, deseo de superación, paz y capacidad para recibir y dar amor; y no sólo resignarte a vivir con tristeza, desesperación, martirio o pesar.

Hay mucho trabajo de por medio, y yo sé que te gusta cuidar y rescatar. Te propongo un trato justo: rescátate tú primero, cuídate y protégete. Cuando lo hayas logrado, estarás listo para brindar algo más a tu pareja que no sea una relación donde tristemente sólo podrás ser verdugo o rescatador. Pero recuerda que si te quitas la vida, sólo podrás ser la víctima de tu propia historia.

15

UN ERROR FATAL NO SOLUCIONA OTRO ANTERIOR...

Dicen los que saben, que a esta vida venimos a aprender. Que venimos a desarrollar un nivel más alto de conciencia, y a convertirnos en mejores seres humanos. Y dicen también, que esto lo logramos mediante las experiencias de la vida y los aprendizajes que elegimos incorporar a nuestro conocimiento.

Una de los formas de aprender es a través de nuestros errores, y tomando en cuenta que el ser humano se equivoca constantemente en todas las áreas de su vida, sus fallas representan una gran oportunidad para adquirir estos aprendizajes.

Si fuéramos ángeles, no nos equivocaríamos; pero ya que no lo somos, tenemos que aprender a lidiar con el hecho de que somos falibles..., de que cometemos errores.

El problema está en que equivocarnos no es una sensación agradable. Cuando nos equivocamos, nos sentimos estúpidos, injustos, decepcionados, enojados, frustrados... Frecuentemente, somos intolerantes con los propios errores; y esta actitud nos convierte en tiranos, tanto de nosotros mismos como de los demás. No podemos ofrecer nada que no nos demos primero a nosotros mismos; y como nos exigimos perfección, esperamos lo mismo de los demás. Esta actitud sólo nos lleva a la insatisfacción ya que la vida sin errores no existe: todos nos equivocamos y, desgraciadamente, lo hacemos de manera seria.

Aunque un error no es una experiencia agradable, si lo sabemos aprovechar positivamente, puede proporcionarnos un gran aprendizaje. Es decir, que no podemos evitar equivocarnos, pero podemos elegir qué sentido le daremos a ese error. Por lo tanto, a mayor magnitud del error, mayores sentimientos negativos; pero también, mayor posibilidad de transformar la experiencia en algo positivo.

Claro que no se trata de que nos permitamos cotidianamente cometer errores, y de que no nos hagamos responsables de las consecuencias. Se trata de tratar responsablemente de no repetirlos, y de que hagamos conciencia para medir las repercusiones que nuestros errores pueden provocar. Y con esto me refiero al hecho de las personas, frecuentemente, quieren solucionar un error grave con uno peor. Hasta en la historia clásica, podemos encontrar varios ejemplos de estas personas, quienes después de reconocer que habían cometido un error grave, decidieron "resolverlo" con otro que desde mi punto de vista, resultó ser incluso peor: el suicidio.

Por ejemplo: Séneca decidió tomar la cicuta y suicidarse, después de reconocer que había condenado a muerte a un inocente -que además era héroe nacional-, a quien había acusado de un crimen por perversión de menores. No toleró la culpa, y se envenenó. Cleopatra, después de reconocer que había cometido un error terrible al convencer a Marco Antonio de pelear contra Octavio -quien al final los derocó-, se quitó la vida por sentir que había traicionado a su pueblo. En la historia mexicana, encontramos el caso del general Mier y Terán, quien se suicidó en la tumba de Iturbide por haber autorizado su fusilamiento. Hitler, ante la pérdida de la guerra, decidió acabar con su vida y la de su amante Eva Braun, por medio de un balazo.

Reconocer todos estos graves errores implicó valentía y fortaleza de espíritu; pero quitarse la vida por haberlos cometido no modificó, en nada, las consecuencias que éstos habían producido en la vida de los demás.

Estos son algunos ejemplos de quienes, al reconocer errores graves, decidieron "compensarlos" con su propia muerte; pero la realidad nos muestra que una vez que hemos cometido un error, cualquier tipo de autocastigo no repara en lo absoluto el daño cometido.

Cómo ya vimos en otro capítulo, los problemas están hechos para solucionarse y no para sufrirlos; y del mismo modo, los errores están hechos para aprender de ellos y no para autocastigarnos. Sólo cuando aprendemos a interpretar los errores de la vida como enseñanzas, nos liberamos de la culpa y de los remordimientos. La culpa nos es útil, únicamente para reconocer que nos hemos equivocado, que hemos fallado, y que tenemos que hacer algo que resuelva o compense nuestra falla; pero necesita ser transformada en algo más profundo, como lo es la introspección del perdón y la acción que resarza el daño cometido, para lograr que la experiencia dolorosa del error se convierta en algo nutritivo. Si no tenemos la capacidad de perdonar nuestros errores, la recriminación constante que nos impongamos a través de la culpa, nos mantendrá eternamente esclavos del pasado; no importa que nos creamos libres e independientes.

Hace algunos meses, conocí a Juanjo: un joven universitario de 24 años, quien intentó suicidarse con pastillas y una sobredosis de alcohol, 11 meses antes de acudir a mi consultorio. Era tan grande la culpa que sentía por un grave error que había cometido, que se había convencido a sí mismo de que no merecía seguir vivo.

Ese día, su hermana regresó temprano a casa pues se había cancelado el concierto de rock al que dijo que asistiría; y lo descubrió en su recámara, totalmente inconsciente e intoxicado. Habló a una ambulancia, y pudieron sacarlo adelante. Juanjo llegó al hospital con paro respiratorio; y aunque afortunadamente hoy no tiene secuelas en el aspecto neurológico, si las tiene a nivel físico, ya que sus riñones quedaron lastimados y dentro de algunos años necesitará diálisis, o bien un trasplante de riñón.

Cualquier decisión tiene consecuencias. Un error grave no soluciona uno anterior...

Era obvio que Juanjo no quería vivir; y después de este terrible evento, estaba profundamente enojado por haber sido "salvado" de la muerte, y opuso mucha resistencia para acudir a terapia. *A mí no me interesa sentirme mejor, sólo me interesa morir* -afirmó en su primera entrevista conmigo. En el fondo, al igual que todos los suicidas, Juanjo no quería morir, quería dejar de vivir como lo estaba haciendo; pero no alcanzaba a ver la diferencia. Aceptó tomar terapia, como acuerdo con su madre, para poder estar a solas y sin supervisión constante, como lo había sugerido el psiquiatra.

Juanjo era un joven que alguna vez había tenido una vida plena: estudiaba séptimo semestre de la carrera de Derecho, empezaba su vida laboral en un despacho exitoso, tenía una relación amorosa, tenía un grupo sólido de amigos... En la primera sesión que tuvimos aseguró que: *"Era totalmente feliz hasta antes de la gran "pendejada" que había cometido, y que nunca se perdonaría":* un sábado de junio, después de salir de una fiesta de graduación donde había bebido en exceso, ignoró las sugerencias de dos de sus amigos, y manejó ebrio hacia a su casa. Se pasó el alto en una avenida, y se estrelló contra otro coche. Él se rompió ambos brazos, la nariz y una pierna; pero el conductor del otro coche, un hombre de 43 años y papá de unos gemelos de 8 años, murió al instante.

Lo que siguió en la vida de Juanjo fue un infierno: fue conducido a un hospital privado, fue atendido con urgencia; y al despertar de la anestesia por la operación femoral, se enteró de lo que había sucedido. Era tal su nivel de alcohol, el día del accidente, que no recordaba nada de lo que había ocurrido. El joven describe como el peor momento de su vida cuando escuchó por parte de su padre las palabras siguientes: *"Mijo, tú estás bien, pero desgraciadamente el otro conductor falleció."* Estuvo en el hospital dos semanas, para evitar que las autoridades lo consignaran, hasta que llegó el punto donde el hospital lo dio de alta. Ya no había justificación para tenerlo internado, y fue encarcelado por "asesinato culposo".

En aquella primera sesión, Juanjo me describió la forma en que su vida, después del accidente, *"se había terminado":* estuvo encarcelado durante 14 meses, con toda la amargura, la soledad y la crudeza de la vida en la cárcel. Fue durante ese tiempo que planeó quitarse la vida, apenas fuera liberado. Y es que no podía seguir vivo con la conciencia de haber asesinado a un hombre. No podía seguir adelante con la culpa de haber matado a otro ser humano. Juanjo sentía que no merecía seguir vivo, y que la consecuencia de haber matado debía ser necesariamente matarse a sí mismo. Lo sentía como algo justo.

Ante la depresión con la que salió de la cárcel, sus padres lo llevaron al psiquiatra, quien lo medicó con antidepresivos y ansiolíticos. Juanjo, que ya tenía totalmente tomada la decisión del suicidio, planeó llevarlo a cabo el siguiente fin de semana, cuando sus padres estuvieran en una boda y su hermana en un concierto. Y así lo llevó a cabo, ingiriendo toda una caja de Tafil, con tres cuartos de una botella de whiskey. Estaba demasiado lastimado, enojado consigo mismo, y cargando una culpa que no lo dejaba concentrarse en nada que no fuera el haber matado a este otro hombre: Rigoberto. Pensaba constantemente en cómo este padre de familia había sido asesinado por la imprudencia de un "escuincle borracho". No toleraba vivir así.

¿Con tu muerte hubieras regresado a Rigoberto a la vida? –pregunté atento. *"¿Podrías regresarle su papá a ese par de niños?"*. *"No, pero por lo menos podría verlo a los ojos y pedirle perdón"* –contestó con firmeza. Ahí estaba la necesidad no resuelta de Juanjo: pedir perdón. Necesitaba reconocer públicamente que se había equivocado, y que estaba consciente de que merecía un castigo. *Te escucho y me doy cuenta de que sí merecías un castigo; pero con todo lo que has sufrido durante estos últimos 15 meses, ya lo has recibido... ¿o me equivoco?* –pregunté casi afirmando.

Juanjo aceptó tener algunas sesiones conmigo, durante las cuales pudo, a través de la técnica gestáltica de la silla vacía -imaginaba a Rigoberto sentado frente a él-, expresarle lo que estaba pendiente: su petición de perdón, su tristeza, su enojo, su frustración y su dolor por haberle quitado la vida. Se preparó para ir a darles la cara a la esposa y a los hijos de Rigoberto, y para pedirles perdón también. En ese momento no podía traer de regreso a Rigoberto, pero podía hacerles saber el dolor tan grande que sentía, y cómo su vida se había transformado a partir de ese irreparable error.

Gradualmente, Juanjo fue aceptando que quitarse la vida únicamente generaría: dos familias en duelo, dos familias en intenso sufrimiento y dos muertes que no servirían de absolutamente nada. Y gracias a esta conciencia, pudo reconocer su error y aceptar sus consecuencias legales, económicas y emocionales. Sólo faltaba lo más importante y complicado: necesitaba perdonarse a sí mismo por haberse equivocado.

Durante la terapia, Juanjo reconoció que había tenido dos aciertos: la humildad para aceptar la magnitud de su falla, y la valentía para tratar de resarcir su error. Sólo que estaba confundido: ¿"ser valiente" también significaba seguir vivo y haber seguido adelante con su vida, después de haber cometido tan grave error? Juntos concluimos que todo el trabajo que estaba haciendo, desde: seguir vivo reconociendo su error, perdonarse a sí mismo, encarar a la familia para pedir perdón, hasta seguir adelante con su vida, eran comportamientos que mostraban un gran coraje de su parte para transformar esta experiencia tan terrible en un gran aprendizaje de vida.

Después de algunos meses, Juanjo retomó la universidad, retomó su vida laboral en otro despacho, y fue dado de alta en su tratamiento farmacológico. Su proceso terapéutico fue profundamente enriquecedor, ya que logró procesar el error cometido y transformar el autocastigo en aprendizaje. ¿Cómo lo había conseguido? Primordialmente, a través del perdón.

Entonces, es un hecho que todos cometemos errores, y que necesitamos aceptarlos como parte inherente de la vida. No aceptar un error de vida nos puede llevar a tener actitudes negativas que nos conducen a ser poco responsables de la propia existencia, y a mostrar nuestra insatisfacción en el comportamiento que proyectamos hacia los demás. Pero cuando logramos aceptar que cometimos un error tenemos, entonces, la posibilidad de elegir una actitud positiva al respecto.

Las actitudes negativas que podemos tener ante un error son aquellas en las que:

- Nos lastimamos por haberlo cometido, y por no ser perfectos.
- Lo ignoramos, como si no hubiera ocurrido; y por lo tanto, impedimos el proceso de aprendizaje que necesitamos para procesarlo.
- Vivimos sumidos en una culpa eterna, como en el caso de Juanjo.
- No logramos perdonarnos, y nos volvemos intolerantes ante el daño que nos causamos a los demás.

Las actitudes positivas ante un error pueden ser:

- Aceptarlo.
- Perdonarnos.
- Vivir nuestro error como una experiencia necesaria para el aprendizaje.
- Estar dispuestos a enfrentar las consecuencias de éste, sin aferrarnos a la culpa.
- Sumar el aprendizaje de vida a un conocimiento de nosotros mismos, que nos lleve a un nivel más alto de conciencia.

Volviendo a ti, lector, es posible que, en algún momento, hayas tomado decisiones erradas, que posiblemente se puedan catalogar como "lamentables"; y que generen en ti, al igual que en Juanjo, un sentimiento de que "mereces morir" por haberte equivocado. Pero date cuenta de que, si en el pasado hubieras tenido el conocimiento de las consecuencias que tendrían tus acciones, seguramente habrías decidido algo diferente. Sin embargo, ya que no tenemos el don de "la adivinación", debemos asumir que tomar decisiones equivocadas es parte del vivir. Y aunque algunas de ellas nos conduzcan a circunstancias poco agradables; el vivir estas experiencias nos puede enseñar lo que "queremos y lo que no queremos en nuestra vida".

En nuestra última sesión de terapia, le pregunté a Juanjo cómo quería cerrar su proceso terapéutico, y su respuesta sigue conmoviéndome profundamente: *"Elijo reconocer que soy un hombre bueno, el cual cometió un error muy malo, y que merece volver a ser feliz."*

Como puedes ver, los errores son lecciones de vida que nos pueden servir como peldaños a niveles de conciencia más elevados, y a una existencia más evolucionada; pero debemos tener muy claro que, el sentir culpa y quedarnos ahí, no sirve de nada; pues no te da nada a ti ni a los que te rodean. La culpa que no se transforma en responsabilidad, no brinda bienestar a nadie; sólo detiene cualquier proceso emocional que nos ayude a sanar y puede ser el enemigo que no nos permita compensar, restituir o reparar el daño, perjuicio o agravio que hayamos cometido.

Hablando de los errores que yo he cometido en mi vida, que no han sido pocos, cuando he decidido tomar una actitud positiva ante ellos, para incorporarlos como una experiencia nutritiva de vida, he necesitado hacer lo siguiente:

- Responsabilizarme de mi error.- Asumir que mi realidad actual de vida es producto de mis decisiones del pasado. Si mi realidad no me gusta, es porque me he equivocado en el pasado; pero puedo modificar mi presente, y eso depende de mí.
- Corregir.- Si mis acciones o palabras han lastimado a otra persona, he pedido perdón de manera humilde; lo cual se ha convertido en un camino de sanación, tanto para mí como para el otro. Sólo es importante entender que el perdón es un proceso y no una decisión; y que probablemente a quien he afectado necesitará de tiempo para poder perdonarme.
- No autocastigarme.- El castigarme a mí mismo no sirve para nada positivo. Es mejor decisión intentar incorporar a mi experiencia ese aprendizaje, para brindarme a mí y los demás una mejor calidad de vida.
- Dar gracias.- El error, aunque me duela, me hace un mejor ser humano. Una buena técnica para procesar mi falla y convertirla en una experiencia positiva de vida, es el agradecimiento por tener la

capacidad de darme cuenta en qué puedo mejorar para buscar ser mejor pareja, hermano, tío, terapeuta...

- Tratar, de forma comprometida, de no cometer el mismo error.- Un moretón en la rodilla debe enseñar a un niño a no correr tan rápido. Si vuelve a correr rápido, se volverá a caer, hasta que aprenda. Si constantemente estoy enfrentando las mismas dificultades, es una señal de que no he aprendido las lecciones que estas situaciones me han tratado de enseñar. Definitivamente, las oportunidades de crecimiento solamente llegarán después de haber tomado responsabilidad y de haber incorporado el aprendizaje de vida a mi conciencia; en lugar de elegir la actitud de lastimarme y culparme por lo sucedido.
- Tener precaución a futuro.- Aunque los errores son parte de la vida, una vez que reconozco y aprendo de los acontecimientos, trato de evitar el meterme en situaciones donde el pasado me ha demostrado que encontraré conflicto y perjuicio para mí y los demás.
- Tratar de no lastimarme, preocuparme u obsesionarme por lo que ya no se puede cambiar o corregir.- Es un hecho que no vale la pena preocuparnos por cosas sobre las que no tenemos control; porque si no podemos hacer nada, no tiene sentido que les sigamos dando vueltas.
- Aceptar mi condición de falibilidad.- Me seguiré equivocando, no por ser un mal hombre, sino porque soy un ser humano; y gracias a esta conciencia, he logrado ser menos exigente conmigo y con mis propios errores.

Un error que constantemente cometemos los seres humanos, es creer que algo es imposible sencillamente porque no hemos logrado conseguirlo: *Lo único imposible en esta vida es arrugar los dientes* —diría mi abuelo. Todos merecemos perdón, todos merecemos una segunda oportunidad y todos merecemos la oportunidad de intentar una vida nueva.

Una mente negativa y enfocada a la culpa, se dejará dominar por el pesimismo. Una mente humilde y asertiva estará abierta al aprendizaje y al perdón; y por lo tanto, a una mejor calidad de vida.

Tal vez estés considerando quitarte la vida por no perdonarte un error; y si no te lo perdonas, seguramente es porque lastimaste, heriste o traicionaste a alguien más. ¿No crees que sería profundamente necio de tu parte buscar sanarlo lastimando, hiriendo o traicionando otra vez?

Nunca un error mayor solucionará uno anterior...

16

LA PESADILLA DEL TRAUMA PUEDE QUEDAR ATRÁS...

Por segundo año consecutivo, el ejército de EE.UU ha perdido más soldados por suicidio que por combates en Irak y Afganistán. Los últimos datos, dados a conocer por el Pentágono, revelan un aumento alarmante de muertes por suicidio, en 2010: se registraron 434 suicidios, entre el personal en servicio activo, superando los 381 casos de 2009.

Los uniformados más afectados son los miembros que participaron en las campañas invasoras en Irak y Afganistán, quienes estuvieron expuestos al dolor humano, a la presencia del hambre, a la desesperación y a la muerte de otros.

¿Qué es lo que lleva a los soldados a acabar con sus vidas? Definitivamente, los traumas experimentados durante el combate. Un trauma es la secuela psicológica que sufre una persona después de cualquier tipo de experiencia violenta, donde sintió que su vida estaba en peligro, que no tenía poder para defenderse, y que estaba sin control; y donde se sintió humillada y muy desprotegida. Bien dicen los que saben: "En las guerras se vive, todos los días, el infierno de la miseria humana".

Desafortunadamente, cuando una persona ha estado expuesta a un trauma psicológico extremo, las defensas mentales no pueden asimilarlo; y no sólo lo vive y lo guarda en el recuerdo como un hecho desagradable, sino que puede desarrollar, a partir del acontecimiento, lo que se conoce como Trastorno de Estrés Postraumático (TEPT): severa reacción emocional que se desarrolla después de haber observado o experimentado un evento traumático que involucra una amenaza de lesión o muerte; y que se manifiesta como un trastorno de ansiedad, eventualmente depresivo, al revivir múltiples veces, en sus pensamientos o en sus sueños (pesadillas), el trauma original.

El TEPT se puede presentar inmediatamente después del trauma mayor, o se puede demorar más de seis meses. Cuando se presenta inmediatamente después del evento traumático, por lo general mejora después de tres meses; sin embargo, cuando el trastorno se presenta después de seis meses del suceso, tiende a manifestar síntomas emocionales crónicos y mucho más duraderos.

El TEPT puede ocurrir a cualquier edad y suele aparecer, generalmente, después de un acontecimiento traumático, como lo puede ser: desastre natural (inundación, tsunami, terremoto, incendio), guerra, encarcelamiento, asalto, maltrato familiar o violación.

Lo que sucede en la persona que sufre TEPT, es que la respuesta de su cuerpo a la tensión se modifica, debido a que el trauma afecta a las hormonas relacionadas con el estrés y a los químicos que transmiten información entre las neuronas (neurotransmisores); lo cual provoca que el organismo experimente que está siempre en peligro, aunque el evento amenazante haya quedado atrás. Entonces, las personas con TEPT experimentan una y otra vez, y de varias maneras, el hecho que las traumatizó (reviviscencias); e incluso pueden presentar: sueños recurrentes, recuerdos atemorizantes del acontecimiento o sensaciones perturbadoras y angustiantes durante los aniversarios del evento.

En el ámbito mundial, los hombres estamos más expuestos a eventos traumáticos, aunque las mujeres sufren más el trastorno posterior (las secuelas). Después de que viven un acontecimiento traumático, el 8% de las mujeres padecen el TEPT; mientras que en los hombres se ubica en un 6%.

Lo que en este libro nos ocupa sobre el tema del TEPT, es que cuando una persona ha vivido un trauma significativo que la lleva a sufrir este padecimiento, se pueden originar en ella altos niveles de ansiedad que la conduzcan a considerar el suicidio como una opción para liberarse del miedo que reexperimenta una y otra vez.

Mariana es una adolescente de 19 años que toma terapia conmigo desde hace siete meses. Ella fue canalizada conmigo, después de un intento de suicidio, al haber ingerido veneno para ratas. Afortunadamente, aunque tuvo complicaciones serias en el tracto digestivo, la joven sobrevivió al evento. Cuando llegó a mi consultorio, su madre tuvo que entrar con ella a la sesión, ya que no toleraba estar a solas con un hombre, y no podía siquiera mirarme a los ojos. *Chaparra, ¿tú quieres estar aquí?* –pregunté, buscando su mirada. No contestó; sólo se mecía suavemente en el sillón enfrente de mí, mordiendo la manga desgastada de su sudadera. Claramente, tenía en frente de mí a una persona traumatizada, atemorizada y sin la capacidad para poner en palabras lo que estaba sintiendo.

Mariana estuvo secuestrada por 26 días, durante los cuales fue golpeada, amarrada, violada constantemente -tanto vaginal como analmente-; siendo víctima de abuso físico, verbal y psicológico todo el tiempo que duró el secuestro. Aun el día en que fue liberada, después de ser violada, le informaron que la enterrarían viva en un bosque cerca de la ciudad.

¿Quieres que te refiera con una psicóloga mujer para que te sientas cómoda? –pregunté, casi terminando la primera sesión, y después de recibir toda esta información por parte de su madre. Mariana no contestó. *"¿Quieres que nos volvamos a ver?"*. La joven afirmó con la cabeza, y así comenzamos su proceso terapéutico.

Cabe señalar que, si bien soy una persona a la que le gusta el acercamiento y el contacto físico -soy táctil, me gusta dar abrazos cuando alguien los necesita, dar palmadas en terapia, tomar de la mano cuando alguien llora en mi consultorio; todo a manera de apoyo-; desde el principio tuve claro que con Mariana no podría, siquiera, saludarla dándole la mano.

Lo que sufrió Mariana es indescriptible. Constantemente me repetía que vivir teniendo tanto miedo, no era vida. Deseaba que la hubieran enterrado viva para no tener los sueños, los recuerdos; y sobre todo, la sensación de estar constantemente en peligro. No podía salir de su casa y no toleraba no estar acompañada. Su ideación suicida se relacionaba con la fantasía de nunca poder volver a estar tranquila. Sufría reviviscencias frecuentes del evento;

tenía miedo a quedarse dormida, por las pesadillas que tenía; y aparentemente de la nada, sufría de ataques de ansiedad.

Sucede que cuando una persona sufre un episodio traumático, su capacidad de estar en conexión con la vida se ve seriamente afectada. Este choque emocional agudo, al ser irracional e incapaz de ser procesado por la mente consciente, se queda atrapado en la mente infantil, primaria, primitiva; la cual es "egocéntrica". Es decir, que no importa la edad que tenga la persona, el trauma del evento se queda atorado en la mente, y al no poder darle perspectiva a la realidad, se percibe como responsable de todo lo que sucede a su alrededor; y por lo tanto, se siente "merecedora de un castigo". Es por esto mismo, que un niño se siente responsable del alcoholismo de su padre, de la agresión de su madre o del divorcio de sus padres; porque no puede darle perspectiva a la realidad, y entender que no todo lo que sucede tiene que ver con él.

Otro problema serio que también se presenta con un trauma de esta magnitud, es que éste queda guardado y asociado emocionalmente con varias creencias, siempre negativas, que logran que la autoestima de quien lo vivió se vea cada vez más mermada; lo cual repercute en todas áreas de la vida de la persona, como en su capacidad de ser feliz y en su percepción de merecimiento de éxito. Las creencias negativas más comunes, que quedan registradas después de un trauma, son las siguientes: *"No valgo", "Merezco sufrir", "No estoy en control", "Estoy en peligro", "Soy una mala persona"*. ¿Cómo podemos estar conectados con la vida y ser felices cuando tenemos tanto dolor causado por un trauma, y todas estas creencias atrapadas en la mente, dándonos vueltas todo el tiempo? Es imposible...

En el trabajo terapéutico, Mariana logró identificar que sus creencias negativas eran: *"No valgo" y "Estoy en peligro"*... Era evidente que el vivir sintiéndose sin valía alguna y el estar atrapada en este estado de vulnerabilidad, la habían orillado a cometer un intento suicida.

Aunque no todos los seres humanos respondemos igual ante determinadas circunstancias, las manifestaciones del Trastorno de Estrés Post-traumático son similares:

1.- Reexperimentación.- Implica la reviviscencia involuntaria, a través de imágenes del suceso. Es como si la persona estuviera viviendo en el presente, y en forma recurrente, lo sucedido en el pasado.

Mariana no toleraba estar en la obscuridad, porque automáticamente sentía que estaba otra vez en el lugar del secuestro, y sentía pavor de ser violada otra vez.

2.- Evitación.- Se rehuye el recuerdo de la situación, en vez de enfrentarlo; y cada vez que viene una imagen a la mente, la persona busca evitarla a toda costa, llegando incluso a recurrir al alcohol, las pastillas o a cualquier recurso que ayude a evitar que el dolor reviva. En este estado, por ejemplo, hay quienes no son capaces de tener una relación de pareja, por haber sufrido una violación; o quienes no logran a volver a manejar, después de un accidente.

Mariana no soportaba mirar a un hombre a los ojos, y estaba convencida de que jamás tendría novio; ya que la idea de que un hombre la volviera a tocar sexualmente, la paralizaba.

3.- Aumento de la activación fisiológica, como: insomnio, rabia, inestabilidad, ataques de ansiedad.- Se llega a presentar la hipervigilancia (estado exagerado de alerta por un sentimiento constante de amenaza); ya que la persona se siente indefensa y vulnerable, y percibe que les puede volver a suceder otro evento del mismo tipo. Esta reacción no es lo que normalmente llamamos "paranoia", sino una búsqueda constante en el medio ambiente de signos de amenaza, basada en los estímulos que le recuerdan el trauma. Un ejemplo claro de este síntoma es cuando alguien ha sido asaltado en algún medio de transporte público, como el metro, y lo vuelve a utilizar: siente la necesidad de bajarse del vagón, prácticamente en cada estación, ya que se imagina que si sigue el trayecto completo seguramente será víctima de otro asalto.

Mariana tenía manifestaciones constantes de ansiedad, taquicardia, insomnio, sensación de mareo, y no toleraba escuchar la radio; ya que cuando estuvo secuestrada, el único ruido constante era ese: el sonido de una estación de radio de música tropical.

4.- Agresividad y rabia hacia los demás o hacia sí mismos.- La persona tiende a estar a la defensiva, debido a su necesidad de protegerse; y la manifiesta con agresión.

La mamá de Mariana no podía preguntarle cómo había dormido o cómo se sentía; y estaba tan agresiva y tan enojada, que le pidió que no le dirigiera la palabra.

5.- Culpa y vergüenza.- Estos sentimientos suelen aparecer cuando la persona empieza a pensar que debería haber hecho algo que podría haber evitado el evento traumático.

Mariana no se perdonaba haber salido a bailar esa noche, ya que los secuestradores le dijeron que iban por *"alguna de sus amigas"*, y ella había sido más fácil de secuestrar. Mariana le daba una y mil vueltas a lo que hubiera sucedido si esa noche se hubiera quedado a ver películas en su casa.

6.- Problemas para relacionarse.- Por su embotamiento emocional, a la persona le resulta difícil volver a confiar en los demás y sentir cercanía hacia otras personas; además de que tiende a aislarse de todo y de todos por su gran necesidad de estar en guardia para "defenderse". Este comportamiento le puede dificultar su papel para aceptar y fluir en situaciones íntimas con sus parejas, familia o amigos; ya que el hacerlo implicaría "bajar la guardia", y la haría sentir, aún más, sin control y a merced de un mundo que percibe como hostil, y como un lugar en el que pueden pasar cosas terribles.

Mariana no quería volver a salir con sus amigas, no quería siquiera ir al cine o a algún centro comercial; y la idea de volver a salir en la noche a un bar o una discoteca, estaba totalmente descartada.

¿Quiénes tienen riesgo de desarrollar TEPT?:

- Personas que han sido víctimas de agresión física o verbal.
- Personas que han experimentado violencia: en la familia, por asalto o por secuestro.
- Sobrevivientes de desastres naturales, tales como: huracanes, terremotos o inundaciones.
- Personas que han sido abusadas sexualmente, o amenazadas con ello, o quienes han sufrido una violación.
- Soldados (en activo o veteranos) o víctimas de guerra.
- Personas que han intervenido en eventos traumáticos, como: bomberos, policías o personal de rescate.
- Personas que han sido diagnosticadas con una enfermedad que puede causarles la muerte.
- Personas que han sido víctimas de dolores agudos o crónicos.
- Cualquier persona que vive un duelo no resuelto.

- Sobrevivientes de un evento inesperado, tal como: accidente automovilístico, incendio o ataque terrorista.

Alrededor del 30% de las personas se ven expuestas, a lo largo de su vida, a algún acontecimiento traumático; y de estas personas, entre un 10 y un 20% desarrollará este trastorno. El evento que causa más TEPT, es la violación sexual; generándose en el 50% de las mujeres que son atacadas y en el 65%, en el caso de violación en varones.

¿Es el TEPT una reacción natural de miedo? La respuesta es negativa. Evidentemente, cuando una persona atraviesa por un asalto, un desastre natural o cualquier otro evento traumático, pasará por un estado inevitable de miedo; sin embargo, el miedo como respuesta natural e innata, tenderá a desvanecerse cuando el peligro desaparezca. Pero cuando la persona sufre de TEPT, el miedo se vuelve una constante de la vida y se experimenta en niveles muy elevados, transformándose más bien, en terror: El TEPT, básicamente, es vivir bajo el régimen del terror.

Es importante señalar que ningún fármaco cura la memoria traumática, por lo que hay que procesarla a través del tratamiento psicoterapéutico; donde el objetivo es lograr desarticular la respuesta emocional condicionada después del trauma.

Actualmente, existe una especialidad que se dedica a tratar este tipo de trastorno: se llama psicotrauma, la cual utiliza una nueva herramienta terapéutica, muy eficaz, para trabajar con el TEPT, llamada EMDR (Eye Movement Desensitization and Reprocessing): por medio de cierto movimiento ocular, el paciente va desarticulando, de su vida cotidiana, la emoción de terror y la creencia negativa que asoció en el momento del trauma. Esta terapia enfocada a trabajar el trauma, busca que el paciente entienda lo que es el TEPT, para que sea capaz de darle perspectiva a la situación; es decir, para que logre que el choque emocional que experimentó quede atrás en el tiempo, como un recuerdo desagradable y difícil, pero que ya no define su vida presente.

En este trabajo tan profundo, es necesario enseñar técnicas de relajación; para que el paciente las ejecute cuando esté reviviendo el suceso traumático, y así pueda enfocarse en el presente; logrando separar el recuerdo desagradable del "aquí y ahora". Asimismo, la terapia funciona para que el individuo no evite hablar del suceso, y lo exprese hasta sanar la herida que éste generó en él.

Mariana ha ido sanando el secuestro y las violaciones que experimentó, y está recuperando su vida, de manera admirable. Es una chica valiente y comprometida que ha decidido salir adelante; y que, afortunadamente, ha logrado alejarse del riesgo suicida. Ha empezado a salir con sus amigas a fiestas y al cine, aunque todavía no está preparada para salir a bailar. Tampoco está preparada aún para relacionarse en pareja -aunque paradójicamente, tiene varios pretendientes-; pero sobre todo y lo más importante, es que ha decidido estudiar Psicología para ayudar a víctimas de abuso sexual.

El jueves pasado, por primera vez, Mariana se despidió de mí con un abrazo, después de la sesión. Estuve a punto de echarme a llorar...

17

AQUELLOS QUE YA LO INTENTARON...

Afortunadamente, existen muchos más intentos suicidas que suicidios consumados; aunque es una realidad que el 60% de aquellos que lo han intentado, lo volverán a hacer. Así es que, si ya intentaste quitarte la vida una vez, es importante que revises y reflexiones sobre qué fue lo que te llevó a intentarlo, y qué impidió que lo llevaras a cabo, pues esa problemática si no ha sido resuelta, estará dándote lata como piedrita en el zapato hasta volver a aflorar como un problema serio.

La gran mayoría de los intentos suicidas, son un intento desesperado de comunicación y no un deseo verdadero de morir; pues lo que el suicida en realidad quiere, es dejar de vivir como lo está experimentando, y el intento de quitarse la vida puede ser un acto desesperado para comunicarlo.

Para aumentar este estado de insatisfacción e incomodidad en que vive una persona con intentos suicidas, sucede frecuentemente que quien falló en su intento suicida, en el corto plazo se sienta frustrado y enojado. *Ni siquiera eso me sale bien* –me dijo Steven, en nuestra primera sesión, después de haber sobrevivido a un intento suicida por intoxicación con benzodiacepinas. *Me siento apenado, humillado, no sirvo para nada. Ni siquiera logro ponerle fin a mi vida* -me confirmó, al revisar en la terapia su fallido intento. Ese día, su novio llegó temprano a la casa, lo descubrió intoxicado, y lo llevó urgentemente al hospital. Estaba totalmente desesperado, ya que era la segunda vez que

Steven lo intentaba. *Lo adoro, es el hombre de mi vida, pero no puedo vivir con la angustia de que lo vuelva a intentar...* –me dijo la pareja de Steven, antes de que tuviéramos nuestra primera sesión.

Hay quienes se siente frustrados y enojados después de un intento fallido de suicidio, como Steven; pero hay otros que después de fallar se sienten confundidos y culpables, como Maye; otros que se sienten desesperados y atrapados, como Mariana; o bien, otros que quedan agradecidos y liberados, como Diana: una joven adolescente, con la que trabajé el año pasado después de intentar suicidarse por haber terminado con el novio, que le había sido infiel con su mejor amiga. Después de tres sesiones, me confesó lo siguiente: *"¿Te imaginas..., haberme matado por ese pedazo de imbécil? Dios me quiere..."*.

Lo que es una realidad, es que no podemos ignorar las respuestas emocionales que se presentan en la persona que intenta suicidarse; pero tampoco debemos dejar a un lado el trauma que viven las personas que la rodean. Y por este choque emocional que experimentan ambos, es lógico que después de un intento de suicidio, las relaciones interpersonales necesariamente se modifiquen; pues se establece un antecedente de riesgo y peligro, tanto para el que lo intenta, como para el resto del sistema familiar. Incluso, muchos de mis pacientes que lo han intentado, me han comentado lo siguiente: *¿Ahora sí la regué cañón, verdad?* Y para ser honestos, en la gran mayoría de los casos, han mostrado mucha sensatez al reconocer su gran error.

La gran mayoría de las personas con las que he trabajado me reportan que, justo antes de intentar quitarse la vida, lo que han sentido es control..., control para poder terminar con todo el sufrimiento que han estado cargando; pero después del intento suicida, este sentimiento de control desaparece completamente; y entonces aparece en ellos, primordialmente, un profundo miedo: sienten miedo de lo que fueron capaces de hacer, miedo de haberlo llevado a cabo, miedo de volver a intentarlo... La sensación de control que tenían, se escapa, y regresa la sensación de caos. Descubren que su mundo no cambió en lo absoluto; y al contrario, sienten miedo del poder y control que ejercen sus propias emociones sobre su persona, y de lo que fueron capaces de hacer al dejarse guiar por éstas. La mayoría de mis pacientes que han intentado quitarse la vida, sienten miedo de darse cuenta de que son "asesinos en potencia", de sí mismos.

Hace años trabajé con Maricarmen, una mujer soltera de casi cincuenta años, que había tenido un accidente de coche cuando era muy joven; y debido a los extremos dolores que había sufrido, se había hecho adicta a los medicamentos para el dolor. Ya había estado internada en dos clínicas para desintoxicación, y ahora tenía que aprender a vivir manejando el dolor crónico. Maricarmen era una mujer sola, no tenía pareja ni hijos; y después de la muerte de su madre, y de que muriera su compañero de vida, su perro "Tommy", había ingerido una dosis letal de ácido muriático; y si no hubiera sido por su vecina y por el heroico trabajo de los doctores y enfermeras que lucharon por su vida, durante más de 72 horas, Maricarmen hubiera muerto. Al principio, ella estaba profundamente enojada: *"¿Por qué se molestaron en salvarme?", "Yo quería morirme, ¿por qué no pudieron respetar mi propia voluntad?", "¿Qué no era evidente que lo que quería era terminar con mi vida?"*. Maricarmen estaba enojada con su vecina, con los doctores, con el hospital, con Dios; y hasta conmigo, en la primera sesión: *"¿Qué no entienden que no me interesa sentirme mejor..., que lo único que quiero es morirme?"*.

Creo que antes de conocer a Maricarmen, me había topado con muy pocas personas tan insistentes en el deseo de quitarse la vida. Ella había evaluado la decisión por varios meses; había esperado a que su madre muriera; había acompañado a morir a Tommy; había hecho su testamento, heredando a sus sobrinos; había cerrado los ciclos que tenía pendientes; había planeado morir en domingo, que era cuando nadie la llamaba; y había dejado la puerta de su departamento abierta, para que la señora del aseo pudiera entrar al día siguiente y la encontrara muerta; y sólo por la "imprudencia" de su vecina -no dejaba de decirlo-, al haber ido a entregarle un pedazo de pastel de zanahoria recién horneado, ella tenía que seguir dentro de aquella pesadilla.

Durante las semanas que siguieron, Maricarmen seguía sintiéndose enojada y frustrada; sobre todo, consigo misma y con sus hermanos que la obligaban a ir a la terapia dos veces por semana. También estaba enojada conmigo, por "tratar de ser empático" y por "tratar de darle perspectiva a su vida". Maricarmen estaba enojada con todo y con todos. Sin embargo, las semanas pasaron y Maricarmen empezó a sentir miedo...; miedo de estar a solas, miedo de perder la cordura, miedo de hacerle daño a los demás, miedo de hacerse daño a sí misma: miedo de morir.

Éste, es un aspecto irónico de quienes han intentado quitarse la vida: después de hacerlo, caen en la cuenta de la magnitud de lo que hicieron y de lo vulnerable que es el cuerpo.

Poco a poco en el proceso terapéutico, Maricarmen logró entender su enojo. Logró validar que estaba enojada: con un padre alcohólico, que la había golpeado varias veces en la infancia, y que se había encargado de hacer pedazos su autoestima; con una madre codependiente, que había permitido el maltrato hacia toda la familia; consigo misma, por haber aceptado subirse al coche de un amigo alcoholizado, saliendo de la discoteca, lo que había provocado un accidente que la había dejado con dolor crónico para toda la vida; con las clínicas y los tratamientos para las adicciones; con el hombre casado con el que se relacionó, y que nunca cumplió la promesa de dejar a su mujer; con sus hermanos, por tratarla como "niña chiquita", y por no permitirle tomar decisiones en la empresa familiar; y con Tommy, por haber envejecido y haber muerto. En muchos sentidos, Maricarmen tenía derecho a estar enojada con la vida; pero sólo a través de un proceso terapéutico comprometido, pudo ir aceptando que podía transformar toda esa energía que venía del enojo, en energía hacia el cambio positivo. Al final de cuentas, la energía que provenía del enojo de Maricarmen ha hecho que ella cambie su vida, y que hoy en día esté más viva que nunca. Actualmente, estudia el tercer semestre de la carrera que siempre había querido estudiar, y que su padre no le había permitido: Arquitectura; da clases en la universidad en la que estudió Administración de Empresas; hace ejercicio diariamente; y finalmente, Maricarmen tiene una relación de pareja con un profesor de la universidad, que conoció siendo su alumna, en la cual ella no es "la amante".

Ahora veo a Maricarmen cada 15 días; y lo que es recurrente en ella es mencionar el miedo que siente al recordar que fue capaz de terminar con su vida de esa manera. Lo ha trabajado y se ha perdonado por haberlo intentado; sin embargo, en nuestra última sesión, me dijo algo que considero cierto: *"Dado, es algo que sólo quienes hemos intentado quitarnos la vida seriamente, podemos entender: una vez que lo has hecho, una vez que has cruzado la línea, siempre quedará algo de miedo hacia ti mismo. Ya te demostraste que puedes ser el asesino de tu historia... Y eso, aunque no lo creas, da miedo."* La escuché y simplemente le di un abrazo fuerte -en estos años de terapia, le he llegado a tener un cariño muy especial. *Doy gracias a la imprudente de tu vecina, por aquel pastel de zanahoria; y doy gracias por haber tenido la oportunidad de ser tu terapeuta* –alcancé a decir. Maricarmen está transformando su vida; sin embargo, ahora tiene claro que éste es un proceso de por vida. Sanar el pasado, perdonarlo y mantenernos en la lucha de una vida plena, es un trabajo de todos los días.

Pero hay quien no logra transformar su enojo en un compromiso de vida hacia la felicidad; y entonces, es probable que vuelva a intentar quitarse la vida. A esto se le llama "profecía autocumplidora"; que es básicamente la creencia de que "no importa que haga la persona", estará destinada a sufrir y vivir con dolor. Quien cree que no puede transformar su vida no lo hará, y seguirá sufriendo hasta volver a intentar quitarse la vida. Quien vive en esta creencia se ha convertido en víctima de su propia historia, de su propia vida. Aquel que no supera el dolor al que ha sido sometido en su vida, tendrá la creencia latente de que "merece morir", y volverá a intentarlo eventualmente.

La realidad es que pensar en el suicidio puede ser un "descanso momentáneo" para la persona que vive momentos de sufrimiento intenso. Como ya lo vimos, el pensar en quitarnos la vida puede ser un consuelo en momentos difíciles, ya que nos provee de la idea de tener el control sobre lo que sentimos, lo que decidimos…; pero es muy diferente pensar: *"Si las cosas siguen mal, podría decidir quitarme la vida",* a pensar: *"Cuando las cosas vayan peor, tendré que suicidarme" ;* en la primera por lo menos tenemos la esperanza de que algo podrá mejorar, en la segunda estamos decretando que sólo empeorará nuestra realidad. Esta forma pesimista de pensar, le pasa comúnmente a quien ha intentado quitarse la vida: su fantasía autocumplida es que, necesariamente, su vida acabará por medio del suicidio.

Evaluar un intento de suicidio es complicado. ¿Cómo saber realmente el riesgo de muerte implicado?, ¿cómo saber si se trataba únicamente de una manipulación?, ¿cómo saber cuando alguien murió, y no está claro si fue por suicidio o por un accidente imprudencial? Una muerte inesperada puede ser confundida con un intento suicida; como quien muere como consecuencia de un trastorno alimenticio o por una adicción, donde la persona muere de manera retroflectiva (autodestructiva); pero no necesariamente muere con una intención suicida. Recordemos también que hay gente que finge un intento suicida para obtener la compasión y el cariño de los demás. ¿Cómo identificar cuándo una persona tuvo un intento verdadero de suicidio, o cuando se trató únicamente de un parasuicidio (falso intento suicida)?

Con el fin de poder evaluar en forma más competente un comportamiento suicida, se han clasificado según el grado de intencionalidad y el resultado obtenido.

Tentativa de suicidio
O Clasificación del intento suicida

INTENCIONALIDAD

		Elevada	escasa
R		*suicido consumado*	*muerte accidental*
E	**muerte**		
S			*muerte por acciones*
U			*autodestructivas indi-*
L			*rectas*
T			
A			*Parasuicidio*
D	**vida**	*tentativa de suicidio*	*(Falso intento suicida)*
O			

Esta pequeña tabla nos puede dar una idea cercana de cuál fue la motivación del intento suicida, o bien del suicidio consumado.

1.- **Intencionalidad Elevada,** con **Muerte** como resultado.- En esta clasificación se encuentran los suicidios consumados. Generalmente, la persona que se quiere matar deja claro que su deseo es terminar con su vida, al cerrar sus ciclos pendientes. En la gran mayoría de los casos donde hay un suicidio consumado, el individuo deja alguna carta o mensaje de despedida, para darle un "cierre final" a su existencia.

Es común hoy en día, que los adolescentes no dejen una carta, pero sí que utilicen las redes sociales para despedirse (facebook, messenger o twitter). En este cuadrante entran casos como los de Pancho, Genaro y Rodrigo, que fueron revisados en el capítulo de alcoholismo.

2.- **Intencionalidad Elevada,** con **Vida** como resultado.- En este grupo se encuentran los que han sobrevivido a un verdadero intento de suicidio. Son aquellos que esperaban morir, y que a pesar de que tomaron las medidas necesarias para hacerlo, algo evitó que lo llevaran a cabo. El caso de Maye (capítulo de "Problemas, problemas, problemas"), Juanjo (capítulo "Amores que matan") y Mariana (capítulo de "La Pesadilla del Trauma Puede Quedar Atrás") se encuentran aquí.

Nunca olvidaré un caso que atendí hace muchos años, cuando estaba cursando mi formación como tanatólogo en el "Hospital Gea González": resulta que llegó a urgencias una trabajadora doméstica, Chelita, quien había intentado suicidarse tomándose dos botes enteros de un antiácido llamado Maalox. Los doctores creían que únicamente había sido un intento de manipulación, ya que sólo había ingerido antiácidos; pero platicando con ella, descubrí que era todo lo contrario: Chelita realmente quería morir; y para ello, ingirió todas las pastillas que encontró en el clóset, donde su patrona guardaba las medicinas. Chelita no sabía que el Maalox era un antiácido y que no la mataría; pero creyó que moriría, pues genuinamente deseaba terminar con su vida. Un caso como el de Chelita entra en este cuadrante, ya que la persona realmente buscaba morir; pero el modo de llevarlo a cabo no fue lo suficientemente preciso para conseguirlo. Obviamente, estas personas son las que están en un gran riesgo suicida, y son las que requieren de tratamiento urgente. Quien quiere morir y no lo resuelve, tendrá más conocimiento para intentarlo eficazmente, en una próxima oportunidad.

3.- **Intencionalidad Escasa, con Muerte** como resultado.- En este cuadrante entran los casos de muerte por accidentes imprudenciales. Pueden parecer suicidios consumados, pero en realidad no lo son. Como ya vimos, antes de llevar a cabo el plan para acabar con la vida, hay lo que se conoce como "comportamiento suicida"; donde la persona corre riesgos innecesarios, se pone en peligro y "reta a la vida", comportándose imprudentemente. Muchos de ellos terminan muriendo, aunque en realidad no corren riesgos buscando suicidarse.

En este cuadrante, también se encuentran los que querían "fingir un suicidio" para ser rescatados; pero que planearon equívocamente su rescate, y al no ser rescatados, acabaron muriendo. El caso de Valeria (capítulo de codependencia (¿Amores que Matan"?)) entra aquí: en el fondo ella no quería morir, pero Jiménez no llegó a rescatarla.

Otros ejemplos de este cuadrante, son donde la persona fallece por: manejar ebria; una sobredosis de droga; accidentes, practicar deportes extremos; o quienes fallecen por conductas autodestructivas indirectas, como las muertes por secuelas de adicciones o trastornos de alimentación. Cada vez que muere una mujer por anorexia nerviosa, o un adicto por sobredosis, se suma un caso a este cuadrante.

4.- Intencionalidad Escasa, con Vida como resultado.- En esta clasificación entra el parasuicidio (falso intento suicida), que se lleva a cabo con el objetivo de llamar la atención o de manipular a los demás.

Gran parte de los intentos suicidas entran en este cuadrante, especialmente los intentos suicidas femeninos; ya que lo que estas personas buscan no es realmente morir, sino conseguir una ganancia emocional por parte de los demás.

Gran parte de los intentos suicidas de relaciones codependientes, entran en este cuadrante; ya que las personas buscan ser rescatadas antes de ser abandonadas, y fingen un intento suicida para evitar que su relación termine.

La tragedia de quien realiza un parasuicidio, es que lo más factible es que vuelva a intentar varios parasuicidios -cada vez con mayor intoxicación o mayor laceración-; hasta llegar al punto donde, sin desearlo, termine con su vida.

Quien ha llevado a cabo intentos que se clasifican en este cuadrante, necesita ayuda; necesita aprender a comunicarse de manera directa y asertiva; necesita romper sus patrones codependientes de relación; y necesita aprender a obtener lo que necesita del medio ambiente, sin manipular ni chantajear a los demás.

Una vez que ha existido un intento de suicidio, es importante evaluar el riesgo en el que se encuentra el individuo. Básicamente, se miden cuán intensos siguen siendo la ideación y el comportamiento suicidas; y sobre todo, si existe nuevamente la intención de generar un plan suicida.

¿Quiénes están en mayor riesgo suicida? El hombre es 8 veces más propenso a cometer suicidio que la mujer, aunque la mujer presenta muchos más intentos suicidas fallidos. Esto se debe a que el hombre cuando lo intenta generalmente está totalmente convencido de lograrlo, mientras que hay muchos más casos de parasuicidio (manipulación) por parte de las mujeres.

Los factores positivamente correlacionados con el suicidio; es decir, los grupos de mayor riesgo son las personas del sexo masculino, que presentan uno o varios de los siguientes factores:

- Edad entre 15 y 25 años, ó de 60 en adelante.
- Problemas económicos.
- En proceso de divorcio.
- Problemas de violencia intrafamiliar, siendo adolescentes.
- Historia de hogar roto en la infancia, que trajo como consecuencia, un problema de soledad en la edad adulta.
- Algún desorden mental.

Los grupos de menor riesgo son las personas, que presentan uno o varios de los siguientes factores:

- Sexo femenino con cierta salud en la personalidad

- Una juventud feliz.
- Una vida laboral exitosa.
- Relación de pareja estable.
- Vida espiritual sana.
- Estabilidad económica.
- Con personalidad sana, la cual les permite elaborar las crisis de la vida, de forma exitosa.

Los métodos más empleados para cometer suicidio son:

- Hombres.- Ahorcamiento y disparo con armas de fuego.
- Mujeres.- Intoxicación con diversas sustancias.

Como podemos ver, hasta en el suicidio se muestra una diferencia entre la psicología masculina y la femenina; pero no sólo en los métodos: en un suicidio consumado, el hombre tiende más a castigar y a dejar muchos problemas a los demás, como venganza; mientras que la mujer, muestra cierta tendencia a proteger a sus deudos, y a dejar solucionados muchos de los trámites y de los problemas asociados a su muerte.

Es muy importante mencionar a las personas que, teniendo algún desorden de la personalidad o alguna enfermedad bioquímica, presentan riesgo suicida.

Riesgo estimado de consumar suicidio en el caso de Enfermedad o trastorno mental

Máximo riesgo

* Trastorno afectivo bipolar (manía - depresión)

* Depresión mayor

* Adicción o abuso de sustancias psicoactivas (alcohol, drogas)

* Trastorno Límite de la personalidad (Borderline disorder)

* Trastorno histriónico de la personalidad

* Trastorno dependiente de la personalidad (Codependencia)

* Esquizofrenia

* Otros trastornos de la personalidad

Menor riesgo

* Esquizofrenia

* Otros trastornos de la personalidad

Menor riesgo

Cuando una persona reincide en un intento suicida, es porque no ha resuelto los problemas de agresión que experimenta hacia los demás. Y es que en el acto suicida se pueden presentar fantasías inconscientes, como las siguientes:

La persona orienta (proyecta), en su propio cuerpo, la agresión que siente contra sus "perseguidores", de manera retroflectiva (autodestructiva); de tal manera que el suicida, al quitarse la vida, cree dos cosas: que se libera de sus perseguidores y que les hace cargar la culpa y la pena que él ha cargado durante años. Entonces, la muerte es vivida como una auténtica liberación, y/o como una burla a sus perseguidores, negando la propia muerte, es decir, sin darse cuenta plenamente de que la existencia que se pierde es la propia, no la de los demás.

Así, si el suicida pudiera poner en palabras lo que está experimentando, a nivel inconsciente, diría lo siguiente: *"No es justo que sea yo quien cargue con esta culpa. Ya que ustedes no me han comprendido, ni me han ayudado a librarme de ella, me mato para que ustedes sean quienes ahora deban cargarla".* De igual manera, el enojo insoportable que carga el individuo es proyectado hacia el objeto con el cual se mata (arma de fuego, soga o pastillas); de modo que, quien asesina, es el propio enojo.

Y volviendo de nuevo a ti, mí estimado lector: Ya intentaste quitarte la vida y no funcionó. Entonces, hoy tienes la oportunidad de cambiar el rumbo de tu vida, para ser capaz de darle un final diferente a tu biografía. Date cuenta de que la historia de nuestra vida es un guión que escribimos todos en el día a día, ya que cada uno de nosotros es el autor de nuestros propios capítulos... Entonces, ¿quién te dice que no puedes cambiar tu historia en el capítulo 3, ó en el 4, ó en el 5? ¿Quién te asegura que no puedes reescribir el capítulo actual de tu historia de vida, y terminarlo con un final de vida natural? ¿Quién afirma que no puedes escribir a partir de ahora una serie de capítulos, llenos de sentido y satisfacción y bienestar? Tú eres el autor y el actor, así que puedes dirigir tu creatividad hacia dónde elijas.

Quizás, los últimos años de tu historia de vida han parecido una tragedia griega; y crees que como tal, mereces acabar con un suicidio. Pero no tiene que ser así: tú puedes elegir escribir lo que desees... El autor decide el final de cada capítulo. ¿Quién es el autor de tu novela?

Por favor, elige un final que valga la pena, que haga la diferencia en tu vida y en la de los demás...

18

¿Y..., ¿QUÉ PASA SI NO LO CONSIGUES?

La estadística es clara: de cada 20 intentos de suicidio, sólo uno se consumará. La razón principal es que, aunque no lo visualicemos así, el cuerpo humano es bastante resistente, y no muere con facilidad. No..., no somos de mazapán, ni somos de aserrín. Estamos hechos para sobrevivir; esa es nuestra naturaleza, y así funciona nuestro cuerpo.

Todo lo que hacemos y dejamos de hacer trae consecuencias: físicas, emocionales, sociales y espirituales; y en un intento suicida, las consecuencias pueden ser irreversibles.

Como prometí escribir un libro con una profunda honestidad, considero como parte muy necesaria el compartir contigo lo que he observado, a lo largo de mi trabajo como terapeuta en intervención en crisis, en cuanto a las secuelas que han sufrido quienes intentaron quitarse la vida y no lo consiguieron.

La primera vez que me di clara cuenta de que un intento suicida estaba lejos de ser "un acto totalmente seguro de conseguir", fue cuando me vino a ver Samantha; una chica de 34 años, cuyo padre, alcohólico, había intentado quitarse la vida dándose un balazo en la cabeza, y al fallar en el intento, había quedado en estado vegetativo.

El padre de Samantha había estado deprimido por varios meses, pues había sido despedido de la empresa en la cual llevaba trabajando los últimos 18 años de vida; y además, se encontraba en plena "crisis de los cincuenta". Tenía una familia que sostener, y su hija mayor, Samantha, que había terminado la preparatoria, deseaba estudiar en una universidad privada. El padre de Samantha buscó trabajo por 8 meses, y la respuesta fue siempre la misma: *"La empresa no contrata hombres mayores de 50"*. Desesperado, decidió que la mejor manera de proteger a sus seres que queridos, era contratar un seguro de vida que no tuviera la restricción de muerte por suicidio. En su carta de despedida, explicó a la familia lo avergonzado que se sentía por no ser capaz de sacarlos adelante económicamente; y que con la suma asegurada, podrían *"cumplir sus sueños"*.

El señor manejó hasta Pachuca, tomó la pistola que llevaba preparada, y se dio un tiro en la sien; resultado: 'Invalidez neurológica severa, por proyectil de arma de fuego'. ¡No..., no murió...!, por lo cual el seguro de vida no se hizo válido; y ahora, desde hace 11 años, se encuentra en estado vegetativo. Samantha, al igual que su familia, quedó sumamente lastimada por el intento suicida de su padre; pero sobre todo, sumamente enojada por la carga que ha representado desde entonces. Ella no pudo estudiar una carrera, ya que tuvo que trabajar para poder ayudar a la economía familiar, en la que la carga más pesada es la atención médica que requiere su padre, *"o lo que queda de él"*, como Samantha reporta. Aun casada y con dos hijos, Samantha tiene que apoyar económicamente a su madre, para sacar adelante los gastos que implica el cuidado de su padre. Para ella, ver a su padre: acostado en una cama, con los ojos abiertos, sin poder articular palabra, con una total incontinencia, pudiendo sólo mover el lado derecho del cuerpo, y con la expectativa de vida de unos 20 años más, ha sido terrible. *Rompió a mi familia de manera definitiva* –aseguró desde la primera sesión.

Intentar quitarte la vida no asegura que lo puedas conseguir. Te repito que matar a un ser humano no es fácil, pues estamos hechos para sobrevivir; y a pesar de lo que vemos en la televisión o en las películas, acerca de lo fácil que es terminar con la vida de alguien, no sucede de esa manera en la vida real. Tal vez, el hecho de estar expuestos a estas imágenes ficticias, nos ha hecho creer que morir es fácil. Pero, además de esta creencia de que la muerte por suicidio se puede lograr sin gran esfuerzo, tiene otra característica: es muy dolorosa -más dolorosa que una muerte no provocada.

Hace cuatro años trabajé con Héctor, un ingeniero civil de cuarenta y dos años que atravesaba por un estado de depresión y ansiedad, y que se estaba rehabilitando física y emocionalmente de un intento de suicidio, debido a que estaba enfrentando el duelo de la pérdida de un hijo, quien se había ahogado en la alberca de su casa de campo.

A partir de la muerte de su hijo, Héctor se había sumido en este estado crítico, en el cual planeó su muerte -unos meses antes de asistir a terapia-; y justamente en una Semana Santa, dos años después de la muerte de su hijo, se metió al cuarto de juegos de su casa de Cuernavaca, con un cuchillo para cortar carne que había mandando afilar, y que era *"el más grande que había encontrado"*, colocó la punta del cuchillo entre sus costillas, en donde él creía que estaba el corazón, y empujó con toda sus fuerzas para clavárselo; pero no le atinó al corazón, aunque estuvo cerca de tocarlo. Cuando yo lo conocí, acababa de salir de terapia intensiva y estaba seriamente lastimado, pues se había herido seriamente en los músculos y tendones del área, provocando dolores crónicos y problemas en los músculos abdominales; y como consecuencia de esto, se había causado problemas en la columna vertebral.

Héctor no podía manejarse con naturalidad, y la razón por la que llegó conmigo fue porque la terapia era una condición que había puesto su esposa para no divorciarse de él. Aquel día, ella lo había encontrado en una alberca de sangre casi inconsciente; y con la ayuda de su hijo de doce años lo habían llevado a una clínica cercana, donde le salvaron la vida. Su esposa no podía perdonarle el que la hiciera pasar por otra pérdida tan dolorosa como lo había sido perder a su niño, dos años antes. Héctor tuvo que tomar terapia de rehabilitación física y psicológica por cerca de dos años; y el costo emocional, familiar y económico que pagó por su intento suicida, fue enorme. Desgraciadamente, acabó divorciándose de su mujer; y aunque ha logrado resolver en terapia el duelo de su matrimonio, y está en proceso de resolver el duelo de su hijo, es evidente su convencimiento de que su intento de suicidio fue una tontería: *Sólo compliqué más lo que ya estaba bastante complicado* –reflexionó en una de nuestras sesiones.

Otro caso que conocí fue el de Henry, un adolescente de 18 años, quien decidió quitarse la vida con una pistola calibre 22…, la colocó en su cabeza y disparó. La bala entró por la sien, corrió hasta su cerebro, rodeó el cráneo y terminó alojada en su mandíbula. El joven tampoco murió: actualmente tiene 31 años, y vive con su madre por un severo daño neuronal que lo tiene destinado a una vida de encierro, y con la capacidad intelectual de un niño de un año y dos meses.

Mi paciente es su hermana, Julieta, quien acudió a terapia por el duelo de su padre, que estaba muriendo de cáncer -acababa de fallecer-; y que hoy día, está seriamente preocupada por su madre, ya que ella *"se queda con todo el paquete"* de atender a Henry, que es una persona que requerirá cuidado excesivo todos los días que le queden de vida.

Marimar es una mujer veracruzana de 29 años, que intentó suicidarse cuando su esposo le pidió el divorcio. Contrató una habitación de un hotel del puerto, en el piso 12. Ella estaba segura de que iba a morir, pues sabía por lo menos de dos personas que se habían matado de esa manera. Abrió la ventana de la habitación, y se lanzó al vacío; pero no murió, al contrario: cayó de espaldas, rompiéndose la espalda y el cráneo en varios pedazos. Marimar fue rescatada, y ahora vive en una silla de ruedas, cuadripléjica. La razón por la que en un inicio fue a verme, fue porque su madre había sido diagnosticada con una enfermedad crónica y degenerativa (esclerosis múltiple), y quería prepararse para aceptar que eventualmente tendría que vivir en un asilo donde cuidaran de ella; ya que no es autosuficiente, a pesar de apenas haber cumplido 30 años.

Isa es una paciente de 23 años, que fue diagnosticada con VIH. Antes de que ella recibiera esta terrible noticia, estudiaba Nutrición y su pasión era tocar el violín -dicen que lo hacía maravillosamente bien. Cuando conoció su diagnóstico, intentó cortarse las venas en ambos sentidos, y sólo uno de los cortes llegó a lastimar profundamente un tendón de la mano derecha. Después de 16 meses de fisioterapia, Isa apenas puede escribir, y nunca podrá volver a tocar el violín.

Podría seguir adelante dándote testimonios de personas que después de un intento suicida han quedado lastimadas; lisiadas; o dañadas física, neuronal y emocionalmente; pero creo que ya dejé claro mi punto.

Creemos que es fácil morir..., y no lo es. Mientras mayor sea en letalidad el método que utilices, mayor será el daño que tendrá tu cuerpo al sobrevivir; o sea, que a mayor daño que intentes hacerle a tu cuerpo, mayor grado de estado de limitación física e intelectual sufrirás; por ejemplo: las sobredosis de pastillas, comúnmente terminan en fallos respiratorios, los cuales sólo generan algún daño neuronal irreversible, o ciertas insuficiencias renales que obligan al sujeto a realizarse diálisis el tiempo que le queda de vida.

El tema más importante para mí en este capítulo, es dejar claro que lo que he observado en quienes sobreviven a un intento de suicidio -y ya vimos que sucede en la gran mayoría de los casos-, es que su vida se convierte en una doble maldición: no sólo no resolvieron el asunto emocional que los llevó a intentarlo; sino que ahora, irónicamente, terminan dependiendo física y económicamente de aquéllos de quienes pretendían huir. Es una maldición que no tiene solución, pues terminan en una cama de hospital, en una silla de ruedas, o en algún asilo, sin poder hacerse cargo de ellos mismos.

No quiero que pienses que con esto pretendo generar miedo en ti para que no lo intentes, o que quiero disuadirte de que tu decisión es errónea. Bueno…, tal vez un poco…; pero en el fondo, me siento con la obligación de compartirte todo lo que me ha tocado conocer en mi camino de terapeuta: tanta gente que ha intentado quitarse la vida y no lo ha conseguido, y que al final únicamente ha logrado complicar todavía más su existencia. Por eso te doy mi testimonio honesto: en la gran mayoría de los casos sólo se aumenta el dolor, y las crisis se hacen más profundas y más irresolubles.

Uno de mis terapeutas, con el que estudié hipnosis, hablaba del suicidio relacionándolo con la ley de Murphy: *"Si algo puede ir mal en el proceso, sucederá".* Y créeme que es cierto, la ley de Murphy y el suicidio son los mejores amigos.

Lo que realmente espero, es que con este capítulo consideres que no importa cuán bien tengas planeado tu suicidio, lo más factible es que falle y que sufras consecuencias que puedan ser terribles, y de las cuales no tendrás ningún control. Hoy estás en control de tratar de cambiar tu vida, pero no lo estarás si quedas lisiado o con algún tipo de daño cerebral. Si crees que el suicidio puede ser la solución, es posible que la vida te contradiga, y esa "solución" acabe siendo la peor pesadilla que puedas imaginar.

Hay una realidad: si tú logras seguir adelante con tu vida, centrándote en salir adelante en tu día a día, a tu tiempo, y dándole a cada uno su propio afán; si trabajas para darle un sentido a tu dolor, tratando médicamente tu depresión o tu desesperanza, elaborando tu duelo, elaborando tu crisis, y aprendiendo a encontrar la luz en toda esta obscuridad, llegará el momento, tarde o temprano, en que te darás cuenta de que eres una persona mucho más fuerte de lo que imaginas. Verás que, cuando mires atrás, la crisis que veías invencible sólo fue una más en tu historia de vida.

Yo que me dedico a esto, y te puedo asegurar que no hay nada de romántico, misterioso o especial en una muerte por suicidio; al contrario, es un acontecimiento triste y absurdo… Pero fallar en un intento suicida y tener secuelas graves posteriores, no sólo no es romántico, sino que es una verdadera tragedia.

Historias como las de Héctor, Marimar o el papá de Samantha, son sólo algunas de las miles que existen en nuestro país. Como Marimar me dijo en una de nuestras últimas sesiones: "Diles que no lo intenten…, es una verdadera estupidez".

Creo que tiene razón…

19
LA GENTE QUE DEJAS ATRÁS...

Soy psicólogo especializado en psicotrauma; lo que quiere decir que trabajo con el dolor emocional intenso y extremo, todo el tiempo. Trabajo con personas que han sido víctimas de abuso sexual, que han sido secuestradas, que han vivido violencia y maltrato, que son hijas de padres alcohólicos o con algún desorden mental, que han perdido seres queridos por accidentes o en asaltos con violencia; y trabajo con padres que han perdido hijos por muerte de cuna o por alguna otra tragedia. En resumen, trabajo casi todo el tiempo con personas que están traumatizadas por algún evento doloroso.

Y en todo este mundo de sufrimiento tan tremendo al que me enfrento todos los días, nunca..., -y lo digo de corazón-, nunca me he enfrentado al mismo nivel de dolor emocional al que se enfrenta alguien que ha perdido a un ser querido por suicidio. Nunca he visto a una persona tan afectada emocionalmente como cuando ha perdido un hijo, a un hermano, a su pareja, a alguno de sus padres o a su mejor amigo, por suicidio. Éste es uno de los traumas más difíciles de superar, ya que es profundo, y genera grandes niveles de culpa, confusión, miedo y desesperación.

¿Cómo se procesa un asesinato donde el asesino y la víctima son la misma persona? ¡Qué difícil tarea..., casi imposible! Por lo mismo, sé que este capítulo no te va a gustar, porque seguramente te confronta con los sentimientos de culpa y responsabilidad que siempre acompañan a la ideación suicida; pero necesitas encararlos, y como prometí un libro honesto, y esto es parte de ello, debes hacer conciencia de que quitarte la vida generará una herida profunda en el alma de muchas de las personas que están cerca de ti.

Tal vez esto no te importe en este momento porque, como estás sufriendo, sientes que tienes todo el derecho de decir: *"No estoy en condiciones de pensar en nadie más... Ellos me han causado este dolor y no tengo porque detenerme en evaluar cómo la pasarán después de mi muerte".* Estoy de acuerdo, pero sólo parcialmente; ya que como hemos platicado a lo largo de este libro, no hay acción sin consecuencia. Pero es mi obligación decirte que, si estás considerando seriamente el quitarte la vida, es importante que conozcas y reflexiones responsablemente sobre cuáles serán las consecuencias emocionales que causarás, si lo consigues, en la gente que está a tu alrededor. Seguramente estás enojado con dos, o tal vez con cuatro personas en tu historia; pero el dolor que generará tu suicidio, impactará a toda la gente que quieres y, sobre todo, que te quiere. Tu muerte impactará irremediablemente a los otros.

Pero..., ¿quiénes son los otros? Son tus padres, tus hermanos, tus hijos, tu pareja, tus exparejas, tus sobrinos, tus amigos, tus compañeros de escuela o de trabajo. Literalmente, cualquiera que tenga una cierta relación emocional contigo. Todos ellos, desde el punto de vista de Psicotrauma, serán víctimas de tu decisión. ¿Por qué víctimas? Porque tu suicidio implicará mucho sufrimiento; porque enfrentar la muerte súbita por propia mano, de alguien querido, implicará necesariamente: desestructura, caos, crisis, miedo, confusión, culpa, desajuste familiar, social y laboral. Tu suicidio implicará todo un complejo proceso de duelo y de recuperación emocional. Así es, para ellos tu muerte significará una tragedia; y entre más cercanos sean a ti, mayor será su sufrimiento. Nadie, te lo aseguro, sufrirá como tu familia; no importa cuán disfuncional y cuán desestructurado sea tu sistema familiar, sufrirá como yo nunca he visto sufrir a otra persona ante otro tipo de pérdida.

Es común que la gente con ideación suicida se engañe a sí misma creyendo que *"todos estarán mejor"* con su partida. He escuchado a varios pacientes con ideación suicida describiendo lo que se imaginan será su velorio. El caso de Jimena por ejemplo: *Me imagino a todos alrededor mío, tranquilos, serenos, apoyándome en mi decisión, tomados de la mano, con paz y una sonrisa en los labios* –describió cómo se imaginaba el día que cometería el suicidio, con pastillas, que afortunadamente no ha llevado a cabo. *¿No te los imaginas dolidos, destrozados ante tu muerte?* –pregunté con cierta obviedad. *No, me* *los imagino aliviados y tranquilos* –contestó, sin mirarme a los ojos. *Jimena, ¿no te imaginas a tus hermanas, a tus papás y a tus sobrinos enojados, confundidos y frustrados ante el hecho de no haber podido hacer nada para ayudarte?* –volví a preguntar, aún más desconcertado. *No* -contestó segura de sí. *¿No llorarían deseando que no hubieras terminado con tu vida?* –pregunté otra vez. *No* –afirmó nuevamente. *Jimena, ¿has estado en el funeral de alguien que se haya suicidado?* –pregunté con firmeza. *No* –contestó con timidez. *"Yo sí, en varios; y te aseguro que la escena no será así. No te engañes, la imagen será una familia totalmente rota, desconcertada, con culpa, en shock, desestructurada, sin saber qué hacer, llorando desconsoladamente, y con un nivel de frustración y rabia que jamás habían sentido. Así será la imagen de tu funeral* –concluí.

La realidad es que un suicidio jamás genera paz, genera todo lo que mencioné anteriormente. En un funeral por suicidio, los familiares y amigos más cercanos están totalmente traumatizados, no pueden creer lo que está sucediendo, están totalmente confundidos y en un dolor emocional profundo. Cuando les preguntas cómo se sienten, contestan que mareados y sin aire. *Esto es una pesadilla* –me ha tocado escuchar decenas de veces. Hay sollozos y gritos de dolor profundo.

Una muerte por suicidio transmite todo menos paz y tranquilidad. Es una tragedia que traumatiza, abate, y que causa un golpe emocional que no permite que el duelo fluya de manera natural. La gente que vive un duelo por suicidio está expuesta a un dolor emocional que, como es difícil de entender, es difícil de procesar; y por lo tanto, el duelo es más intenso y mucho más largo que uno natural. Una vez que los sobrevivientes pasan el dolor intenso y el shock emocional, entran en una fase larga de tristeza, culpa y desesperanza profundas; además de que el enojo se convierte en parte constante de su vida. Así es, cualquier persona que ha vivido la muerte por suicidio de un ser querido, experimenta un enojo importante que fluctúa entre ira y culpa hacia el difunto; y aunque no desearía sentirlo, casi todo el tiempo lo padece; y esto es porque alguien le robó algo querido y valioso, alguien le arrebató la posibilidad de ayudar a un ser profundamente importante para ella, alguien le truncó la vida, y ese alguien serías tú. No cabe duda, cuando hay un suicidio hay enojo, porque al ser una acción con un tipo de violencia inexplicable y antinatural, genera mucho enojo.

Si logras quitarte la vida, irremediablemente causarás enojo entre los tuyos, porque se sentirán engañados y rechazados por no haberles brindado la oportunidad de ayudarte a sanar; por no haberlos preparado para perderte de esa manera; porque si se equivocaron profundamente contigo, no les permitiste pedir perdón para empezar a hacer las cosas correctamente, al enmendar los errores. Pero como ya no podrán pedir perdón, y no podrán corregir aquello en lo que se equivocaron, sólo podrán arrepentirse y sentir mucho enojo, difícil de sanar.

Pero quizás el sentimiento que llegue a causar más aflicción en ellos, si logras suicidarte, es esta culpa que se produce y se instala de forma casi permanente, para perseguirlos por mucho tiempo; y en ocasiones, por toda la vida. Y es que el enojo que no se acepta se convierte en culpa, y como la gente que te quiere sentirá que no debe estar enojada contigo, terminará por sentirse culpable de no haber podido detener tu suicidio. Ellos se preguntarán: *"¿Qué hice mal?", "¿Cómo no me di cuenta?", "¿Cómo no hice nada para ayudarlo?".*

Por lo que ves, te puedo asegurar que la vida de cada uno de tus familiares nunca volverá a ser igual.

Como me dijo Ivonne, una paciente cuya hermana se suicidó hace tres años: *"Es como si hubiera arrancado todas las fotos felices del álbum de nuestra historia", "Es como si todos los recuerdos amorosos estuvieran ahora tachoneados con un marcador negro que dice: «suicidio»".*

La muerte por suicidio deja tras de sí muchas preguntas que no tienen la posibilidad de ser contestadas; y por más que el paciente lo intenta, no consigue contestarlas para entender las razones que llevaron a su ser querido a quitarse la vida. Experimenta, además de esto, un sentimiento de vergüenza constante que lo lleva a no querer hablar de las circunstancias de la muerte, porque se siente culpable, y lleva su pena muy dentro de sí. Lo más difícil de procesar, es saber que nadie más que el asesino pudo haber detenido el crimen; y resulta que él mismo es la víctima por la que tanto se sufre.

Con la misma honestidad que te prometí desde el principio del libro, te quiero compartir una de las principales razones por las que decidí escribirlo. Has de saber que no es fortuito que el tema que nos ocupa me interese de esta manera; ni es casual que haya buscado prepararme intensamente como un profesional especialista en psicotrauma; ni brotó de la nada haber tomado la decisión de escribir este libro.

Todas estas decisiones de vida, tan trascendentales para mí, tienen su origen el 22 de mayo de 1998, día en que mi vida cambió radicalmente: en ese entonces yo era un psicólogo muy joven que empezaba su vida profesional -tenía 26 años-; había terminado la maestría en psicoterapia y llevaba dos años atendiendo pacientes; y aunque era un terapeuta joven e inexperto, había terminado mi formación profesional formal y me sentía pleno con mi profesión.

Sucede que seis meses antes a este día que narro, me habían referido a Rodrigo, un adolescente mexicano que acababa de regresar a vivir a México, por causa del divorcio de sus padres, y después de haber vivido en Brasil debido a que su padre fuera diplomático en ese país, por muchos años. El joven había sido obligado a regresar a su país de origen, motivo por el cual estaba con un gran enojo contra su madre, por haberse divorciado de su padre y por haberlo forzado a regresar a vivir a México.

Como estaba muy descontento, Rodrigo no cooperaba en el colegio deliberadamente, y buscaba constantemente que lo corrieran, para poderse regresar a Brasil con su padre. No quería ayuda, y no aceptaba tomar terapia; sin embargo, en el colegio lo descubrieron fumando marihuana y lo condicionaron a tratamiento psicoterapéutico para poder seguir asistiendo. Debido a este problema, también su padre lo condicionó a ir a terapia si quería alcanzarlo en Brasil durante el verano; y fue a partir de esta condición que Rodrigo aceptó iniciar su proceso terapéutico conmigo, en el mes de octubre de 1997. Yo lo veía dos veces a la semana, y como sucede comúnmente con los adolescentes al principio de la terapia, solía mostrarse sumamente resistente y pasarse minutos en silencio, mirando al suelo.

Poco a poco, el joven se empezó a abrir conmigo y fue posible comenzar a construir una relación terapéutica donde él me hablaba de lo difícil que era vivir con una madre neurótica y deprimida que abusaba de las pastillas para dormir, constantemente, para estar ausente todo el día. Aunado a esto, Rodrigo no se identificaba con la cultura mexicana, porque había vivido en Brasil desde que tenía 7 años y porque no se sentía cómodo en la escuela a la que asistía. También me contó del divorcio de sus padres: un día su madre descubrió que su padre tenía un amante (hombre) y lo confrontó, enfrente de sus dos hijos, con una foto de ellos besándose. Obviamente, la homosexualidad de su padre, y sobre todo el haber tenido que dejar Brasil, eran situaciones que le generaba confusión y enojo a Rodri, quien la estaba pasando muy mal.

Rodri se automutilaba, y esto lo descubrí al terminar una sesión, cuando regresé y vi, en el sillón donde estaba sentado, una mancha de sangre: se infligía cortadas en las ingles y en los glúteos. La adicción de su madre a las pastillas seguía activa, y él cada vez se sentía más fuera de lugar; sin embargo, yo percibía que la relación terapéutica se consolidaba, y lo confirmé un día que le pregunté: *"Rodri, ¿te gusta venir a terapia?"*, a lo que él contestó: *"Obvio no, pero eres un peludo buena onda"* -soy muy velludo, y me hacía burla por eso, pues decía que yo era "mitad hombre y mitad oso".

Desafortunadamente, Rodri no iba bien en el colegio y, a mediados de mayo, la escuela informó que no pasaría el año y que tendría que repetirlo. Como consecuencia a este comportamiento, su madre le prohibió que fuera a Brasil durante el verano; lo cual provocó en él una gran furia, pues llevaba un año esperando el momento de volver a ver a sus amigos, y ésta era la única motivación que sentía. El jueves posterior a que le dieran esta mala noticia, me estuvo hablando en terapia de forma intensa y excesiva, acerca de cómo "los padres hacían mierda a los hijos"; de cómo su vida dependía siempre de adultos que nunca pensaban en él; de cómo, cuando eres adolescente, tienes que seguir las reglas de los demás, sin que los demás te pregunten si estás de acuerdo o no; es decir, Rodri estaba deprimido, desmotivado y desencantado: *"¿Para qué sigo viniendo con el Peludo si no voy a Brasil?"* –concluyó antes de irse. *Para que encontremos la manera de que te sientas mejor, compadre* –le dije, antes de darle un abrazo de despedida.

El lunes siguiente, Rodri canceló su sesión, y yo estaba muy ocupado porque el jueves en la noche daría una conferencia, sobre adicciones, a un grupo de padres de familia de un colegio que me había contratado. Recuerdo haber sentido un mal presentimiento con respecto a la cancelación de la cita, y pensé que seguramente Rodri se la estaba pasando mal; pero no le marqué…, estaba demasiado ensimismado en mis demás pacientes; en el trabajo del centro de orientación psicológica, donde trabajaba; y en la conferencia.

Llegó el jueves, y Rodri volvió a cancelar su sesión. En esa época no se usaban los celulares, sino los radiolocalizadores (pagers), y me mandó un mensaje que decía: *"Peludo, te veo el lunes, no tengo ganas de nada…"*. Leí el mensaje y me di cuenta de que estaba enojado y deprimido; pero yo estaba demasiado presionado por la conferencia que daba en la noche. Marqué a su casa, pedí hablar por él; pero me mandó decir con su hermana que nos veríamos el lunes, que estaba ocupado. Colgué y me enfoqué en la conferencia, tomé el coche y me fui a darla. Recuerdo que la conferencia fue un éxito, me sentí seguro y tuve muy buena retroalimentación; sin embargo, lo que siguió fue una pesadilla: al tomar mi portafolios y revisar mi radiolocalizador, me encontré con 5 mensajes pendientes; los dos primeros eran de él, y los últimos tres de su mamá:

- *"Peludo, ¿me marcas? No me siento bien. Rodrigo G".*
- *"Peludo, márcame. Rodrigo G".*
- *"Dado, por favor comuníquese con la mamá de Rodrigo G".*
- *"Urgente comunicarse con la señora Fernández, mamá de Rodrigo".*
- *"Es urgente se comunique con la señora Fernández".*

Cuando los leí, un escalofrío me recorrió el cuerpo. De alguna manera, intuía que Rodrigo se había hecho daño, y yo no había estado ahí, para él.

Cuando marqué a su casa, me contestó su hermana gimiendo, mientras decía: *"¡Se mató...! ¡Se mató...! ¡Se mató...!".* Recuerdo que estaba en la oficina del director del colegio, donde había dado la conferencia y donde me habían prestado el teléfono; y literalmente..., caí de rodillas. Rodrigo se había ahorcado ese día, 22 de mayo, entre las 7:30 y las 10:20 de la noche, colgándose de la barra que tenía en su baño para hacer ejercicio... Me paralicé.

No recuerdo cómo conseguí la dirección de su casa y cómo llegué a ella, a pesar de que estaba muy lejos. Sólo recuerdo haber llegado y haber visto a mucha gente: agentes del ministerio público; policías; su hermana y dos amigas llorando; y su madre sentada en la sala, fumando como autómata, sin poder contestar lo que le preguntaba un agente del MP. Me acerqué, y lo único que me dijo, al verme de reojo, fue algo que jamás olvidaré: *"Te confié a mi hijo y no hiciste nada por él".* No necesité más, estaba totalmente en shock. Los agentes del ministerio público me interrogaron y me llevaron a su cuarto. Rodrigo estaba tapado con una sábana, pero nunca olvidaré que tenía varias manchas de sangre: se había cortado antes de ahorcarse.

A partir de ese momento, mi vida se volvió una pesadilla. Me había formado los últimos 6 años como terapeuta para poder ayudar a la gente, para poder brindarles equilibrio a mis pacientes, y uno de ellos se acababa de quitar la vida...; me había buscado y yo no había sabido estar para él. Recuerdo que pocas veces he sentido esta clase de humillación, como cuando llegué al velorio, al día siguiente, y su madre me dio una bofetada pidiéndome que me fuera del lugar. No…, no era bienvenido.

Rodrigo se había quitado la vida y yo, su terapeuta, no me había dado cuenta de su riesgo suicida. Rodrigo se había lastimado y yo, su psicólogo, no había hecho nada para salvarlo.

Dejé de dar terapia, me sentía un farsante, un mediocre, un perdedor. No podía dejar de pensar en Rodrigo y en la escena de la sábana con la sangre, en los mensajes del radiolocalizador y en su cara de tristeza en nuestra última sesión. No podía dejar de pensar en el ataúd, que alcancé a ver, y en la bofetada de su madre. Tres meses después, yo estaba totalmente deprimido, perdido, y fue entonces que empecé con ideación suicida. Me quería morir; quería estar con él, pedirle perdón, arrodillarme frente a él para reconocer cómo había sigo negligente y poco responsable con su caso. La depresión en la que caí fue tan fuerte, que un día tomé una de las pistolas de mi papá -que seguían en su mismo lugar, desde mi adolescencia- y me la llevé a la sien. Estaba seguro de que me iba a suicidar. Afortunadamente, no lo hice…; le marqué a mi novia -ahora esposa-, que es psicóloga también, y le dije: *"Ara, estoy a punto de matarme, ¡ayúdame! Ya no puedo más"*. Gracias a que ella me supo guiar, no me di un balazo ese día. *"No puedes hacernos esto, necesitas ayuda. No puedes hacer lo mismo que te dolió tanto"*. Tenía razón…, y me dejé ayudar.

Acudí a tratamiento psiquiátrico, y estuvieron a punto de internarme por el nivel tan alto de ideación suicida que presentaba, y por el trastorno de estrés postraumático que estaba viviendo. ¿Te imaginas…? Yo, el psicólogo, el terapeuta, el que había hecho prácticas profesionales en dos hospitales psiquiátricos…, a punto de ser internado por alta ideación suicida. Fue una pesadilla; pero afortunadamente no fue necesario el internamiento, y con mi tratamiento terapéutico y psiquiátrico, salí adelante.

Continué con la terapia, pasaron las semanas y los meses, y pude salir de la depresión. En esa etapa de mi vida, seguramente similar a como tú te encuentras ahora, se me juntó todo. Estaba viviendo un duelo difícil que comprendía: una crisis, una depresión con un alto nivel de desesperanza, un Trastorno de Estrés Postraumático y una sensación de haber cometido el peor error de mi vida.

Con mucho miedo y recelo, poco a poco retomé mi vida profesional, regresé a dar cursos y conferencias, y después... regresé a dar terapia. Fue muy difícil, pues tenía miedo de equivocarme, con cada paciente y en cada sesión; tenía miedo de que se quitaran la vida. En ese momento sólo quería ver pacientes "sin problemas"; lo cual, evidentemente, no era posible.

Pasó el tiempo, y gracias al apoyo de Ara, de Javier -un gran amigo-, de mi mamá y de mis hermanos, empecé a salir adelante. Recuperarme de la muerte de Rodrigo me llevó cerca de año y medio. Después de eso, sintiéndome fortalecido, confirmé que mi vocación era ser terapeuta, y decidí que me prepararía para ayudar a la gente que se sintiera como yo me había sentido; y fue entonces, cuando me propuse estudiar y formarme como un terapeuta que pudiera acompañar a la gente en momentos de dolor extremo: me formé como terapeuta especializado en Intervención en Crisis; estudié Tanatología, para ayudar a la gente en procesos de muerte y duelo; y decidí estudiar para ser terapeuta en Psicotrauma, y poder así estar preparado para ayudar a las personas con pérdidas por violencia.

Como te darás cuenta te he compartido, con el corazón en la mano, que soy un sobreviviente de un duelo por suicidio; y es por eso que te puedo asegurar que la muerte de Rodri no me dio paz, ni fue armoniosa, ni me dio consuelo..., nada de eso. Han pasado 13 años desde la muerte de Rodri, y no hay semana que no me acuerde de él, por el tipo de pacientes a los que veo. Ya no lo recuerdo con el dolor de antes, ya no con la angustia de aquel momento, ya no con la culpa y desesperación que llegué a sentir; pero de vez en cuando, todavía me pregunto qué hubiera pasado si no hubiera estado dando la conferencia y me hubiera podido comunicar con él. Todavía, casi 14 años después, me sigo cuestionando si hubiera podido detenerlo de ahorcarse.

Cuando me casé, en la mudanza encontré la receta del primer psiquiatra que me atendió en este problema de mi vida, y en ella escribía lo siguiente: *"Se recomienda que el paciente Joseluis Canales sea internado en el Hospital Español, por depresión mayor grave y alta ideación suicida".* Conservo esa receta en el cajón de mi consultorio; y en ocasiones, cuando un paciente llega devastado, sin poder confiar más que en mí, se la enseño para demostrarle que si yo pude..., si yo pude vencer la bola de nieve que estaba viviendo, él o ella lo podrán hacer.

Créeme que sé lo que es sentirse como te estás sintiendo; pero también créeme que si llevas a cabo tu suicidio, la vida de varios se va a devastar.

Sé que Rodri no estaba enojado conmigo..., no se suicidó para hacerme daño. En verdad creo que me tenía cariño; sin embargo, en ese momento su decisión partió en dos mi existencia y me dejó una huella de por vida. Ahora, tengo más herramientas para trabajar con un paciente deprimido y en crisis, de las que tenía a los 26 años; sin embargo, con cada paciente con ideación suicida, con cada paciente que se automutila, con cada paciente que está deprimido, estoy consciente de que lo puedo volver a vivir. Ahora sé que no soy responsable más que de mi propia vida, y que no puedo ser culpable de lo que decide alguien más sobre su cuerpo. He decidido dedicarme a esta labor, asumiendo la responsabilidad de que puedo volver a sufrir un golpe como el de hace 14 años, porque quiero luchar con todas mis fuerzas para acompañar a alguien que, estando en crisis, se proponga luchar por su propia vida.

Afortunadamente, en estos últimos 13 años no he vivido el suicidio de ningún otro paciente; pero cada vez que empiezo una relación terapéutica con alguien que ya lo intentó o que está próximo a intentarlo, le pido una enorme honestidad para hacerme saber si lo va a hacer; es decir, que siempre les pido a mis pacientes la misma honestidad que me comprometo yo a ofrecerles.

Bueno..., ya llevamos varios capítulos juntos hasta aquí, y creo importante pedirte a ti la misma honestidad que siempre les pido a mis pacientes. Y me atrevo a pedírtela para que, si realmente estás considerando quitarte la vida, leas mi testimonio y te imagines que lo podría estar escribiendo tu hijo, tu hermano, tu pareja o tu mejor amigo; y para que, sólo por el cariño que les tienes, te detengas y busques un nuevo camino. Sí existe, créemelo; yo ya lo viví, yo ya pasé por ahí, y te aseguro que "para dejar de sufrir no es necesario que mueras", porque existen otras puertas que puedes cruzar para salir de esta pesadillas que estás viviendo. Yo logré encontrarlas y abrirlas; y después de haber pasado por todo lo que te he descrito, me considero un hombre más fuerte, más sensible, más empático y con mas herramientas para resolver las crisis de la vida, gracias a que me di esta oportunidad de vida -a mí y a mis seres queridos.

Dejando a un lado a su hermana, a su mamá y papá, y a sus amigos brasileños, estoy seguro que si Rodri hubiera sabido por lo que yo iba a pasar a causa de su suicidio, no lo hubiera hecho. Estoy seguro que no se hubiera ahorcado ese 22 de mayo de 1998, en la noche.

Ahora tú lo sabes. Sabes el dolor que causará tu muerte... Sé que tu dolor es enorme, pero considera lo que generarás en los demás...

Estoy seguro de que mi testimonio no es el único ni el más importante que existe, y es por eso que quisiera compartir contigo los testimonios de algunos pacientes que han estado conmigo y que han vivido el suicidio de un ser querido. No te los comparto para manipularte, te los comparto para que conozcas lo que ha vivido alguien más, que amaba a alguien que se sentía igual a ti. Tal vez alguna de estas historias pueda salvar tu vida y la de tus seres queridos.

Aun después de transcurridos 13 años, y después de muchas sesiones de terapia y mucho trabajo personal, lloro al terminar este relato. De corazón, gracias por leerme.

Isa

"El día empezó como si nada, todo parecía normal, hasta que llamó mi hermano a mi celular. Su voz no era normal, sonaba como si no fuera él; creo que había dejado de ser él hacía ya tiempo. Inmediatamente me di cuenta de que estaba deprimido otra vez.

Hacía pocos meses, había yo comentado que al mirar no veía, que al oír no escuchaba, que últimamente convertía todas las situaciones en problemas; algo nada común en él, ya que siempre había sido un constante luchador, optimista y apasionado de la vida y de su familia y amigos.

Minutos después de colgar con él, me avisaron que mi hermano se había quitado la vida, con un arma de fuego, dentro de su auto. Escuché la noticia, y algo me hizo saber dentro de mí que era cierto, que sí lo había hecho. En ningún momento lo dudé: la pesadilla estaba apenas empezando. Entendí que se había dado por vencido en su lucha contra la depresión y la constante angustia que sentía desde hacía unos meses; padecimientos que se habían ido apoderado de él como una hiedra venenosa, silenciosa, y habían ido acabando con su vida, sin que ni él ni nadie nos diéramos cuenta. La depresión y la angustia son enfermedades truculentas y destructoras, y para lograr ganarles la batalla se necesita de una constante supervisión al paciente, de mucha seguridad y determinación y de un constante apoyo externo; pero desgraciadamente, por lo general éste no sabe pedirlo de la forma correcta ni a las personas adecuadas, haciendo la enfermedad más peligrosa y disfrazándola de diferentes formas.

Mi hermano lo pensó, lo meditó, lo planeó; pero actuó como si fuera otra persona. Esta hiedra venenosa a la que me refería antes, se apodero de él, no lo dejó pensar como lo habría hecho en condiciones normales, se cansó de luchar, se doblegó y se debilitó ante su batalla. Dejó de ser él, se derrumbó y decidió darse por vencido, quitándose la vida.

El dolor y el sufrimiento que esto provocó, y que por momentos aún no hemos dejado de sentir, han sido inmensos: ha sido un dolor incalculable, un dolor que nos cambió la vida a todos, un dolor que no se explica, no se ve, no se toca, simplemente se siente. Con el tiempo hemos ido aprendiendo a vivir con él; pero estoy segura que los que lo hemos sentido no pensamos jamás que existiera, y menos que fuera tan constante.

Algo que me ha quedado muy claro es que, aunque mi hermano pensó que la única salida era quitarse la vida y que estaríamos «todos mejor sin él», esto era algo que sólo él consideró; pues estaba completamente equivocado..., todos lo necesitábamos. Todos lo necesitábamos mucho más de lo que él nunca pudo darse cuenta, como su esposa e hijos que lo amaban inmensamente y que hicieron todo lo posible para ayudarlo y estar con él en sus peores momentos. Pero creo que el sólo vio lo que quiso o lo que pudo, escuchó lo que quería oír y desechó lo demás -lo positivo y lo que lo habría hecho salir adelante. Actuó como si una voz interna y desconocida le dijera: «¡Destrúyete!», «¡Acaba con todo!»; voz que lo dejó inerte y sin la capacidad de ponerse en los zapatos de los demás, y de medir lo que sufriríamos con su muerte. Ese no era mi hermano, él no era indiferente ante el dolor y el sufrimiento ajeno.

En la última etapa de su vida, vio todo oscuro y sin ventanas ni salidas; sin un mañana, sin respuestas a sus preguntas, y sin darse cuenta del inmenso amor que lo rodeaba, dejando todo atrás. Mi hermano dejó a su maravillosa familia, a sus padres, hermanos, amigos, trabajo; dejó muchos años de constante lucha por llegar a ser un excelente ser humano, un buen padre y esposo, un hijo insustituible, un hermano amoroso y cuidadoso, trabajador incansable, optimista y positivo. Es una tristeza que no se haya dado cuenta de todo esto, de que no se haya dado cuenta de que sí había una salida y ésta no era el suicidio. Ojalá se hubiera dado cuenta de que sí había ayuda, de que sí había solución a esa angustia tan grande que sintió. Pero más tristemente, nosotros nunca nos dimos cuenta de que la depresión y la angustia ya se habían apoderado de él; acabando con su persona y con su ser, dominándolo totalmente.

Debe ser difícil caminar con una venda en los ojos y con los oídos tapados, pues así pienso yo que van por la vida las personas a las cuales la depresión les va empezando a ganar la batalla. Cambian y tienen una forma de actuar muy especial; piden ayuda, pero no siempre en la forma correcta ni a las personas debidas. En el caso de mi hermano, estaba muy cariñoso los últimos meses y días; pero su ser ya no estaba. Yo recuerdo el brillo de sus ojos, -que siempre había sido especial y muy expresivo-, y desde ya hacía algunos meses lo había perdido; su mirada era opaca y sin vida. Últimamente, le tenía que repetir las mismas historias, varias veces, y él sólo se centraba en situaciones absurdas, convirtiéndolas en problemas centrales que regían su diario vivir; algo que meses o años atrás jamás habría hecho.

Estoy segura de que si se hubiera dado más tiempo para sí mismo la habría librado. Es una tristeza que se haya perdido de todo lo que aún le esperaba, sobre todo de sus hijos, de verlos crecer; que se haya perdido de saber que lo que lo rodeaba era amor, y que no haya visto todo lo que había logrado y lo que le faltaba aún por disfrutar.

Finalmente, la vida la vivimos como nosotros queremos hacerlo, y las soluciones a los problemas y a los momentos difíciles están si queremos verlas. Necesitamos trabajar por la felicidad y luchar. Nunca el mundo «estará mejor sin alguno de nosotros», pues cada uno tenemos una razón de ser y por eso estamos aquí; somos importantes, estemos solos o acompañados, todo depende de las ganas con las que salgamos adelante, porque sólo vivimos una vez. Hoy acepto la partida de mi hermano, pero sigo extrañándolo; y aunque respeto su decisión, sigo creyendo que se equivocó en la decisión más importante: luchar por su vida".

Any

"Me llamo Ana Paula, y el que se suicidó fue mi hermano menor, Alejandro. Sin duda ese ha sido el peor día de mi vida: fue un miércoles, yo tenía 7 meses de embarazo y tenía que ir a trabajar. Cuando llamé en la mañana a mi papá no lo encontré, cosa que nunca sucedía, y la voz de quien me dijo que no estaba

no era normal; así que hablé a casa de mi mamá y me dijeron que me fuera para allá lo antes posible. Sin pensarlo, tomé el coche y salí hacia allá, y al llegar vi a mi hermano mayor llorando. Mi primera idea fue: «Mi mamá... algo le pasó». Corrí, y al subir llegué al cuarto de mi mamá, me encontré a mis papás y pregunté: «¿Qué pasa?». Nunca imaginé siquiera lo que estaba por ocurrir. Al ver a mi papá lleno de lágrimas, me dijo: «Es tu hermano, Popi...; ya no está con nosotros». Me quedé helada, no entendía nada de lo que sucedía; por lo que pregunté qué había pasado. Me dijeron que mi hermano había tomado una pistola, se había disparado en la cabeza y había muerto. En ese momento enloquecí, sentí que el mundo se terminaba y grité, grité mucho; era un dolor que no puedo explicar. Fue impresionante: mi mamá no hablaba pues estaba en shock, yo nunca había vivido nada así, mi papá estaba muy mal y mi hermano, que fue quien lo encontró, estaba destrozado. Yo acababa de regresar de viaje y no había visto a mi hermano. Cabe decir que él era..., bueno... siempre será mi adoración. Yo era 7 años mayor que él, por lo que siempre había sido mi bebé. Era mi vida entera, éramos cómplices en muchas cosas, nos apoyábamos y cuidábamos el uno del otro.

Después de la noticia, me sentí sumamente mal y me comencé a desmayar, así que llegó mi esposo con las medicinas que me había mandado el ginecólogo y me las dio. Fue un día muy largo; yo creo que mi hermano nunca pensó qué era lo que venía después de su muerte, ni cómo iba a afectar al resto de la familia. Tardaron mucho en entregar el cuerpo, pues se presentó el Ministerio Público y los peritos se llevaron a mi hermano mayor a declarar; sólo recuerdo que nadie tenía cabeza para nada. Entregaron el cuerpo de mi hermano y llegó Gayosso por él, se lo llevaron a preparar y nosotros fuimos a tratar de descansar. ¿Quién puede descansar después de algo así?

Yo tenía mil preguntas, inquietudes, sentimientos y tantas otras cosas; obviamente todas encontradas. Yo no podía entender cómo, siendo él y yo tan cercanos, no me había dejado nada... Dejó 4 cartas: una para mi mamá, otra para mi hermano, otra para su mejor amigo desde kínder y una última para su grupo de amigos de toda la vida. Podrán pensar que soy muy egoísta; pero..., ¿y yo...? De mí no se despidió y no me dejó nada..., sólo la indicación de que no quería que yo lo viera muerto. Y así fue, mis papás y mi hermano no me dejó verlo para «protegerme»; pero ahora me arrepiento, porque yo no tuve un cierre y nunca me perdonaré el no haberme despedido de él. Siempre me quedaré con las ganas de un abrazo de oso y con uno de esos besos babeados, que sólo él sabía dar, y que me hacían sentir como nadie.

Al día siguiente fuimos a Gayosso y lo velamos todo el día...; yo creo que lloré como nunca..., no entendía que estaba pasando. Al día siguiente, lo llevamos a enterrar porque por ser un suicidio no se podía cremar. El caminar por el panteón tras del féretro de mi hermano es una imagen que siempre me acompañará, fue devastadora.

La vida siguió, y tratamos de recoger nuestros pedazos para seguir viviendo. En esos momentos me hubiera gustado poder detener todo, paralizar la vida; porque duele mucho ver que todo mundo sigue con su vida como si nada hubiera pasado, cuando tú acabas de tener una pérdida horrible. Todas las personas que nos rodean y nos quieren estuvieron muy pendientes; pero poco a poco, la gente recuperó su ritmo y su día a día; y cuando nos dejaron y comencé a vivir mi propio proceso, que es un proceso que nunca termina, empezaron a salir mis verdaderas emociones. Yo tuve un conflicto muy fuerte, pues al estar embarazada descuidé a mi familia y en especial a mi hermano; y me sentía culpable de no haberme dado cuenta de que estaba tan mal. No había visto ninguna señal, ningún foco rojo, ni nada que hiciera darme cuenta de que la vida de mi hermano estaba en peligro. No me perdono que por la cercanía que teníamos, él y yo, no me hubiera dado cuenta de que se iba a matar. Siento que debí haber estado más pendiente; no lo hice, y eso me generó un sentimiento de culpa que siempre va a vivir conmigo. Me han explicado que es normal, que a todos los familiares de un suicida les pasa, que no había manera de que me hubiera dado cuenta, que nadie puede darse cuenta de algo tan irracional; pero a mí todas estas explicaciones no me hacen sentir mejor.

En los meses que siguieron, estaba muy enojada porque él me había dejado sola, sin despedirse, sin decir nada y sin dejar siquiera una carta. Me dejó con una inmensa tristeza, enojo, impotencia...; pero realmente, él no pudo imaginar lo devastada que quedaría la familia; cada quien en su diferente rol, pero todos con una pena inmensa y un dolor indescriptible. No somos una familia que sepa compartir sus sentimientos y mucho menos pedir ayuda; sin embargo, a partir de la muerte de Popi, todos fuimos a terapia y medio que comenzamos a salir.

Yo fui a ver a una tanatóloga que me ayudó a levantarme para tener a mi bebé, pues con todo esto yo ya no quería tenerlo..., no quería que naciera; pero entendí que lo mejor era esperar y que naciera, sin ilusiones, y sin los sueños de cualquier mamá. Y así fue que esperé, y mi hija nació. Mi mamá se reanimó para ayudarme -una señora realmente sorprendente y admirable-; pero después de unos meses, yo estaba realmente perdida: no quería escucharla llorar, no quería verla, no quería ir a trabajar, ni comer, ni bañarme, ni levantarme, ni nada; yo sólo pensaba en irme con mi hermano. En ese momento, comencé a tener muchos problemas en mi matrimonio, al punto que le pedí el divorcio a mi marido; pero como él también es una gran persona y ha sido un gran apoyo, asumió lo que me prometió el día que nos casamos: «En las buenas y en las malas». Él me ayudó, junto con mi mamá, a salir adelante para poder empezar mi rol como madre. Comenzamos a ir a terapia de pareja, yo comencé con un tratamiento antidepresivo que me ayudó mucho; y con la terapia, mis medicinas, el apoyo de mis seres queridos y amigos; con el amor de mi familia, de mi pareja, y de mi bebé, pude volver a vivir.

Finalmente me dieron de alta, y después de un tiempo tuve una recaída muy grande, y Dado me ayudó mucho a poder salir otra vez.

Uno aprende a vivir con esa pérdida, esa ausencia, con ese hueco tan grande, que con nada ni nadie se vuelve a llenar. Aprendes a despertarte y a respirar, y lo comienzas a hacer en automático; pero el dolor nunca se va. Siempre habrá una canción, una imagen, una película que te hará recordarlo. Siempre habrá un comentario de alguien que, sin intención de lastimar, te vuelva a mover todo lo que tú ya creías superado. No sé…, un comentario como: «Me pasa algo así y me suicido» o «Entiendo perfecto tu dolor» o «No sabes cuánto lo siento» o «Claro, tu hermano debió estar enfermo para hacer algo así». Cualquier comentario de este tipo, que para los demás es un comentario sin importancia, para mí no lo es, pues era mi hermano…, mi Popi…, y si llegó a estar enfermo, era de angustia; sin saber cómo afrontar algún problema y sin saber pedir ayuda. Ojalá yo hubiera visto lo angustiado y lo mal que se sentía, para poder ayudarlo; fueron segundos en que una mala decisión acabaron con muchas ilusiones, con una familia y con las ganas de vivir de mucha gente que lo queríamos.

Hoy puedo decir que vivo contenta, que he luchado por sacar adelante a mi familia (esposo e hijos); y al mismo tiempo, a mis papás y a mi hermano. Trato de estar pendiente de todos, y hacer lo mejor posible para que todos estén contentos. Ya me dieron de alta de mis tratamientos y me siento bien…; con mis altas y mis bajas…, pero bien.

He tratado de enseñarles a mis hijos quién fue su tío y las cosas buenas que él hizo; porque yo no creo que por una mala decisión, se haya cambiado todo lo que él era y construyó en su vida. Y sobre todo, he tratado con todas mis fuerzas de no estancarme en ese momento o ese evento, porque no quiero *que eso me defina, que eso defina al «tío Ale». No quiero ser esa persona negativa, no quiero ser una amargada o alguien sin ganas de vivir; así que por más dura que haya sido esta tragedia, y aunque eso me acompañe el resto de mi vida, estoy consciente de que me hizo ser quien soy hoy, y espero de todo corazón que eso no sea lo único que marque mi vida.*

Trato de ser una persona feliz y de sacarle provecho a cada minuto, a cada actividad del día a día; y espero poderles trasmitir a mis hijos el valor de la vida, y que sepan que nada es seguro, que no tenemos nada comprado, y que no sabemos cuándo nos vamos. Sé que en la partida unos se van antes y otros después; pero estoy convencida de que tenemos que dar gracias por todo lo que tenemos, por lo que nos rodea y por lo que somos. Y sobre todo, espero transmitirles que es muy importante ser humildes y pedir ayuda cuando uno la necesita, pues no hay nada imposible; sólo tenemos que saber pedir las cosas: un abrazo, un cariño o una ayuda; pues todo se puede resolver. Sólo tenemos que hablar, nada ni nadie nos va a juzgar ni a criticar; al contrario, a mí me hubiera encantado haber podido ayudar a mi hermano, pues quizá de ese modo el seguiría aquí con nosotros; me seguiría cuidando y sería el padrino de mi hija mayor, como se lo había pedido. Sé que él siempre estará conmigo, con mis hijos y con mi familia; pero para los que nos quedamos, el entender un suicidio es muy difícil.

Es difícil entender una decisión así, es difícil entender el porqué lo hizo. Quedan tantas dudas que nosotros nunca vamos a poder resolver, y tantas ideas e inquietudes que después de mucho tiempo hoy entiendo, que no vale la pena seguirle dando vueltas a lo mismo. No tiene caso cuestionarlo, pues nunca sabré realmente lo que pasó; él es el único que lo sabe, y desgraciadamente ya no está. Lo único que me queda por hacer, es aceptar la decisión de mi hermano y perdonarme a mí misma, para poder dejarlo ir y seguir viviendo con sus recuerdos y con sus cuidados infinitos, desde donde él esté; que estoy seguro que es un buen lugar, ¡se lo merece! ¡Sé que está vivo en algún lugar... Yo lo sé!".

Araceli

"Sonó el teléfono a las tres y media de la mañana, un fin de semana; por casualidad yo contesté y me confundieron con mi mamá. El tío de Henry estaba del otro lado diciendo que sentía mucho hablar a esa hora, pero que Henry mi primo, casi hermano, había tenido un accidente, y preguntaba si yo

tenía el teléfono de su mamá para avisarle. Recuerdo que me paralicé y le dije que yo no era mi mamá, que se la pasaba. Me levanté de la cama para despertar a mis papás, y me quedé esperando a que mi mamá me dijera qué había pasado. Henry había muerto.

Teníamos 18 años, a punto de acabar preparatoria, cuando mi mamá me dio la noticia. Sentí que me paralizaba, y que lo que estaba escuchando era como un sueño; como si lo que estaba escuchando, en ese momento, no fuera verdad. A los pocos minutos, me marcó otro de mis primos, para decirme lo que había pasado. Henry se había suicidado en su casa, con la pistola de su papá, regresando de bailar. No lo podía creer, le pregunté si era broma y me dijo: «Te lo juro..., voy en camino a reconocer el cuerpo». Me senté en la biblioteca de mi casa a llorar y a esperar a que amaneciera, para que nos dijeran dónde estaba el cuerpo. Me acuerdo que me sentía como anestesiada. El teléfono de mi casa no dejaba de sonar y toda la familia estaba confundida y no entendía qué estaba pasando. Lo que pensaba era que no podía ser que él, mi Henry, se hubiera atrevido a hacer algo así. ¿Por qué?, si tenía todo para ser feliz...; venía llegando de bailar con su hermano y sus amigos. ¿Por qué no me marcó?, siempre lo hacía. Hablábamos diario y salíamos juntos, pero hacía dos semanas que no nos habíamos visto. ¿Qué pasó? ¿En qué estaba pensando? Recuerdo que lo único que pensaba era que era un cobarde, y lloraba con sentimientos encontrados, entre tristeza y coraje.

Lo velaron al día siguiente en su casa. No me dejaron ver su cuerpo porque estaba muy lastimado; pero recuerdo que estando ahí con toda la familia y nuestros amigos, lo que yo sentía era mucho coraje, casi no lloraba, mentaba madres. ¿Por qué no me dijiste nada? ¿Por qué no me buscaste? Qué poca madre que no pensaste en tu mamá y en toda la gente que estaba ese día ahí, destrozada. ¿Mis abuelos viviendo el funeral de su nieto? ¡Qué poca madre! ¡No tienes ninguna justificación, no se vale! No entendía por qué se había quitado la vida, y mucho menos de esa manera. Claro que él sabía lo que estaba haciendo; pero no se pudo controlar, no pensó en los demás.

Los siguientes días, yo sentía que Henry estaba de viaje y que lo iba a volver a ver. El pensar en que nunca más lo iba a abrazar o a platicar con él, era inimaginable. Lloraba mucho; pero también sentía coraje porque me había dejado, me había abandonado y no había pensado en mí. Ese año fue horrible, porque toda la familia estaba muy muy mal: algunos se sentían culpables por no haber hecho algo antes, y otros estaban muy deprimidos. Nadie entendía qué lo había llevado a hacer algo así, pero todos buscábamos un culpable o una explicación que nos diera un poco de paz y nos quitara algo de culpa.

Recuerdo que el sentimiento más frecuente en mí, era enojo. Un poco antes del primer aniversario, me sentía muy mareada y dormía mucho. Mi mamá me llevó con mi pediatra, -que también era el de Henry-; que me hizo una evaluación física y, al final de la consulta, me preguntó cuándo cumplía un año de muerto Enrique. Cuando lo pensé, me di cuenta de que faltaban 3 semanas, y el pediatra me dijo que lo que estaba pasando conmigo era que estaba somatizando. Le pregunté qué era eso y me dijo que lo que no estaba yo hablando y sacando emocionalmente, mi cuerpo lo estaba haciendo; y que estaba un poco deprimida. Me dijo que lo que necesitaba hacer era llorar todo lo que no había llorado en el año, y trabajar en perdonar a mi primo. Salí de ahí furiosa, diciendo que aparte de la fregadera que había hecho, me seguía afectando después de un año. La verdad, cada vez que pensaba en lo que había hecho, me enojaba; pero cuando me acordaba de él, lloraba muchísimo. Lo extrañaba todos los días.

Después de como dos años, empecé a trabajar terapéuticamente en mi duelo. Me llevó mucho tiempo entender que lo que hizo no había sido personal. No tenía nada que ver con nadie. Henry estaba en depresión y no se había atendido a tiempo -siempre me quedé con la angustia de saber si se había arrepentido, pero eso nunca lo voy a saber. Lo que me dio algo de paz fue entender que estaba enfermo.

Me llevó mucho tiempo superar la muerte de Henry, y hoy en día, lo peor que me puede pasar es recibir una llamada telefónica en la noche, en la madrugada, cuando ya es tarde. Supongo que son secuelas de lo que pasó.

La muerte de Henry fue un «parteaguas» en la familia. Después de su muerte, nunca fue igual la relación entre los primos. Como que todos crecimos a la fuerza y, a la fecha, hablar de él logra desprender lágrimas en algunos de nosotros. Fue el peor momento de mi vida, y al recordarlo todavía no puedo creer que me haya tocado vivir algo tan fuerte; pero me tocó, y hoy soy sumamente sensible a todo lo referente a la depresión..., es mi talón de Aquiles. La huelo a kilómetros de distancia, y le tengo pánico. Lo sigo extrañando; y recordar lo que pasó, aunque ya lo entiendo, hace que sienta un hueco en el estómago y mucha tristeza".

Inés

"¿Recuperas tu vida después de haber sufrido una pérdida como la tuya? -me preguntó un amigo, hace poco tiempo. Mi respuesta en ese momento fue un sí; pero al paso de los días, mi respuesta ha cambiado un poco.

Para ser honesta, realmente no sé si pierdes tu vida como tal; pero definitivamente es un cambio drástico y un «parteaguas» para muchas cosas. No creo que tu vida se pierda, sino más bien creo que tu vida se desmorona por completo y tienes que reconstruir todo.

Muchas veces dije: «Hoy tuve el peor día de mi vida», y en un lapso de 2 a 3 semanas se me olvidaba el "calvario" que había vivido. Hoy, a 8 meses de haber perdido a mi hermano, recuerdo el peor día de mi vida minuto a minuto; y si de casualidad se me empieza a olvidar algún detalle, sin buscarlo ni quererlo, tengo las noches para soñarlo, las horas del tráfico para reconstruir cada momento; y si el pensamiento me traiciona y me estaciono un rato en la negación, es cuestión de llegar a mi casa y ver que todo es real, para darme cuenta de que él ya no está.

Ese día…, el día, vives una experiencia tan ajena a tu realidad, que todo es tan inverosímil a pesar de estar ahí. Es muy difícil entenderlo y procesarlo en un lapso de 40 minutos, enterarte que algo pasó con tu hermano, escuchar y ver a los paramédicos tratando de salvarlo, para que al final te digan que ya no había nada que hacer; sobre todo cuando esa mañana conviviste con él y, a pesar de verlo un poco extraño, jamás se te hubiera ocurrido pensar que él ya había tomado la decisión de no terminar ese día, y que al salirte de su cuarto, se iba a quitar la vida.

Lo más cercano que había estado de escuchar la frase: «hora de defunción», había sido en las películas; y todo parece tan irreal, que a veces me cuesta trabajo creer que lo viví. ¿Qué se siente perder un hermano por su propia voluntad? No hay respuesta exacta, es prácticamente imposible describir lo que se siente. Hay emociones nuevas, sentimientos encontrados. Si tuviera que poner un ejemplo de los más coloquiales, es como si a todos (familia, amigos, gente cercana) nos hubieran puesto en una licuadora, incluyendo sentimientos y planes a futuro, y de repente prendieran la licuadora en el nivel más alto y te dejaran ahí, hasta que tuvieras la suficiente fuerza y los suficientes medios para salirte.

A él, no lo juzgo ni lo critico, sus razones habrá tenido para haber decidido no continuar; y por más que me duela su decisión, y sin poder entender sus motivos, lo respeto y respeto el destino que él eligió. No ha sido fácil llegar a la postura que acabo de compartir. He experimentado, desde la inevitable culpa -que no dejas de sentir durante las 24 horas del día-, desde la tristeza más profunda que he sentido -no sabía que se podía llegar a sentir ese nivel de absoluta devastación-, hasta el coraje y el enojo más fuerte. Pero concluí que nada de eso me iba a regresar a mi hermano, y nada de eso iba hacer que yo superara todo esto y me sintiera mejor.

Soy una persona creyente y pienso que Dios esta atrás, de una u otra manera, avalando o respetando nuestras acciones y decisiones; y que las consecuencias ya depende de nosotros. Creo en la frase: «Tú eres el arquitecto de tu propio destino», y todo en esta vida son decisiones, y yo decido vivir y vivir bien. El día que decidí salirme de la licuadora, fue el día que reconocí que yo necesitaba ayuda para salir adelante, pues definitivamente sola nunca lo iba a lograr.

Estoy muy consciente de que no he terminado mi proceso de duelo y sanación; pero sé que voy por buen camino, porque así lo decidí. Ahora puedo decir que ya tengo más días buenos que malos, y puedo decir que estoy en paz conmigo y con mi hermano. He decidido tomar su vida como un ejemplo, hacer las cosas que ya no pudo hacer, tratar de igualar sus logros y evitar cometer sus errores. Muchas veces, cuando alguien muere, lo santifican y sólo hablan maravillas de esa persona; y yo, no lo voy hacer. Mi hermano fue un ser humano común y corriente, con una historia como cualquiera. Fue un excelente hijo, un gran hermano, y en general una persona realmente noble; tenía defectos y virtudes como todos, y al final del día era mi hermano grande, mi compañero durante la infancia y después mi confidente. He aprendido a no tomar su decisión como algo personal, aunque al principio lo hice; pero después me di cuenta de que me estaba dando un nivel de importancia que no me correspondía. Esa decisión la tomó él y para él; y hasta que entendí eso, pude iniciar mi proceso de sanación.

No lo quiero más ni lo quiero menos, lo quiero igual que siempre, lo llevo en mi mente y en mi corazón; pero también mentiría si no digo que tengo días que no quiero ni hablar de él. Hay días que estoy enojada, triste, melancólica o feliz por él. Los sentimientos cambian..., cada vez menos; pero todavía cambian. Los únicos sentimientos que son constantes son la añoranza y el extrañarlo todos los días.

Me siento afortunada de tener lo que se necesita, que realmente no sé que es; pero lo que se necesita para salir de esa licuadora, porque desgraciadamente no todos lo hacen, y por más que quieras ayudar, no puedes hacer nada. Vivir una experiencia así, destruye tu vida de manera temporal; pero esa temporalidad no depende de nadie más que de ti, para que sea lo más larga o lo más corta. Creo que se aprende a vivir con el dolor, y que tenemos que hacer todo lo posible para no dejar que el sufrimiento y la tristeza nos dominen y controlen. En algún lugar leí una frase que me ayudó muchísimo en su momento; y que a la fecha, cuando me pongo triste, la repito varias veces, y me siento más tranquila: «Tu partida no es una ausencia, sino una nueva forma de presencia»; y yo decido creer en esto, creer que de alguna u otra manera él todavía está conmigo y me sigue acompañando en una nueva forma, aunque no lo pueda escuchar ni ver.

Lo más importante es que he decido creer que él está en paz y con la tranquilidad que tanto pidió. Me cuesta muchísimo trabajo aceptar las cosas y aceptar esta nueva vida para mí y para mi familia, pero prefiero extrañarlo y creer que está bien, a tenerlo aquí y verlo sufrir.

Hoy veo la vida con otros ojos, y puedo decir que mi hermano me dio una lección sin querer. Disfruto muchas cosas que antes no hacía, valoro a mi familia como los seres más importantes de mi vida. Tengo muchos planes a futuro; pero sobre todo, tengo ganas de vivir. Tengo ganas de que llegue el día en el que pueda soñar con mi hermano y que no sea una pesadilla; quiero que llegue el momento para pensar y hablar de él, y que solamente sea para reírme y acordarme de todo lo que vivimos. Sólo me arrepiento de una cosa, y es que no le demostré lo mucho que lo quiero; pero sé, donde sea que esté, que ya lo sabe, porque creo que se lo demuestro todos los días aceptando su voluntad y siguiendo adelante, a pesar de todo el dolor.

A veces me gustaría decirle lo inmensamente equivocado que estaba en pensar que era una carga para nosotros o que su vida no valía la pena; pero sé que algún día se lo diré. Es inevitable pensar en el «hubiera»: «¿Qué hubiera pasado si mi hermano hubiera entendido que estaba tomando una decisión definitiva a un problema que tenía solución?», «¿Qué hubiera pasado *si hubiera pedido ayuda a tiempo?», «¿Qué hubiera pasado si yo me hubiera dado cuenta lo que estaba pasando ese día?»; pero ahora entiendo que son preguntas sin respuesta, y he decidió a no preguntarlas más. He decidido que si no voy a entender, al menos voy a respetar; y que por él y sobre todo por mí y mi familia, voy a seguir adelante y voy hacer todo lo que esté en mis manos para ser feliz y disfrutar la vida; porque al final de todo, es lo único que importa."*

Isa, Any, Ara e Inés, al igual que yo, vivieron la pesadilla de sufrir la muerte de alguien muy cercano por suicidio; y como podrás ver, un suicidio tiene secuelas de por vida.

Tal vez este capítulo te haga reflexionar y te convenza de darle una segunda oportunidad a la vida. Vale la pena..., por ti y por los que te quieren.

Quiero terminar con la carta que le escribí a Rodrigo, mi paciente, en su primer aniversario de muerte. Escribirla fue una tarea terapéutica para empezar a "cerrar mi ciclo" con él; y creo que, a pesar del tiempo que ha pasado, sigo pensando en él con profundo cariño y deseando que siguiera vivo.

Un hasta luego...

Es cierto que a nadie le gustan las despedidas, que preferiría no tener que decir adiós; y si me dieran a escoger, sin lugar a dudas, pediría no vivir la tristeza que me acompaña y me abruma en estos momentos. Sí, estoy triste y dolido porque tu partida, Rodri, me sacudió, me confrontó con el ciclo de la vida; y me hizo recordar una vez más, lo pequeño, lo limitado..., lo humano que soy.

Sí..., siento profundo dolor y pena; pero también despertaste en mí el sentido verdadero de la vida, la vida eterna, la vida que sana y que nos permite conocer la libertad... Esa vida de esperanza y bienestar en la cual, hoy más que nunca, quiero creer.

Hoy me mostraste la riqueza del valor de la humildad y la aceptación. No es fácil para mí aceptar tu decisión de irte..., así, tan rápido, sin poder haber hecho nada para detenerte; pero hoy reafirmé que tenías muy claro cuál era tu camino y que no vacilaste hasta alcanzarlo. Gracias..., gracias una y mil veces por brindarme la oportunidad de acompañarte en el momento más bello e importante de tu vida: tu nacimiento a la verdadera tranquilidad.

Hoy, yo, tu terapeuta; y sobre todo tu amigo, quiero expresarte toda mi admiración. Tú me enseñaste la grandeza de saber defender tu decisión, a pesar de todo; y a enfrentar el miedo, ese miedo que hoy me paralizó ante tu muerte. Gracias por siempre respetar mi lucha por la vida y por haberme tocado el espíritu de manera tan profunda. Me tocaste el alma de por vida. Te quiero y te querré siempre.

Hoy me enseñaste que, escuchar sin juzgar o criticar, es dar verdadero apoyo; y que el calor no se transmite sólo con palabras, sino con la profundidad de una mirada o con la calidez de una sonrisa.

De ti, chaparro, me quedo con la promesa del amor eterno... Ese amor que no termina con la muerte, que no se apaga con el tiempo. Hoy sé que vale la pena sentir tanto cariño por ti, que la fe es un refugio para el alma; y sobre todo, que la muerte no es el fin, sino el comienzo de la vida.

Sí, mi Rodri, me duele no verte y no abrazarte. Me duele porque hubiera querido verte sonreír, porque te extraño cada lunes y cada jueves, porque eres un chavo maravilloso, porque reconozco tu inmenso valor. Sí, me duele; pero te acompaño orgulloso en este camino a la libertad. Estoy convencido de que puedes volar alto..., tan alto que no te podré ya ver, que habrás tocado la luz, que estarás fundido con el sol.

Chaparro, sólo me queda agradecerte que en mi pecho -aunque te burles de lo peludo que soy- dejas sembrada la semilla del amor. Sé que estás vivo.

Vuela, vuela alto..., no te detengas..., estoy contigo

Tu terapeuta y tu amigo... Dado ("El Peludo")

20

TODO TERMINA POR PASAR...

Esta frase tan trillada, tan trivial, tan común, es cierta. Siempre hay que hacerle caso a los dichos populares, ya que normalmente implican gran sabiduría. "No hay mal que dure cien años o cuerpo que lo resista". Esta frase se puede traducir en que no importa la magnitud del dolor, el nivel de sufrimiento..., el organismo tiene una capacidad admirable de sanación; y si le damos oportunidad y le ayudamos con nuestro trabajo personal de autocooperación, llegará a recuperar el orden, el control y el sentido de vida. Así como Europa se recuperó de dos guerras mundiales, así como la ciudad de México se levantó después del temblor de 1985, así como Japón se repondrá después del tsunami de este año, tú te levantarás de esta crisis tan dolorosa. "El tiempo lo cura todo", siempre y cuando haya un esfuerzo de por medio.

Ni tú ni yo tenemos que ser Freud para saber que el motivo real de este libro es evitar que termines con tu vida. A lo largo de los capítulos que hemos recorrido juntos, he buscado que reflexiones y consideres diferentes opciones para que te des cuenta de que el suicidio no es la única, ni la mejor solución a lo que estás viviendo; por eso espero, de todo corazón, que por lo menos la semilla de la duda esté dentro de ti, y que puedas vislumbrar que no importa el tamaño de la crisis que estés enfrentando..., "para dejar de sufrir, no es necesario que mueras".

Deseo profundamente que, desde el inicio de tu lectura, tu situación se haya modificado en algo, y que este libro logre darte una perspectiva diferente de

252

la realidad que hoy percibes; pero sobre todo, deseo que estés seguro de que aunque no hicieras nada, sólo ser responsable de sentir tu dolor, con el tiempo todo tiende a mejorar.

El tiempo es un elemento importante para la cura, es cierto. Los estudios indican que, después de que el tiempo pasa, los síntomas emocionales de dolor en los seres humanos tienden a disminuir. Me pasa con frecuencia, que una persona hace cita para una sesión conmigo, con dos o tres semanas de anticipación, y cuando llega la sesión, gran parte del dolor emocional por el que la había solicitado, se ha esfumado. En ocasiones, un día antes de la cita el paciente la cancela, porque ya no siente que la necesita, y el problema que veía insoluble ya no parece tan grande o tan doloroso. El tiempo ayuda a curar, y a este proceso natural en el que los síntomas se atenúan, los psicólogos lo llamamos Recuperación Espontánea.

La recuperación espontánea no tiene una explicación científica, sólo es un fenómeno que se da entre los seres humanos. Lo que sí sabemos es que, además del tiempo, si la persona en crisis realiza tareas o acciones de la vida diaria que le provoquen satisfacción y agrado, y que dirijan su atención hacia cosas que le signifiquen, como: platicar con un amigo, hacer un viaje, encontrar un trabajo, hacer ejercicio, tener un pasatiempo o hobby, empezar una relación de pareja, dejar de usar drogas, etc., ésta descubrirá una forma de cambiar su perspectiva del problema existencial que la aqueja.

En muchas ocasiones, no sabemos exactamente qué fue lo que hizo que el paciente se sintiera mejor, pero la única variable común en lo anterior es el tiempo. La realidad es que, conforme el tiempo va pasando, y conforme la persona encuentra actividades que la ayuden nutritivamente los síntomas de una persona traumatizada, en crisis, desesperanzada y con pensamientos suicidas, empiezan a disminuir y a desaparecer.

Hace cerca de siete años trabajé con María Esther, una mujer de cerca de 40 años, que perdió a su hija adolescente de 14, por un aneurisma cerebral. Mane estuvo cerca de quince días hospitalizada, hasta que finalmente murió; y María Esther vivió todo este proceso traumático, sin despegarse prácticamente del hospital. Durante esos 15 días, les habían dado esperanzas de que Mane despertaría, ya que estaba en coma; sin embargo, poco a poco las esperanzas se fueron perdiendo, hasta que ella murió.

Cuando llegó conmigo María Esther, estaba viviendo el infierno de cualquier padre que pierde a un hijo. María Esther llegó devastada a terapia. Ella aseguraba que su vida se había terminado, pues sentía que ya no tenía ningún sentido su existencia: su hija mayor había muerto y su vida se había derrumbado. Durante el proceso terapéutico, y debido a la cantidad de días y noches de angustia en el hospital, su duelo fue muy doloroso y presentó trastorno de estrés postraumático.

María Esther pasó varios meses sumamente dolorosos. En muchas de las sesiones no hacía más que llorar, sin poder mencionar el nombre de su hija. Estuvo en terapia conmigo por poco más de dos años..., años que fueron muy tristes y llenos de desesperanza y dolor; y aunque nunca presentó ideación suicida, en más de una ocasión mencionó que quería morir para poder estar con su hija. Me acuerdo de las sesiones con ella con profunda compasión, su dolor era terrible. Pasaron los meses y, gracias a su esfuerzo y al tiempo, el dolor fue cediendo y María Esther se fue recuperando, hasta que finalmente la di de alta. María Esther estaba lista para seguir con su vida y para volver a sentir ilusión: por su otra hija, por su matrimonio, por sus amigas..., y por todo lo que tenía enfrente y no había podido ver.

Cada año, en su cumpleaños, hablo con ella. La última vez que la felicité, le pregunté cómo estaba y contestó: *Dado: esto fue como una tormenta que ya pasó. Tal vez nunca vuelva a salir el sol por completo en mi vida, siempre estará nublado; pero estoy tranquila... La extraño cada día de mi vida, pero puedo sonreír... ¡No tengo que irte a ver todavía!* –bromeó, antes de despedirnos.

El dolor, por más intenso que sea, termina por pasar; incluso el relacionado con el duelo más difícil de superar, que es la muerte de un hijo.

Creo que vale la pena tener clara una cosa: las crisis, incluyendo las suicidas, tienen fecha de caducidad. Una crisis, por su estructura, por su naturaleza,. por el desgaste que implica, por la cantidad de energía que requiere, no puede durar mucho tiempo..., es finita. Si tú permites que tu crisis curse naturalmente su camino, y dejas que el reloj camine junto con cierto empeño personal, eventualmente, por el fenómeno de recuperación espontánea, ésta se irá resolviendo. No necesitas matarte, sólo tienes que recordar que, incluso aunque no tomaras ninguna acción de autoayuda -lo cual espero no sea el caso-, con el tiempo te empezarás a sentir mejor. Aunque no lo puedas ver así en este momento: "Después de la tormenta sale el sol". Recuerda que aunque tu pensamiento depresivo sea que todo va a empeorar, eso es sólo una creencia negativa basada en tu visualización oscura de la realidad.

El otro punto importante a considerar, es que cualquiera que sea el problema que te está orillando al suicidio, no es necesariamente lo catastrófico que tú lo estás experimentando. Insisto, no importa cuán grande sea el problema, tiene que ser un problema ordinario: gente ordinaria..., problemas ordinarios. Es decir, que yo sé que como es tuyo, el problema parece único e imposible de ser vencido; pero en realidad es un problema más, como muchos de los que enfrentamos la humanidad completa, todos los días. Así es, cualquiera que éste sea, no será el primero ni el último registrado en la historia del mundo.

Lo importante aquí es señalar que, las principales razones por las que la gente se quita la vida, están en el rango de "experiencias humanas", por las que todos pasaremos: depresión, problemas financieros, decepciones amorosas, dificultades familiares, humillación, traición, fin de un matrimonio, estrés temporal por la universidad o por un trabajo, soledad, desesperanza, el dolor ante una pérdida... son experiencias que tarde o temprano, la mayoría de los seres humanos enfrentaremos. Todas ellas están dentro del paquete que incluye "pertenecer a la especie de los seres humanos". Esto a mí me ha servido, porque cuando experimento algo sumamente doloroso, algo que creo que es "imposible" de soportar, busco darle perspectiva entendiendo que es parte de una experiencia ordinaria de mi especie, y me doy cuenta de que no soy diferente a mi vecino, al señor con el que me cruzo caminando en las mañanas o a ninguno de mis pacientes. Sólo me toca a mí, en determinado momento de vida, experimentar lo que es una experiencia humana dolorosa y crítica.

Eso es lo que te está pasando a ti: estás atravesando por lo que, en su momento, yo viví, o Daniela o Maye, o Any, o Daniela, o María Esther, o cualquiera de los ejemplos de pacientes que leíste durante los capítulos. En este momento, como eres ser humano, te estás enfrentando a lo que nos enfrentamos la gran mayoría de los seres humanos en algún momento de la vida: una crisis con "C" mayúscula.

¿Por qué no todos los que hemos atravesado por una crisis nos hemos quitamos la vida? ¿Cómo le hemos hecho para salir adelante? La respuesta es "tiempo" y "amor a la vida y a uno mismo". Aunque muchos hemos sentido esa necesidad, ese deseo tan profundo de morir, los que no hemos llevado a cabo ese impulso de muerte hemos permitido que el dolor se acomode y que nuestro proceso natural de sanación alivie lo que en su momento parecía insoportable. Así, el tiempo y nuestro propio esfuerzo, nos han hecho experimentar la "recuperación espontánea".

Sólo es a través del tiempo, y de ciertas tareas personales, que el ser humano se recupera del dolor. No hay duelos "express", no hay solución de crisis sin una etapa importante de tiempo y nuestro afán de recuperación de por medio; porque así como tenemos la capacidad de sufrir, tenemos la capacidad de sanar nuestras heridas y seguir adelante. Es parte de nuestra naturaleza y es parte del vivir.

Yo que me dedico a la psicoterapia especializada en crisis, te puedo asegurar que si permites que tu crisis siga su curso natural, si aceptas lo que estás viviendo, si tocas a fondo el dolor, éste se irá paulatinamente; porque así sucede, porque así son las crisis, porque así es la naturaleza del ser humano: el sufrimiento disminuirá y te sentirás mejor. Es un hecho que si rechazas la decisión de suicidarte, aunque sigas teniendo el deseo de terminar con tu vida, en el corto plazo, en las próximas semanas, irás encontrando menos razones para terminar con tu existencia. Lo que parece tan difícil de manejar y tan insostenible en el hoy, en un futuro será sólo un recuerdo difícil y desagradable. Si no fuera así, ¿cómo sería posible que los millones de personas que hemos considerado el suicidio siguiéramos vivos?

El tiempo es una gran ayuda... que no se te olvide.

LA HUMILDAD PARA PEDIR AYUDA...

El otro día, platicaba con un médico de la Unidad de Urgencias, y hacíamos esta reflexión: ¿Por qué la gente no pide ayuda?

Mi consultorio está junto a un hospital, y me he hecho amigo de un médico, Eduardo, que trabaja en Urgencias; y el otro día, mientras él fumaba un cigarro y yo me tomaba un refresco, me hacía ver lo difícil que había sido su mañana: ese día, dos pacientes habían ingresado a la unidad de Urgencias por intentos suicidas; ambos por abuso de sustancias. Afortunadamente, pudieron sacarlos adelante y estabilizarlos, pero uno de ellos estuvo cerca de un paro respiratorio. A partir de estos hechos, Eduardo y yo reflexionábamos sobre un fenómeno muy común: la gente con ideación suicida, tiende a esperarse hasta su primer intento suicida, para después pedir ayuda.

Y éste también es el caso de Azucena, quien ahora es mi paciente. Ella llegó hace dos meses a Urgencias, con las muñecas cortadas y chorreando sangre; y lo primero que le dijo a Eduardo fue: *Creo que necesito ayuda*. La necesitaba, es un hecho, y ella lo sabía; sin embargo, se esperó hasta lastimarse para pedirla. Afortunadamente, ahora está en tratamiento psicológico y psiquiátrico. Pero, ¿por qué tuvo que esperar hasta lastimarse tan severamente las muñecas, para pedir ayuda?, nos seguíamos preguntando Eduardo y yo.

Azucena describió en nuestra primera sesión que tuvo que "tocar fondo", generarse esas heridas tan profundas, para darse cuenta de que realmente su vida estaba en peligro y que necesitaba ayuda profesional. *Me asusté de lo que fui capaz de hacer* –comentó, sobándose una de las muñecas aún vendadas. *"Ahí me di cuenta de que necesitaba ayuda y que sola no podría resolver mi vida, sino que sólo conseguiría seguir haciéndome daño".* Azucena tiene el síndrome de automutilación, pero desde hacía un par de meses también tenía una alta ideación suicida; por lo que la profundidad de sus cortadas había ido en aumento.

Quiero creer que este libro te ayudará tanto a corto, como a largo plazo; y si es así, lo que espero que logremos con este capítulo es que busques ayuda verdadera y funcional para tu problema, antes de que intentes cualquier tipo de conducta autodestructiva. Es muy importante que te des cuente de que no es necesario que primero te lastimes para reconocer tu problemática, y que posteriormente pidas ayuda. No es necesario seguir sufriendo para que recibas el apoyo profesional que necesitas.

Entonces, el primer paso para poder resolver nuestra crisis, nuestro problema es contar con la ayuda necesaria; pero es difícil dar el paso de pedirla, porque es difícil darnos cuenta de que la necesitamos. Pedir ayuda implica tener la humildad para reconocer que algo en nuestra vida no está bien, que tenemos un problema que no estamos resolviendo y que no contamos con las herramientas necesarias para darle solución. Si nos enfermamos del estómago, lo lógico es acudir al gastroenterólogo; si nos enfermamos del oído, pedimos ayuda a algún otorrinolaringólogo; si nos rompemos un hueso, hacemos una cita con el ortopedista. Igualmente, cuando estás viviendo una situación donde existe riesgo suicida, donde te sientes deprimido y en crisis, el especialista al que hay que acudir es el psicólogo clínico. Primero necesitamos un diagnóstico claro de tu problemática, y eso lo brinda la Psicología Clínica y la Psiquiatría. Yo me inclino más por un psicólogo clínico, antes que un psiquiatra para dar un diagnóstico formal, porque la psicología tiende a entender los problemas mentales desde un punto de vista más amplio, más multifactorial y no únicamente biológico. Entonces, a partir del diagnóstico, se te sugerirá un tratamiento que pueda ser psiquiátrico, psicoterapéutico o mixto.

En realidad, para salir de esta crisis, será conveniente contar con la ayuda específica de alguien especializado en el tema. Y al igual que en cualquier otra área de la salud, un profesional ético, comprometido y preparado, será de mucho beneficio. Es importante ponernos en manos de alguien que realmente sepa tratar la problemática que te llevó a esta ideación suicida. En este punto, es importante aclararte que no todos los psiquiatras son psicoterapeutas, como no todos los psicoterapeutas son psiquiatras. Un psiquiatra es un médico especializado en fármacos, y un psicoterapeuta debe ser un psicólogo especializado en tratar emociones. Es una falta de ética que un psiquiatra que no se formó como terapeuta dé terapia emocional, tanto como que un psicoterapeuta medique a sus pacientes: "Zapatero a tus zapatos". Pero... ¿a quién acudir primero? Yo creo que un psicólogo clínico te ayudará a entender la problemática que estás viviendo; y si es necesario, te referirá a un psiquiatra para ser medicado.

¿Cómo escoger a un buen psicoterapeuta?

- Pide alguna recomendación.- Ya que decidiste pedir ayuda, necesitarás un profesional a quien contactar; y no hay mejor carta de recomendación de un psicólogo, que la que te dé alguien cercano a ti, que confíe en él. Si tú confías en la persona que te lo recomienda, y ella confía en él, es una buena señal; pues no hay mejor recomendación, que la de alguien que se haya sentido cómodo con su trabajo. La recomendación puede venir de algún amigo, de tu médico de cabecera o de algún centro de orientación familiar en el que confíes. Anota cinco o seis recomendaciones, y te aseguro que algún nombre se repetirá. Si es así, no dudes en llamar.
- Haz una cita.- No hay mejor herramienta que la intuición para saber, en la primera sesión, si el terapeuta con el que la tienes es el indicado. Siempre será más fácil darte cuenta cuando "no te late", cuando "no te sientes cómodo" o cuando sientes que "no estás en el lugar adecuado". Si esto te sucede, antes de comprometerte con un proceso psicoterapéutico, dile al terapeuta que quieres conocer su manera de trabajar, su estilo terapéutico, y que después de analizarlo un poco, le llamarás. No te comprometas si no te sientes totalmente cómodo, llama a otro de los teléfonos que fuiste anotando, y haz el mismo ejercicio. Cuando te sientas cómodo con un terapeuta, haz el compromiso con él de ir a tres o cuatro sesiones, para después comprometerte al proceso terapéutico que necesitarás para sanar todo el dolor que estás viviendo.
- Asegúrate que sea un psicólogo certificado.- Desgraciadamente, en muchos lugares del mundo, pero en especial en Latinoamérica,

la psicología clínica y la psicoterapia son áreas mal reguladas. Es muy común que alguien que no estudió la Licenciatura de Psicología Clínica pretenda dar terapia, formándose en un diplomado o en un curso de Psicoterapia. Desde mi punto de vista, este tipo de formaciones no son completas. Es como pretender ser cirujano plástico, sin haber cursado primero la carrera de Medicina. Podrá tener "buena mano" al operar, pero si hay un problema médico de raíz, no lo podrá identificar. Lo mismo sucede con la psicología clínica y la psicoterapia: para ser un buen psicoterapeuta, primero hay que ser un buen psicólogo clínico, y sólo un profesional capacitado podrá tener un diagnóstico claro y firme. Alguien que no estudió psicología clínica como base, no está plenamente capacitado, desde mi punto de vista, para dar terapia; ya que no cuenta con las bases y los fundamentos clínicos para saber diagnosticar enfermedades como: depresión, trastorno bipolar, trastorno de estrés postraumático, algún trastorno de personalidad, alcoholismo, trastorno de automutilación, etc. Yo recomiendo altamente, que si vas a ponerte en manos de alguien, te pongas en manos de un psicólogo clínico especializado en psicoterapia, que además trabaje de la mano de un psiquiatra, por si es necesario prescribir algún medicamento. Ya que diste el paso de pedir ayuda, es importante que lo hagas con alguien preparado. A grandes problemas, grandes soluciones; y no hay como estar con la persona correcta.

• Acude con alguien especializado.- Una regla general que funciona es que a mayor gravedad de tus problemas, necesitarás un terapeuta con mayor especialización y mayor experiencia clínica. En el caso de estar lidiando con una depresión mayor o algún trastorno como los que hemos revisado en el libro, será importante que vayas con alguien capacitado para tratarlos. Hoy en día, como en cualquier otra área de especialización, los psicólogos tendemos a formarnos en temas específicos (psicología educativa, psicología infantil, trastornos de alimentación, adicciones, trastornos de ansiedad y depresivos, psicotrauma, intervención en crisis, tanatología, sexología, etc.). Por eso es tan importante que, en primera instancia, acudas a un psicólogo clínico ético y preparado, que si no es especialista en tu problemática, te pueda referir con la persona adecuada. En mi experiencia, cuando estás con un terapeuta ético y preparado, éste sabrá si necesitas ser referido con un psiquiatra o con algún otro especialista.

Lo más importante es que tomes la decisión de pedir ayuda. Créeme, tu intuición sabrá guiarte al escoger al especialista adecuado. Cuando un psicólogo está comprometido y siente pasión por su trabajo, estará dispuesto a apoyarte, día y noche..., no lo dudes.

Finalmente, quiero compartir contigo que, aunque la psicoterapia es un gran apoyo en momentos de crisis, lo mismo que lo es la psiquiatría cuando hay algún desorden bioquímico, hay docenas de actividades que puedes hacer por ti mismo para sentirte mejor, y que no necesitan de una supervisión profesional. En este sentido, lo más importante es que, primero reconozcas que quieres transformar tu vida, para que empieces a buscar actividades que te ayuden a llevarlo a cabo, tales como: mejorar tu alimentación; hacer ejercicio; trabajar en tu espiritualidad, acercándote a tu religión o a la doctrina que más respuestas te dé; acercarte a tus amigos y a tu familia; cuidarte más a ti mismo, etc. Y posteriormente, que hagas un análisis concienzudo para darte cuenta de qué comportamientos son los que realmente necesitas modificar, como podría ser: terminar la relación codependiente que tanto daño te hace, romper los patrones de agresión en tu relación de pareja, trabajar en perdonar los errores que haz cometido, darle un sentido a cada día de tu vida, etc.

Es aconsejable que escojas, primero, actividades pequeñas o sencillas que hagan cada día de tu existencia un día productivo...

Roma no se hizo en un día... Necesitarás tiempo para recuperarte. Dátelo..., lo necesitas.

22
UNA NUEVA FILOSOFÍA DE VIDA...

Sin saberlo, todos tenemos una filosofía de vida, una ideología, una serie de creencias, actitudes, pensamientos y emociones; en base a los cuales vamos percibiendo, entendiendo, asimilando, acomodando y predisponiéndonos a las diferentes experiencias de la vida, pues orientan el sentido de nuestras formas de reacción y comportamiento.

Decidí concluir el libro con este tema, porque considero que es muy importante la forma en que cada uno de nosotros nos paramos frente a la vida que nos tocó vivir. Y en tu caso, estoy convencido de que, si has estado considerando el suicidio como una solución a los problemas de tu existencia, significa que la base filosófica en la que se sostenía tu vida, está tambaleante o bloqueada, y que actualmente no tienes la capacidad de encontrarle sentido y solución a las dificultades que inevitablemente enfrentas.

Al parecer, desde hace tiempo todo ha ido sucediendo mal en tu vida, y últimamente te ha sido especialmente difícil manejarte en ella. Esto quiere decir que tus pensamientos positivos se han ido apagando, y los negativos se han ido apoderando de tu existencia, hasta el punto de que tu vida parece un espejo que se hizo pedazos al caer. Debes recordar que ésta es sólo la "realidad" que tú percibes y que no existe como tal; pues toda realidad es únicamente una perspectiva de cómo la percibimos cada uno de nosotros, y de cómo la entendemos y qué sentimientos asociamos a ella.

Lo óptimo en nuestra existencia es poseer una filosofía nutritiva que nos impulse a encontrarle un sentido al día a día, un sentido al dolor y al sufrimiento y una razón para seguir adelante; dado que ninguna existencia humana es perfecta, y el "vivir" implica necesariamente tener que sufrir. Esta filosofía sana de vida, representa el pilar en el que vamos construyendo nuestras fortalezas; y sobre todo, en el que nos recargamos para sobrepasar nuestros momentos difíciles, nuestras crisis.

Después de varios años como terapeuta, y de haber conocido a fondo el sufrimiento por el que atraviesan frecuentemente las personas, puedo asegurarte que uno de los grandes retos que tenemos los seres humanos es el poder reconocer que, a partir de los recursos emocionales, cognitivos y espirituales con que contamos, podemos generar la certeza de que, a pesar de tener que vivir momentos de profundo dolor y desesperanza, al final el balance de la vida es mucho más positivo que negativo. Esta creencia, esta certeza de que, aunque la existencia implica sufrimiento y dolor, vale la pena de ser vivida, es la filosofía de vida necesaria para seguir adelante en momentos como el que tú estás viviendo en este momento.

La vida, pocas veces resulta como uno la planea, y esto es una realidad. Podemos generar una infinidad de expectativas de todos los aspectos de nuestra existencia, como: de nuestras relaciones, de nuestro trabajo, de nuestra familia, de nuestra salud; y éstas, rara vez se cumplirán. Por más que busquemos tener el control de todas las variables posibles, habrá una que se nos escape o que no dependa de nosotros; lo cual provocará que toda la ecuación se vea modificada. La vida es como un río que baja por una montaña, y que rara vez sigue el curso exacto que alcanzamos a visualizar. La vida, en pocas ocasiones sale como uno la planea, es un hecho; pero la decisión de adaptarnos a lo que ella nos ofrece, la decisión de aprender a ser felices con lo que tenemos -no con lo que nos gustaría tener-, con lo que somos -no con lo que nos gustaría ser-, con nuestras actuales circunstancias de vida -no con las que nos gustaría vivir- y con nuestras heridas del pasado -no con el que nos hubiera gustado tener-, es el arte de adoptar una filosofía de vida y no una filosofía de muerte.

Todos los que hemos atravesado por un dolor intenso, hemos necesitado fortalecer la creencia de que estamos en este mundo "para algo", lo cual nos ha ayudado a encontrar sentido a nuestro sufrimiento. Tal vez, únicamente cuando sufrimos, cuando necesitamos sanar el dolor, nos cuestionamos realmente el sentido de nuestra vida; sólo en estos momentos, somos capaces de entender para qué estamos vivos, y podemos buscar una razón que vaya más allá del sólo "disfrutar la vida". Es difícil encontrarle un sentido al dolor, pero la base de una filosofía de vida nutritiva es partir de la idea de que, aunque no podamos entenderlo todavía, estamos en este mundo para marcarlo de manera definitiva, para dejar nuestro legado. Esta búsqueda, este compromiso de visualizarnos dentro del mundo, dentro de un sistema organizado, nos permite ver más allá de nuestro propio dolor, de nuestra propia existencia, y nos impulsa a seguir caminando en la vida aun cuando se presenten tiempos difíciles, al descubrir los grandes aprendizajes y lecciones que nos hacen crecer en fortaleza y madurez, y al elegir una actitud, un comportamiento que nos permita superar el sufrimiento y "superarnos" a nosotros mismos. El entendernos como personas únicas e irrepetibles, nos puede llevar a reconocer que tenemos esta misión, esta huella que dejar, que es también única en el ámbito de la humanidad. Es por eso que cada uno de nosotros tiene esa condición de unicidad.

El primer paso para adoptar esta sana y constructiva filosofía de vida, es aceptar el sufrimiento como parte inherente a la vida y a la trascendencia del hombre; no como una desgracia ni como una maldición, sino como parte esencial de la naturaleza humana. Pero también es fundamental tener la postura asertiva para revisar y darnos cuenta de que nuestras aflicciones se presentan en menor intensidad y duración que los momentos de alegría y satisfacción.

Para mí, el haber adoptado la filosofía de que siempre el balance de la vida es más positivo que negativo, el ir aprendiendo a adaptarme al hecho de que la vida pocas veces resulta como la he planeado, y el haber adquirido la certeza de que soy único, y que por lo tanto, tengo una misión única e irrepetible, aunque no siempre la tenga clara, me ha ayudado a encontrar paz y armonía dentro de este mundo, que en momentos es profundamente doloroso, y que a veces no parece tener lógica alguna, y me ha ayudado a saber esperar a que amanezca y a tolerar la angustia de los momentos de crisis y caos.

Si no adoptamos una filosofía sólida de vida, que significa construir la convicción de luchar por la vida para superar las dificultades, los riesgos y las contingencias de la misma, nuestras creencias, principios y por consecuencia, nuestra estabilidad emocional serán como hojas de árboles al caer: fáciles de mover ante los vientos de las crisis. Sin la certeza de que la vida vale la pena de ser vivida, aun a pesar del dolor, seremos víctimas de nuestras circunstancias, víctimas de nuestras propias dudas, víctimas de nuestra propia historia, y finalmente, víctimas de nuestra propia desesperanza y agresión.

Para lograrlo, primero debemos observar cómo en el mundo existen la luz y la oscuridad, el día y la noche, el calor y el frío, el amor y el desamor, la felicidad y la infelicidad, etc.; y así darnos cuenta de cómo necesitamos de uno para distinguir al otro, por ejemplo: para distinguir y valorar la luz, es necesario conocer la oscuridad. Por esto, es importante elegir una actitud positiva en la vida, es necesario creer en el poder del espíritu humano; y sobre todo, es fundamental poseer una actitud de lucha y reto ante los momentos difíciles, para ser capaces de autodeterminarnos y decidir tomar y enfrentar los sufrimientos de la vida, para caminar hacia nuestra propia luz. No hay vidas perfectas, no hay existencias humanas sin dolor; pero existen personas que con su ejemplo han logrado, desde sus aflicciones, dar un verdadero testimonio de fortaleza y amor... ¿Podríamos intentar imitarlas?

Si me preguntaran cuál es la virtud en la que hay que trabajar más para poder alcanzar esta filosofía sólida de vida, que nos servirá para poder reponernos de las situaciones dolorosas, yo diría que es el perdón; ya que ésta es una disposición que nos permite superar el odio y el anhelo de acabar con el otro o con nosotros mismos. El tiempo no borra el acto que nos dañó, no quita la responsabilidad al ofensor por la herida ejercida, ni niega el derecho de hacer justicia a la persona que ha sido herida; sin embargo, lo que libera el espíritu, lo que permite retomar fuerza de vida, es la actitud generosa del perdón. Al final de cuentas, el perdón es la elección voluntaria de ver las cosas de otra manera, es aprender a manejar la memoria ingrata para poder generar nuevas narrativas y bloquear los deseos de venganza. Cuando nos hemos agredido a nosotros mismos, cuando nos han hecho daño, cuando hemos dañado a los demás, visualizamos el mundo con los ojos de la frustración, del odio y del resentimiento; sentimientos negativos que nos alejan de nuestra sabiduría interna, y de nuestra capacidad de ser libres a pesar de las circunstancias. La verdadera sanación consiste en proponernos ver, desde la perspectiva de la compasión, lo que estamos viviendo, y los errores tanto propios como ajenos; para después ser capaces de perdonar. La compasión y el perdón son virtudes que nos dan la posibilidad de buscar la parte amorosa que reside en cada uno de nosotros y en los demás, incluyendo al peor de los agresores; permitiéndonos recordar que atrás de una ofensa, no hay otra cosa que un ser humano como nosotros, con los mismos miedos, carencias y necesidades sin resolver. Todos los seres humanos somos falibles.

Gran parte del camino que tenemos que atravesar para hacer las paces con nuestra propia historia, es perdonar que nuestra vida no haya salido como la esperábamos, como la habíamos proyectado. Es necesario aprender primero a perdonar los propios errores, pues si no lo hacemos, ¿cómo aprenderemos a perdonar los de los demás?

Es importante hacer énfasis en que la acción de perdonar no implica el justificar, excusar u olvidar la ofensa vivida. El perdón no es lo mismo que la reconciliación, aunque pueden estar vinculados. El perdón es la respuesta amorosa y compasiva de una persona ante la injusticia que otra ha cometido con ella. Nos han enseñado que el perdón es una decisión, pero en realidad el perdón es todo un proceso de trabajo personal para extirpar el odio del corazón... Lo que sí es una decisión, es disponernos a iniciarlo.

El perdón es el único camino real hacia la sanación, porque permite que se marche la severidad que tenemos hacia nosotros mismos, hacia los demás o hacia una situación determinada; aprendiendo a dejar en el pasado las ataduras de los resentimientos y la culpa. El perdón radical es una liberación completa del pasado, para dejar de lado los juicios negativos que tenemos de nosotros mismos o de los que nos rodean. El perdón nos lleva a vivir el presente para darle un sentido al futuro; y si lo posponemos, perdemos esta gran oportunidad que nos ofrece la redención. Si decimos que "nunca podremos perdonar", realmente nunca lo lograremos; ya que seguiremos presos en el resentimiento, en el enojo y en la culpa, e impediremos que llegue a nuestra vida una mañana mejor.

Un psicólogo americano Enright, afirmó que las personas que han sido profunda e injustamente heridas, pueden sanar emocionalmente trabajando en el amor hacia su ofensor; a través de la compasión, para llegar a la liberación del perdón.

Debo confesar que no sé si yo tengo la capacidad de amar a quienes me han hecho daño en mi historia, pero te puedo asegurar que el trabajar en el perdón, para dejar atrás los resentimientos hacia mi pasado, hacia mis errores y mis ofensores; y sobre todo, para perdonar las falsas expectativas de vida que me he generado, me han llevado a sentirme mucho más pleno y más satisfecho con lo que tengo y con lo que hay, y me han permitido adaptarme con mucho mayor éxito a las frustraciones que me presenta la vida. Gracias a esto, he aprendido a perdonarme por los errores cometidos y a tener una visión más compasiva y amorosa hacia mí mismo. No, no soy perfecto..., estoy hecho para cometer errores y aprender de ellos; y esto me ha llevado a ser mejor ser humano, e indiscutiblemente, a ser mejor terapeuta.

Poco hace el perdón a quien es otorgado, pero mucho hace a quien lo otorga; ya que lo ayuda a sanar y a dar un sentido compasivo al dolor en su vida, pues sólo de esta manera podemos alcanzar una filosofía más sólida de vida. Si aprendemos a ser compasivos con nosotros mismos, seremos compasivos con los constantes errores de los demás.

Cuando damos el perdón, le estamos dando un regalo a nuestra autoestima y a nuestra fuerza personal. Al dejar de culpar al otro o al pasado, estamos dejando de ser víctimas para retomar las riendas de nuestra propia existencia. Al perdonar, nos desapegamos del otro para apegarnos a nosotros mismos. Cada situación inconclusa, representa una elección entre resentimiento y perdón, y es cuando se nos presenta la posibilidad de cerrar con una intención sana, con un propósito regenerador. El perdón viene de la parte más sublime y profunda de nosotros mismos: del amor; mientras el resentimiento proviene de nuestra parte oscura, de la soberbia y la injusticia. El insigne fraile dominico Henri Lacordaire dijo: "*¿Quieres ser feliz un instante?, véngate. ¿Quieres ser feliz toda la vida?, perdona*".

Ya que estamos en esto..., en el camino del perdón, creo que es buen momento para que hagas una revisión de los motivos verdaderos que te llevan a querer terminar con tu vida; y estoy seguro de que podrás encontrar muchos ciclos de perdón sin cerrar, sin perdonar. Sé que últimamente te has sentido dolido, herido, injustamente tratado; y hasta ahora, el camino que has encontrado para lidiar con ello es el enojo, el resentimiento y tal vez la venganza. Pero date cuenta de que este camino es únicamente una espiral autodestructiva que puede conducir al acto más violento y poco natural que existe: el acto de quitarnos la vida.

Tal vez ahora, puedas voltear hacia el camino del perdón, que te brindará la paz y la serenidad que no has encontrado. Creo que vale la pena intentarlo. En mi caso, ha representado un cambio total en la perspectiva de mi vida y en el sentido de mi existencia.

Para sumar recursos a tu decisión de iniciar un proceso de perdón, en este momento difícil por el que atraviesas, creo conveniente que entiendas algunos puntos básicos en los cuales solidificar esta elección para sanar.

En primer término, te ofrezco una reflexión que te será muy útil. Es de Margret Holmgren, una gran escritora sueca: *"Para poder perdonar a su agresor, la víctima debe comprender que lo sucedido fue una ofensa; debe reconocer que ella es tan valiosa como todas las demás personas, y que sus necesidades y sentimientos son importantes. Si intenta perdonar antes de valorarse, su perdón será inapropiado, será obligado y lleno de culpa. Hasta que la víctima comprenda el valor que tiene como persona, no se respetará a sí misma y no será capaz de perdonar"*. El primer paso para sanar una herida, es entender que la herida existe y que es dolorosa, y que tienes el derecho de sentirla porque tus sentimientos importan. Valídala…, está ahí y duele.

¿Cuáles son los pasos terapéuticos por los que tiene que pasar una persona para perdonarse a sí mismo y a los demás?:

- Confrontar la rabia interior, la vergüenza y la herida.- Mientras la persona no se dé la oportunidad de encarar estos sentimientos, el proceso de perdón estará estancado y su energía también. Tiene derecho a estar enojada y lastimada por una ofensa.
- Reconocer la fuente de la herida.- Es necesario tratar de entender cuál fue el motivo que llevó al otro a equivocarse con nosotros. Es importante entender que, atrás del peor agresor, siempre hay un ser humano tan falible como nosotros, que cometió un error importante, que tiene la misma capacidad de sufrir, y que generalmente realiza más acciones positivas que negativas en el mundo. Se equivocó y fuimos víctimas de esa ofensa; pero al igual que nosotros, esa persona tiene la capacidad de brindarle al mundo algo más que sólo dolor.
- Renunciar a la venganza y elegir perdonar.- Aquí la energía ya no se deposita en el otro sino en nosotros mismos, para retomar nuestro propio camino y lograr visualizar a la persona que nos hirió con un perdón compasivo y empatía.

Sólo a través del perdón podremos vivir focalizando nuestra energía en el "aquí y ahora", para aceptar todo lo que la vida tiene para darnos.

Me pregunto si es ético tratar de disuadirte, por todos los medios posibles, para que consideres el camino de una nueva filosofía de vida y el perdón, en lugar del suicidio. Antes de iniciar a escribir este libro, leí todo acerca de la "Ética del Suicidio". Leí sobre:

- Permitir a las personas tomar decisiones por ellas mismas.
- Suicidios asistidos.
- Hasta dónde un terapeuta debe imponer sus propios pensamientos y valores, con respecto a la vida, para evitar que un paciente se quite la vida.
- La posibilidad de violar la confidencialidad de un paciente que confiesa que se quitará la vida, para evitar su muerte.

Y lo que descubrí es que, mucho de lo que los expertos dicen, tiene que ver con su propia filosofía de vida. Esto quiere decir que no hay verdades absolutas, pues lo que está dicho y escrito tiene que ver con los valores, principios y la forma de ver la vida de cada uno de los que lo afirman. Por lo tanto, y basándome en mis propios códigos de ética, sí creo correcto tratar de disuadirte de que no te suicides. Hay muchas más razones por las cuales vivir, que razones para quitarte la vida.

No soy un experto en Bioética, así que no pretendo parecerlo. Lo que tengo claro como terapeuta, es que una vez que un paciente entra por el umbral de mi consultorio, entra a mi marco de referencia, entra a mi sistema de valores, terapéuticamente hablando, y entra a mi filosofía personal de vida. Por lo tanto, como un profesional que se dedica a la salud, al ser un guía, un orientador emocional, mi decisión siempre será hacer todo lo que está en mis manos para prevenir lo que considero una acción innecesaria, inútil, trágica e irreversible: el suicidio. Siempre creeré que por más escondidas que aparenten estar, siempre dentro de nosotros hay razones por las cuales vivir y por las cuales luchar.

Así que como cierre de este libro, de este camino en el que hemos ido de la mano, quiero pedirte que pienses en tu filosofía de vida; y si consideras que no tienes una, te plantees construir una sana y nutritiva; la cual implicará encontrar razones por las cuales vivir.

Necesitas darte algo de tiempo para examinar asuntos importantes en tu vida: las metas que has dejado olvidadas, los buenos momentos que has dejado atrás y los malos por los que atraviesas, los logros que tuviste en el pasado y los fracasos recientes y la fortaleza que con empeño puedes rescatar; recordando que esta fuerza, este autoconocimiento, una vez obtenido, se convertirá en tu mejor defensa en contra de tu intención de terminar con tu propia vida.

En el fondo, nadie mejor que tú mismo conoce tus fortalezas. Llevas viviendo dentro de ese cuerpo por muchos años; y sobre todo, sabes lo que es sufrir. Si has sido capaz de soportar ese sufrimiento, significa que eres capaz de levantarte para transformar tu vida; sólo es cuestión de darle un giro a tu dolor, para convertirlo en voluntad..., fortaleza que cambiará tu desesperanza en posibilidades de vida.

Creo que después de todo por lo que has pasado, te mereces darte un regalo. Un regalo especial. Este regalo es el tiempo, el espacio y la compasión necesarios para sentirte merecedor de una vida. Y eso sólo lo puedes lograr por medio de la introspección, del perdón; y por lo tanto, del amor a ti mismo. Mereces recuperar lo más valioso que tienes: tu propia vida.

Partiendo de la idea de que estás atravesando por el peor momento de tu vida, tal vez no sea fácil sentirte merecedor de vivir, pero el tesoro más grande que cada uno de nosotros posee es la capacidad de transformar de raíz una existencia; y eso, sólo se consigue mediante la elección del camino de la vida.

Ciertamente, sé que vivir no es siempre fácil; pero acuérdate de esta frase: *"La vida es un día de campo, aunque a veces se nos suban las hormigas".* El arte de la nueva filosofía que puedes adquirir está en que veas la foto más grande, con más perspectiva, para que logres descubrir que las hormigas no echan a perder todo un día de campo.

El reto ahora es sanar. Sanar el pasado, sanar las heridas de la infancia, sanar las relaciones que tienes, sanar el manejo de tu enojo, sanar el sinsentido que se ha apoderado de ti, sanar los resentimientos, sanar la creencia que tienes de ti mismo, sanar tu propia filosofía de vida...

Deseo de todo corazón que después de leer este libro, hagas lo que necesites hacer por ti mismo para empezar tu proceso de sanación. Si lo haces, si eliges luchar, si te decides por la vida hoy mismo, si te propones transformar tu dolor en fuerza, estoy convencido de que lograrás renacer a una nueva existencia. Si varios hemos podido, si varios hemos pasado de la oscuridad a la luz, tú puedes hacerlo. Sólo es cuestión de comprometerte con ello. Recuerda lo que dice la sabiduría milenaria del Talmud: *"Quien lucha por una vida, lucha por toda la Humanidad y se convierte en un héroe...".*

Si decides vivir, puedes convertirte en el héroe de tu propia historia...

BIBLIOGRAFÍA

• DELFGAAUW, José. (1967). *Qué Es el Existencialismo.* Ed. Carlos Lohlé. Buenos Aires, Argentina.

• D'ATHAYDE, Tristán.(1985). *El Existencialismo. Filosofía de Nuestro Tiempo.* Ed. Emecé Editores. Buenos Aires, Argentina.

• FADIMAN, James & FRAGER, Robert. (1994). *Teorías de la Personalidad.* Ed. Harla. México, D.F.

• SILVA, Leonor. (1977). *El Amor, Lucha y Misterio.* Ed. Universidad Iberoamericana. Tesis de

Licenciatura en Filosofía. México, D.F.

• SALAMA, Héctor. (1992). *El enfoque gestalt. Una psicoterapia humanista.* Ed. Manual Moderno. México, D.F.

• PERLS, Fritz. (1993). *Dentro y fuera del tarro de la basura.* Ed. Cuatro vientos. Santiago, Chile.

• BHAGWAN SHREE RAJNESH, *TAO.(1988). "los tres tesoros".* Ed. Sirio. Málaga, España.

• MARIN, Juan. (1952). *Lao-Tsze o el universo mágico.* Ed. Colección Austral. Buenos Aires, Argentina.

• HORIA, TANASESCU. (1967). *Existencialismo, pensamiento oriental y psicoanálisis.* Ed. Ciencias Humanas. México, D.F.

• CUELI, JOSE y REIDL, LUCY. (1976). *Teorías de la personalidad.* Ed. Trillas. México, D.F.

• BAUMGARDNER, PATRICIA. (1993) *Terapia gestalt. Una interpretación.* Ed. Árbol editorial. México, D.F.

• STEVENS, JONN. (1993). *Apoyo y equilibrio.* De la colección de artículos sobre terapia y estilos de vida gestálticos Esto es guestalt. Ed. Cuatro vientos. Santiago, Chile.

• PETIT, MARIE. (1987). *La terapia gestalt.* Ed. Kairós. Barcelona, España.

• ZINKER, JOSEPH. (1995). *El proceso creativo en la terapia Gestáltica.* Ed. Paidós. México, D.F.

• MOREAU, A. (1987). La Gestalterapia. Ed. Sirio. Barcelona, España.

• WEBER, MAX. (1947). *The theory of social and economic organization.* Ed. The free press. Nueva York, Estados Unidos.

• BROWN, J.A.C. (1990). *La Psicología social en la industria.* Ed. Fondo de Cultura Económica. México, D.F.

• LOWEN, ALEXANDER. (1994). *Bioenergética.* Ed. Diana. México, D.F.

• ORAISON, MARC. (1971). Psicología de nuestros conflictos con los demás. Ed. Mensajero. Bilbao, España.

• AISENSON KOGA, AIDA. (1994). Resolución de conflictos: un enfoque psicosociológico. Ed. Fondo de Cultura Económica. México, D.F.

• WALTON, RICHARD. (1986). *Conciliación de conflictos interpersonales.* Ed. Fondo Educativo Interamericano. México, D.F.

• WATZLAWICK, RICHARD. (1993). *Teoría de la comunicación humana.* Ed. Herder. Barcelona, España.

• JUDSON, STEPHANIE. (1986). *Aprendiendo a resolver conflictos._Ed.* Lerna. Barcelona, España.

• LEPP, I. (1967). *Psicoanálisis de la muerte.* Ed. Lohlé, Argentina.

• ZIEGLER. (1976). *Los vivos y los muertos.* Ed. Siglo XXI México, D.F.

• KUBLER-ROSS, ELIZABETH. (1995). La muerte un amanecer Ed. Luciérnaga México, D.F.

• QUINTANAR, FELIPE. (1996). *Muere un familiar significativo.* Tesis de Maestría de Desarrollo Humano. Universidad Iberoamericana. México, D.F.

• CAPLAN, G. (1964). Principles of preventive psychiatry. Ed. Basic Books. Nueva York, E.U.

• SLAIKEU, KARL. (1996). Intervención en crisis. Ed. Manual Moderno. México, D.F.

• MC COMBIE, S.L. (1980). The rape crisis intervention handbook: a guide for victim care. Ed. Plenum press New York, E.U.

• SMALL, L. (1978). Psicoterapias breves. Ed. Gráficos. Barcelona, España.

• COGGIOLA, YOLANDA. (1995). *Manual de Trabajo de la Especialidad en Intervención en Crisis.* Instituto Mexicano de Psicoterapia Gestalt. México, D.F.

• AGUILERA & MESSIK. (1994). Control de los conflictos emocionales Ed. Interamericana 2a Edición México, D.F.

• BELLACK, S. L. (1975). *Psicoterapia breve y de emergencia_Ed.* Pax México, D.F.

• BRAVO, W.N. (1988). Psicoterapia breve. Aportación de un modelo teórico clínico de aplicación, Tesis de Licenciatura en Psicología. U.N.A.M.

- KNOBEL, M. (1987). Psicoterapia breve_Ed. Paidós. Buenos Aires, Argentina.

- CARUSO, IGOR. (1992). La separación de los amantes. Ed. Fondo de cultura económica México, D.F.

- FRANKL, VICTOR. (000). El hombre en busca de sentido. Ed. Herder. México, D. F.

- FROMM, E. (1987). *Ética y psicoanálisis* Ed. Fondo de Cultura Económica México, D.F.

- FROMM, E. (1986). *Miedo a la libertad.* Ed. Fondo de cultura económica México, D.F.

- KUBLER-ROSS. (1969). *Elizabeth On death and dying* Ed. McMillan Publishing Company. New York, E.U.

- Información obtenida en el *Diplomado en Tanatología* impartido por el Instituto Mexicano de Tanatología A.C. Módulo VI. (generación 1996-1997). El enfermo terminal y su familia Con sede en el Hospital Gea González. México, D.F.

- SHERR, L. (1992). (compilador) Capacitación del cuerpo médico: una necesidad no un lujo. En *Agonía, muerte y duelo* Ed. Manual Moderno México, D.F.

- KUBLER-ROSS, ELIZABETH. (1995). *La muerte un amanecer.*_Ed. Luciérnaga México, D.F.

- QUINTANAR, FELIPE. (1996). Muere un familiar significativo. Tesis de Maestría de Desarrollo Humano. Universidad Iberoamericana. México, D.F.

- BENASSINI, OSCAR. (2005).*Por qué ya no disfruto la vida?* Ed. Norma. México, D. F.

- QUINETT, PAUL. (1987). Suicide: *The forever decision.* Ed. Crossroad.

- BEATTIE, MELODY. (2003). Ya no seas codependiente. Ed. Grupo Patria Cultural.

- FORWARD, SUSAN. (1989). Toxic Parents. Ed. Bantam Books.

Made in the USA
Columbia, SC
30 September 2017